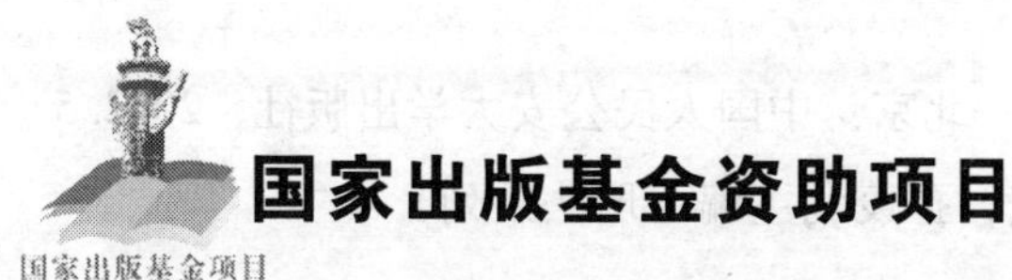

中国刑事法制建设丛书·刑法系列　总主编　陈国庆　孙茂利

减刑、假释制度适用

翟中东　著

中国人民公安大学出版社
·北　京·

图书在版编目（CIP）数据

减刑、假释制度适用/翟中东著．—北京：中国人民公安大学出版社，2012.5
（中国刑事法制建设丛书/陈国庆，孙茂利主编．刑法系列）
国家出版基金资助项目

ISBN 978-7-5653-0869-7

Ⅰ.①减…　Ⅱ.①翟…　Ⅲ.①减刑-司法制度-研究-中国 ②假释-司法制度-研究-中国　Ⅳ.①D924.137

中国版本图书馆CIP数据核字（2012）第106463号

中国刑事法制建设丛书·刑法系列
减刑、假释制度适用
翟中东　著

出版发行：中国人民公安大学出版社
地　　址：北京市西城区木樨地南里
邮政编码：100038
经　　销：新华书店
印　　刷：北京兴华昌盛印刷有限公司

版　　次：2012年5月第1版
印　　次：2012年5月第1次
印　　张：15.5
开　　本：787毫米×1092毫米　1/16
字　　数：304千字

书　　号：ISBN 978-7-5653-0869-7
定　　价：38.00元

网　　址：www.cppsup.com.cn　www.porclub.com.cn
电子邮箱：zbs@cppsup.com　zbs@cppsu.edu.cn

营销中心电话：010-83903254
读者服务部电话（门市）：010-83903257
警官读者俱乐部电话（网购、邮购）：010-83903253
公安业务分社电话：010-83905641

本书咨询电话：（010）63485228　63453145

中国刑事法制建设丛书·刑法系列
编　　委　　会

前　言

我国第一部刑法典诞生至今已三十余年，1997 年进行了全面修正，尤其最近对刑法又进行了较为全面的修改，刑事法网日渐严密。刑法为惩罚犯罪，保护人民，维护社会和谐稳定发挥了重要作用。与之相应，刑法学可谓是我国法学领域里起步最早的学科之一，也是研究相对成熟的学科，涌现了大量的研究成果。随着我国市场经济的发展，各种社会关系愈加错综复杂，刑法学的研究日渐深入，但包括刑法学的基础理论问题仍需要进行深入研究，大量实践中出现的复杂疑难案件亟待从理论上加以解决。这就要求刑法学研究在积极吸取国外优秀成果的同时努力实现与本国刑事立法和司法实践的对接，在致力于对现行刑法规范进行注释解读的同时综合运用哲学、社会学、政治学、经济学等手段，从刑事政策、犯罪学、国际刑法学等多角度拓展刑法学研究视野，并最终服务于刑法目的的实现。

受国家出版基金的资助，中国人民公安大学出版社启动了《中国刑事法制建设丛书》出版项目，将“刑法系列”作为丛书的重要组成部分。为了给广大从事刑法学研究的专家学者提供一个高层次的交流平台，也使广大读者系统和全面地了解刑法理论和实践研究的成果，本丛书力求兼顾以下几方面特点：

第一，本丛书入选书目的内容全面覆盖我国现行刑法中各项重要制度和刑法学中若干重大理论问题。本丛书对刑法理论研究和司法实践中的热点问题予以充分关注，着力推荐针对刑法学中某一具体制度或理论进行系统深入研究的作品。近年来，我国刑法学者对德日刑法理论进行了更为细致的研究，引起了对犯罪论体系进行改造等诸多关于刑法基础理论问题的争鸣，这些争论有助于进一步深化刑法学研究的根基和深层次解决当前司法实践中遇到的重大疑难问题。因此，本丛书吸纳了一批介绍国外刑法理论，并能对我国司法实践作出积极回应的具有开创性的作品。

第二，本丛书的出发点是在现行刑法典的基础上，深入研究刑法学的基本原理、刑法的基本制度和刑法解释方法，以期对刑法立法的完善起到积极作用，帮助广大司法工作者正确理解法律精神，在办案中准确解释法律。为此，本丛书选择了一批对我国现行刑法及其相关司法解释的制定背景、具体内容进行解读或者阐释的作品。希望这些成果能直接服务于刑事立法和司法工作，尤其是对公检法机关的司法工作人员规范执法、提高办案质量发挥指导作用。

第三，本丛书由最高人民检察院、公安部等长期从事刑事业务指导工作的专家担任总主编，选择了具有前瞻性、创新性、实用性和建设性的刑法领域的优秀研究成果收入本丛书。

希望在国家出版基金的资助下，《中国刑事法制建设丛书》为我国的刑事法制建设发挥积极的推动作用。

欢迎广大读者批评指正。

中国刑事法制建设丛书·刑法系列编委会

2011年5月

目　录

上篇　减刑适用篇

中篇　假释适用篇

下篇　减刑、假释监督篇

上　篇

减刑适用篇

第一章　有关减刑适用的理论前沿问题

第一节　减刑适用的走向

一、减刑的适用现状及存在的问题

我国的减刑制度学习于西方。1910 年由日本监狱学家小河滋次郎负责起草的《大清监狱律草案》第 220 条规定有减刑制度。由于减刑制度能够激励罪犯改造，新中国继承革命根据地的传统，在监狱中推行减刑。总结新中国成立后减刑的理论与实践，我国于 1979 年在《中华人民共和国刑法》（以下简称《刑法》）中规定了减刑制度。自此，减刑在我国以国家法律形式固定下来。

30 年来，减刑的实践状况如何？

从天津市情况看，自 1993 年至 2003 年，减刑制度的适用不仅在数量上占有绝对优势，而且在近 10 年中呈现出稳定的增长趋势，从 1993 年的 1982 人增长到 2003 年的 7220 人，绝对数字增长了 5238 人，增长幅度超过 260%。与此同时，假释罪犯人数却在判决人数平均涨幅为 10% 的情况下，每年基本稳定在 10 人以内，并与减刑罪犯人数的强劲增长形成鲜明的对比。[①] 从广西壮族自治区情况看，广西壮族自治区 2003 年减刑罪犯人数为 20219 人，减刑率为 30. 38%；2002 年减刑罪犯人数为 19113 人，减刑率为 28. 83%；2001 年减刑罪犯人数为 19043 人，减刑率为 29. 58%。广西壮族自治区 2003 年假释罪犯人数为 197 人，占在押犯总人数的 0. 3%；2002 年假释罪犯人数为 226 人，占在押犯总人数的 0. 34%；2001 年假释罪犯人数为 175 人，占在押犯总人数的 0. 27%。[②] 从全国的

---

① 参见董照南：《对我国减刑、假释制度的思考和建议》，载高憬宏主编：《减刑、假释的法律适用与司法实践——中国·欧盟法律和司法合作项目成果》，人民法院出版社 2005 年版，第 135～136 页。

② 参见潘钧、韦志勇、苏建规：《广西假释率偏低的原因及对策》，载高憬宏主编：《减刑、假释的法律适用与司法实践——中国·欧盟法律和司法合作项目成果》，人民法院出版社 2005 年版，第 236 页。

情况看，根据我国司法部监狱管理局的统计，自1995年至1999年，随着在押犯人数的增加，我国每年被减刑的罪犯人数都在原基数上逐年增加（从1995年的277527人增加到1999年的350799人），减刑适用率逐年提高（从1995年的21.35%提高到1999年的24.79%），但假释罪犯人数及假释适用率却从1997年以后开始下降，1998年假释适用率为2.07%，比1997年的假释适用率2.93%减少了0.86个百分点。自1997年以后的近5年间，减刑罪犯人数与假释罪犯人数的比例始终在11∶1到9∶1之间，每年被假释罪犯人数仅占被减刑罪犯人数的1/10，占整个在押犯人数的2%。[①] 通过实践中的数据比对，我们看到，减刑比假释更受重视，被监管机关作为激励罪犯改造与维护监管秩序的主要手段。

然而减刑制度却似乎有负众望。

首先，减刑不能在实际意义上持久地激发罪犯的改造积极性。在监狱现行的"以分计奖、以奖减刑"的考核奖励体制中，劳动成绩为考核的重要内容，罪犯通过提高劳动分来获得尽可能多的奖励。在这种情况下，罪犯难免为减刑而积极表现，而不是为了改造而积极表现。一旦获得减刑，他们就失去改造的动力，出现"减刑前一个样，减刑后一个样"的现象。有的罪犯甚至伪装积极改造，骗取减刑。一旦达到目的，获取减刑，便在监狱内无所顾忌，肆意违反监规。

其次，被减刑的罪犯重新犯罪超过人们的预期。从理论上说，被减刑的罪犯应当不再犯罪，或者犯罪可能性显著小于没有被减刑的罪犯。然而在实践中，很多重新犯罪的罪犯都曾经减过刑，减过刑的人再犯罪可能超过人们的预期。凌源监狱分局教育科于1998年对30名减过刑的刑满释放人员进行追踪调查发现，有11人再次实施犯罪，再犯罪率高达36%。[②]

二、减刑的重新定位

如何看待减刑适用中的问题？

第一种观点主张废除减刑制度。主张这种观点的学者认为，在立法上同时规定减刑制度与假释制度是一种重复和浪费，并且减刑制度存在许多不可克服的弊端，而假释制度具有明显的优点，因此应在完善假释制度的基础上废除减刑制度。[③]

第二种观点认为，减刑在我国刑事司法中具有重要意义，应当充分重视减刑

---

① 参见李豫黔：《改革和完善我国假释制度的理性思考》，载《中国监狱学刊》2001年第2期。

② 参见侯国云主编：《刑罚执行问题研究》，中国人民公安大学出版社2005年版，第106页。

③ 参见侯国云：《论废除减刑　完善假释》，载《犯罪与改造研究》2005年第1期。

制度。主张这种观点的学者认为，当前司法实践中偏重适用减刑的原因是多方面的：第一，减刑可以多次适用，因而能够始终成为在押罪犯争取的现实目标；而假释只能在罪犯刑期过半时适用一次，因而不利于罪犯在关押期间的改造。第二，罪犯被减刑后仍处于监禁状态，其犯罪的危险性较小；而假释的适用则具有较大的风险性。第三，减刑比假释适用范围更广，更能引起罪犯的普遍关注。第四，减刑可用来调整我国过重的刑罚力度。因此，保留减刑制度是有其现实意义的。①

第三种观点主张限制减刑。主张这种观点的学者认为，应当限制减刑，普遍适用假释。其理由是：假释制度不但具有减刑制度的一切功能，而且具有减刑制度所不具备、不可替代的优越性：第一，假释制度使原判刑罚的严肃性得到维护。作为一种积极的行刑方式，适用假释制度不必对原判刑罚进行实质性更改，只是在附条件的基础上变更行刑方式，“无减轻刑罚之名而有减轻刑罚之实”；而减刑制度由于屡次变更原判决、裁定而使法院判决、裁定的既判力受到破坏。第二，假释制度具有预后性。假释制度为罪犯从监禁状态到重返社会设定了一个过渡阶段，以剩余刑期被执行为压力，提醒被假释的罪犯时时自勉自励；减刑制度由于缺乏相应的预后保障，即减刑裁定撤销制度，使得罪犯在减刑成为既成事实以后无所顾忌，故态复萌，行刑机关对此束手无策。第三，假释制度具有过渡性。行刑实践业已证明，刑满释放人员及假释罪犯出狱之初是其最危险的时期。假释制度从长远意义上为罪犯重返社会设置了一个过渡期和考察期，可以使罪犯得到诸如就业、生活等方面的及时指导与帮助，以避免其出狱后陡然面对困难处境，从而具有巩固改造成果和帮助罪犯逐步适应社会的功能。而减刑制度却不具有此功能。②

对减刑的评价差异较大。

关于“减刑废除论”，有学者指出，虽然减刑制度存在一定的弊端，并且在立法上同时规定减刑制度与假释制度也确有重复和浪费之嫌，但应当注意到我国的减刑制度与假释制度在适用范围上并不完全一致。根据《刑法》的规定，对被判处管制、拘役的犯罪分子是不能适用假释制度的，而且对被判处拘役或 3 年以下有期徒刑，宣告缓刑的犯罪分子在缓刑期间同样不能适用假释制度。事实上，由于被判处管制或宣告缓刑的罪犯并未完全脱离正常的社会生活，对其适用假释也就不具有现实意义。而被判处拘役的罪犯由于被剥夺自由的时间相对较短，对其适用假释也缺乏必要性。但是，立法并没有排除对被判处管制、拘役的

① 参见王利荣著：《行刑法律机能研究》，法律出版社 2001 年版，第 314 ~ 315 页。

② 参见杜菊：《我国假释制度运作态势的反思与探讨》，载《河南司法警官职业学院学报》2003 年第 2 期。

罪犯适用减刑制度，并且减刑制度对促进这两类罪犯改造的激励功能也是不容否定的。尤其是我国当前并没有建立管制刑的易科制度，在被判处管制刑的罪犯不遵守相关规定的情况下，并没有相应的救济制度，因而通过减刑制度来促进此类罪犯的积极改造是很有必要的。① 此外，减刑的激励功能具有独立性，其激励罪犯改造、遵守监规的功能是假释所不能替代的。由于减刑具有特有的激励功能，很多国家仍然保留减刑制度。在西方国家，19 世纪初，为了激励罪犯遵守监规纪律，推出点数制度。如果罪犯累计点数达到一定分值可以减刑释放。1817 年美国纽约州通过第一部《善行折减法》（Good Time Statute）。1916 年美国所有的州都通过了类似的法律。善行折减制是国外的减刑制度。虽然善行折减制不断受到批评，但是仍然得到广泛的支持，因为善行折减可以激励罪犯遵守监规纪律。② 因此，减刑不宜废除。

然而，不主张废除减刑，并不意味着无视减刑的弊端，并非反对改革减刑固有的行刑实践的努力，并非主张不能改变减刑的行刑地位。相反，我们主张正视减刑的弊端。减刑近年来备受非议，原因就在于减刑存在弊端。有论者将减刑的弊端归纳为以下几点：第一，减刑违背罪刑相适应原则和基本的公平正义。减刑对法院的宣告刑进行了“打折”。这种“打了折”的刑罚无法和犯罪的社会危害性相适应，无法体现刑罚的公平正义精神。第二，减刑有碍刑罚一般预防功能的实现，也会妨碍刑罚特殊预防功能的实现。第三，减刑有损法院裁判的稳定性和权威性。第四，减刑破坏了我国整体的刑罚结构。目前的减刑实践使我国本来就不合理的自由刑结构更趋向不合理：减刑使死缓和无期徒刑都变成了有期徒刑，无期徒刑名存实亡。第五，减刑容易造成罪犯功利化服刑的“短期行为”现象。第六，减刑制度容易成为监狱、法院及其工作人员规避责任的“避风港”。第七，大量、频繁的减刑徒增司法成本。从目前的减刑实践看，监狱警察大量的时间和精力放在罪犯的日常计分考核、表彰奖励和层层研究呈报减刑活动中，挤占了大量的教育改造罪犯的时间和精力。目前全国监狱年平均在押犯 160 多万名，每年有近 50 万名罪犯获得减刑。从全国罪犯的减刑数量和频率看，每名罪犯从入狱服刑到减刑后刑满释放，平均每人约需要经过 4 ~5 次减刑。试想，每年大约 50 万名罪犯的减刑，所有程序走下来，要耗费多少人力、物力、财力。③

鉴于减刑弊端，主张刑罚变更执行走“假释为主、减刑为辅”道路，或者

---

① 参见王志祥：《我国减刑、假释制度改革路径前瞻》，载《法商研究》2009 年第 6 期。

② McCarthy，B. R.，McCarthy，B. J. Community – based Corrections，Pacific Grove：Brooks/Cole Publishing Company，1991，pp. 245 ~246.

③ 参见尚爱国：《我国普通减刑制度存在的弊端及其改革》，载《人民检察》2011 年第 16 期。

“限制减刑、扩大假释”[1] 的观点被越来越多的人所接受。

虽然“限制减刑”适用的观点尚未在官方文件出现，但是，这种观点对于我国目前的减刑实践会产生重要影响，进而对减刑在目前刑罚执行中的地位产生影响。

第二节　减刑权的分配

如果以 1979 年《刑法》制定为起点，我国的减刑制度已经有了 30 余年的实践历史。30 余年的实践表明，减刑在促进罪犯接受改造、维护监管秩序与降低重新犯罪率上发挥着重要作用。30 余年的实践也暴露出现行减刑制度的问题。现行减刑制度暴露出的比较突出的问题有：

第一，减刑制度缺乏对罪犯的持续约束力。虽然有的罪犯被减刑后仍然能够遵守监规，继续接受改造，但是有的罪犯在减刑既成后，放松对自己的要求，不再积极接受改造；有的罪犯在被减刑后大错不犯小错不断；还有的罪犯在被减刑后肆意违反监规纪律。减刑制度不能保持对罪犯的持续约束力。

第二，减刑裁定不能满足激励罪犯的及时性要求，从而影响减刑的效果。在现行减刑权分配体系中，监狱行使减刑提请权，而法院掌控减刑决定权。有论者认为，由于法院掌控减刑决定权，减刑裁定往往不能满足减刑的及时性要求。具体来说，法院无法直接掌握罪犯改造的实际情况，对于改造工作比较陌生，至少是不熟悉的。而减刑工作并非仅判断是否符合法定条件那么简单，而是一项融刑法学、行刑学、心理学、社会学等学科为一体的十分复杂、专门化程度极高的系统工程。而法院仅凭书面材料作出决定，难以保证结果的正确合理，此其一。其二，法院作为审判机关，有自己分工负责的事项，很难保证有足够的人力、物力、精力办理减刑事务。在实践中，不少法院把减刑、假释案件积压到一定程度，一次性处理，遇到繁忙的“严打”工作时更是如此，甚至一些地方明确规定一年内办理减刑、假释案件的次数、具体时间、期限及件数。前者造成时间上的延误，常使减刑裁定下来时，罪犯的情况发生了转变，可能已不适宜适用减刑了，失去了减刑的及时性之功效。后者则早已失去了减刑制度的本质内涵和真实面目。减刑功能的实现要求减刑的裁定不仅要客观、公正，而且必须及时。心理学研究表明，作为奖励的减刑越是迅速及时，对罪犯的刺激就越强烈，留在他们心里的印象就越深刻，就越能把奖励和悔改等积极表现联系在一起，产生的效果

① 参见尚爱国：《我国普通减刑制度存在的弊端及其改革》，载《人民检察》2011 年第 16 期；李云峰：《限制减刑，扩大假释——对我国减刑、假释制度改革的立法思考》，载《中国监狱学刊》2006 年第 6 期。

也越好。然而，现实中除上述一些人为性的阻碍因素外，还有一些客观性的因素阻碍了减刑制度及时性要求的实现，如现行法律规定由监狱整理材料，层层上报，最后由相应的中级或高级人民法院裁定，而源于新中国成立初期特定历史背景的作用，当前我国不少监狱地处偏僻荒凉、地理位置边远的“安全地带”，无疑客观上也难以实现效率的要求。①

第三，减刑权行使存在一定滥用问题。虽然从总体上看，我国掌握减刑提请权、决定权的国家工作人员能够依法行使减刑权，开展减刑工作，使减刑制度发挥其应有的作用，但是，有的干警、法官却违反有关规定，滥用减刑权，破坏了正常的减刑秩序，对监管工作造成消极影响。《北京青年报》曾经曝光过三起滥用减刑权的案件，② 这三起案件在一定程度上反映了减刑权使用不当的问题。

【案例】 1998～2000年间，广西检察机关查处了广西某监狱一起监管人员与法官勾结，集体受贿、徇私舞弊减刑、假释、监外执行大案。侦查发现，自1993年以来，该监狱先后为7565名罪犯办理了减刑、假释、保外就医，其中有问题的有206名。据悉，在此过程中，有多达46名监管人员和6名河池地区中级人民法院法官卷入此案。

【案例】 1995～2000年间，绰号“虎豹”的大连黑社会老大邹某某在监狱服刑期间大肆向监狱长谢某某行贿。1997年7～12月，应邹某某的要求，谢某某伙同其他主管人员捏造事实，帮助邹某某由死缓一下减为17年有期徒刑。1999年春节前，谢某某又授意有关人员编造材料，使邹某某减刑1年零11个月。

【案例】 四川某监狱原副监狱长宋某收受贿赂，与他人勾结，捏造罪犯杨某某“引进种植香茅草项目，创产值10余万元，创效益2万余元”的虚假事实，为杨某某记功2次。此后，他们又勾结他人，伪造杨某某举报重大诈骗案的“立功”材料，使杨某某被减刑2年。

关于如何解决上述问题，理论界与实务界提出很多有分量的主张。由于上述问题的核心都涉及减刑权结构，因此，相应的主张都与重新设计减刑权分配相关。

① 参见袁登明：《减刑权归属之探讨》，载但未丽编著：《刑罚执行制度专题整理》，中国人民公安大学出版社2007年版，第97页。

② 张倩：《罪犯减刑：防不胜防的漏洞》，资料来源：http：//www.ynet.com/qnzm/article.jsp？oid=65074293。

一、关于提高减刑制度的持续约束力问题

（一）关于制定与推行“预告减刑制”的建议

所谓预告减刑制，是指由法律、法规预先作出规定，对所有被判处有期徒刑（无期徒刑犯从减为有期徒刑之日起计算）的罪犯预先按既判刑的比例计算出减刑期，并由监管部门告知每一个新入监的罪犯，只要他们在服刑的过程中能遵守法律和监规狱纪，自觉参加劳动并接受教育改造，就可以被减去预先核定的减刑期的一种制度。如果罪犯在改造期间有违规行为发生并达到规定的严重程度，监狱长有权直接决定恢复当事人3个月以下的预告减刑期，或者报监狱管理局局长批准，恢复其6个月以下的预告减刑期。倘若罪犯在改造中有立功或者其他良好业绩，监管机关还可以依法提请人民法院作出新的减刑裁定。把罪犯按比例预先核定的减刑期与此后裁定的减刑期相加，再去掉恢复的预告减刑期为应减刑期，只要实际执行的期间达到既判刑减去应减刑期的差额时，就是执行期满并依法予以释放。

“预告减刑制”的主张者认为，“预告减刑制”的科学性在于，监管机关按比例核算每个罪犯可以得到的减刑期，并对所有可减和应减刑期实行预先累加，待应执行刑期全部执行完毕后才一次性兑现，只要罪犯在执行期内有违规行为发生，监管机关能够随时恢复他的部分预告减刑期，并可以经多次恢复而执行全部既判刑。该减刑制度的显著优点是能够有效地防止部分罪犯受功利思想的影响，为了减刑一时表现积极或者讨好管教人员，利用非理性手段来实现不正当的减刑，当减刑目的达到后就一反常态，情绪低落，厌烦学习，装病误工，消极等待刑满出狱的情况出现，促使罪犯始终如一地服刑改造，避免监管失控的情况发生。不仅如此，“预告减刑制”的主张者认为，该减刑制度由于是依据规范性文件规定的比例核定罪犯的预告减刑期，并在收押后就向其宣告，可以使每个罪犯入监后首先知道自己依法应享有的减刑权利及其承担的相应义务，给每一个罪犯创造了同等的受益条件，对消除其刚入狱后的悲观失望心理，稳定情绪并积极投身改造具有重要意义。①

（二）关于制定与推行“减刑合同制”的建议

所谓减刑合同制，是指对罪犯达到法律所规定的减刑条件的，监狱按规定予以呈报，人民法院在宣判裁定的同时，要附带合同，如果罪犯违反合同的规定，则监狱有权建议取消所减刑期，由法院裁定取消，从取消之日起合并执行原来未

---

① 参见马进保：《预告减刑制：矫正理论的最佳实践方式》，载《中国监狱学刊》2003年第2期。

执行完毕刑期的一种制度。具体来说，订立合同的减刑犯仅包括有期徒刑犯（包括死刑缓期2年执行、无期徒刑犯减为有期徒刑的）。签订合同的当事人和机关为：罪犯、监狱、人民法院。其具体做法是：一是对于经过减刑出狱的罪犯，如果所减刑期在2年以下（含2年）的，其考验期为2年。如果所减刑期之和在2年以上的，其考验期为所减刑期之和。在考验期内一旦发现有余罪、重新犯罪或者违规违纪则依法重新收监。二是对减刑后仍有余刑在监狱服刑的罪犯，如果有严重违规违纪现象或改造明显滑坡等违反监狱法律规定的各种情形的罪犯，由监狱依合同规定向人民法院建议取消减刑裁定，人民法院经查证属实，则按合同规定取消对罪犯所减刑期。三是如果发现有由于司法腐败而得以减刑的，则取消其减刑决定而恢复其原有刑期，已出狱者则重新收监。减刑出狱后的罪犯，其减刑效力的追溯力应为2年以上，即所减刑期在2年以下（含2年）的追溯力应为2年，所减刑期在2年以上的，则追溯力为所减刑期。该主张的提出者认为，合同的签订可以把罪犯减刑前后的改造行为贯穿起来，罪犯要想减刑成功，不但要在减刑之前表现好，减刑之后也不能不严格要求自己，使他们时刻有一种危机感，一刻也不敢放松改造。这样，既在宽大政策下改造罪犯，又不使罪犯产生任何侥幸心理，让他们明白犯了罪就要老老实实一步一个脚印改造的道理，提高罪犯改造的质量。因被减刑而提前出狱的罪犯，在主观上仍有改造的压力，客观上也受一些强制性的约束，因此，他们会时刻提醒自己要遵纪守法，在面对复杂的社会环境和各种诱惑时，能自觉克制不良行为，经受住考验，大大降低重新犯罪率。①

二、关于提高减刑裁定的及时性问题

如何比较彻底地解决减刑裁定的及时性问题？有论者主张将减刑的决定权交予监狱。

监狱是国家的刑罚执行机关。根据《刑法》的规定，罪犯在服刑过程中，只有具备了“确有悔改表现的，或者有立功表现的”或者有“重大立功表现”的才能获得减刑。罪犯是否确有悔改表现或者有立功表现或者有重大立功表现，只有监狱掌握有关信息。但恰恰最了解罪犯改造表现的监狱却只有减刑的建议权而无决定权，不了解情况的人民法院却有减刑的决定权。减刑权力配置不合理。不仅如此，由于人民法院是国家审判机关，承担着大量的审判任务。本来人民法院审判任务就繁重，还要处理大量的减刑案件，这也是减刑案件久拖不决的客观原因。如果将减刑决定权交给监狱，监狱由于直接掌握罪犯是否具备“确有悔改

① 参见员晨：《减刑合同制——完善我国减刑制度的思考》，载《犯罪与改造研究》2000年第3期。

表现的，或者有立功表现的”或者有“重大立功表现”的资料，在减刑的实体条件把握上会更准确，由监狱行使减刑决定权大大简化了程序，可以满足减刑的及时性要求。考虑到将减刑决定权赋予监狱可能造成监狱机关权力过于集中，笔者认为，刑罚执行机关每一级机关都应分别设立专门负责减刑工作的职能机构，如减刑管理委员会，而不同级别的减刑管理委员会应该掌握不同程度的减刑权。各级减刑管理委员会各司其职，这样既解决了减刑案件过于集中导致司法资源不足的问题，又避免了权力过于专享难以制约而产生司法腐败的弊端。①

三、关于解决减刑权行使中的滥用问题

如何解决减刑权行使中的滥用问题？有论者主张将监狱的减刑提请权交予检察机关。

这种观点的主张者认为：第一，人民检察院行使减刑提请权是检察机关所承担的公诉职能的必然要求。第二，人民检察院行使减刑提请权是履行法律监督职能的必然要求。实践中，人民检察院对减刑的监督是事后监督，即法院裁定后，人民检察院才对法院已经作出的裁定进行审查，发现有错误的才能提出纠正意见。这种事后监督不能介入事先的提请程序和审判程序，使得监督滞后。而《中华人民共和国刑事诉讼法》（以下简称《刑事诉讼法》）规定了人民检察院对刑事诉讼活动依法实行监督。减刑是重要的诉讼活动，因此，也应当接受人民检察院的监督，而且是全过程的监督，不能是事后监督。事实上，人民检察院的监督工作需要程序性的权力作保障，只有参与到诉讼程序中来，才能了解情况，掌握诉讼进程，及时开展监督，否则这种事后监督往往难以达到立法设计的监督效果。第三，人民检察院行使减刑提请权是减刑司法实践的要求。监狱上报减刑案件时，法院与监狱实质上是变相的行政审批关系，带有体制上的根本缺陷。为克服这种缺陷，刑罚执行机关和审判机关进行了一系列的改革和探索，如公示和听证试点。公示和听证虽然可以解决减刑的阳光作业的问题，但并没有一个无利害关系的机关或者个人介入并有权对诉讼的进行起到推进或者叫停的作用，因此，减刑的实践呼唤检察机关的介入。检察机关对减刑进行监督，不仅是必要的也是可行的。因为检察机关在全国的监管单位都设有派驻检察室或者有专职的检察人员。目前，全国检察机关在监管单位的派驻检察室的比率已经达到93.3%。有近万人的队伍承担刑罚执行和监管执法监督任务。这是一支训练有素的队伍，他们长期工作在监管场所，与监管人员和在押罪犯接触，了解情况，便于接受在

① 参见刘韦才、唐敏：《我国减刑制度的缺陷及完善》，资料来源：http://www.china.com.cn/law/txt/2007-12/20/content_9408969_3.htm。

押罪犯的控告和申诉、举报，为准确行使减刑的提请权提供保障。[①]

对于上述针对减刑制度中存在问题提出的主张，笔者认为：

首先，由于上述主张是针对减刑工作中遇到的问题而提出的，因此，都具有一定合理性。“预告减刑制”与“减刑合同制”针对现行减刑制度没有持续的约束力而提出，从理论上看，无论“预告减刑制”还是“减刑合同制”都具有约束被减刑罪犯的功能，使其减刑前后表现一致。关于将减刑决定权交予监狱的主张有利于解决减刑不及时的问题。关于将减刑提请权移交检察机关主张的立足点在于强化减刑工作中的检察监督。在上述主张中笔者尤其欣赏“预告减刑制”与“减刑合同制”两种主张。这两种观点原创性很突出。

其次，上述主张都需要有进一步研究的地方。根据“预告减刑制”的设计，法律需要预先对所有被判处有期徒刑（无期徒刑犯从减为有期徒刑之日起计算）的罪犯按既判刑的比例计算出减刑期，并由监管部门告知每一个新入监的罪犯，只要他们在服刑的全过程能遵守法律和监规狱纪，自觉参加劳动并接受教育改造，就可以被减去预先核定的减刑期。笔者的问题是：法律为每个罪犯规定“预告减刑期”的理由是什么？关于“减刑合同制”，笔者认为需要研究这里所设计“合同”的法律地位问题。关于“减刑决定权交予监狱”是一个争论比较激烈的话题。有论者认为，减刑是刑罚执行制度，是对刑罚执行的变动，而非对原判决的改变，仅仅是减少刑罚的执行，并未改变判决长度，质言之，是减轻执行刑而非宣告刑。对生效刑事判决的改变必须通过刑事审判监督程序进行，而减刑只是根据罪犯在服刑期间的良好表现在法定限度内缩减其尚需执行的刑罚，属于行刑调控手段，是刑罚执行的制度。可见，减刑并不改变原生效判决的效力，并不涉及审判权问题，而是对改造表现好的罪犯的一种刑事奖励，是根据刑罚执行过程中罪犯的客观表现和人身危险性向良性方向变化而实施的，属于执行权即制度性行刑权，并不影响原已确定的定罪事实和量刑事实的改变。因此，行刑机关享有减刑权与审判机关对审判权的独立行使是完全不同的两个问题。[②] 另有论者认为，减刑是对自由刑的实质性构成要素的变更，是对原判决所确定的刑罚的自由刑内容的根本性的变更，而绝不仅仅是对于一定刑罚执行方式的改变；刑罚执行方式的改变只能是在不改变原判刑罚内容的前提下，变更具体的执行手段和方法。减刑是对刑罚的变更而不是对刑罚执行方式的变更，这是减刑性质问题的

---

① 参见李忠诚：《减刑假释应当由检察机关统一提出》，资料来源：http://news.sina.com.cn/c/2005-09-16/09086958910s.shtml。

② 参见袁登明：《减刑权归属之探讨》，载但未丽编著：《刑罚执行制度专题整理》，中国人民公安大学出版社2007年版，第97页。

核心内容。[①] 有论者进一步指出，刑事执行程序中客观上存在两种不同性质的国家权力：刑罚执行权（行刑权）与刑罚变更裁决权（如减刑、假释裁决权）。刑罚执行权与减刑裁决权是两种不同性质的国家权力：刑罚执行权是将法院裁判确定的刑罚予以实现，也就是对罪犯进行惩罚、教育和改造，从而消除其人身危险性，使其早日回归社会的权力，这是一种行政（行刑）权，通常应当由刑罚执行机关行使；而减刑裁决权是依据法定的标准对被判刑人在刑罚执行过程中的表现进行判断，以确定其是否符合减刑条件，这是一种司法权。由此可见，减刑裁决权是一种在本质属性上与行刑权迥然不同的国家权力，不宜由作为行政机关的刑罚执行机关行使。[②] 我们期望这种讨论进一步深化。关于将监狱的减刑提请权交予检察机关的主张无疑有利于检察机关对监狱工作的监督，但是，是不是将监狱的减刑提请权交予检察机关就可以遏制减刑适用中的腐败问题？另一个问题也需要讨论：如果检察机关行使减刑提请权，谁去监督检察机关？此外，还有一个问题需要研究：如果检察机关行使减刑提请权，因为检察机关加入减刑具体操作，减刑的司法成本会不会增加？

总之，关于减刑适用完善的主张需要进一步研究。尽管如此，因为上述主张能够直面减刑适用中暴露的问题，具有完善我国减刑制度的重要意义，同时为我国解决减刑适用中问题的对策智库添砖加瓦，并启发他人思考做进一步的研究。因此，应当认真研究上述主张。

第三节　关于减刑程序的正当化

减刑中的权力滥用，虽然与法律中的有关实体性规定粗疏有关系，但是，与法律中的程序性规定存在的缺陷也有密切关系。

关于减刑适用中的程序存在缺陷，已经成为共识。有论者指出，减刑裁判程序已异化为行政审批程序。减刑的裁判本质上属于司法审判权的范畴，书面审理是传统的审理方式，人民法院作出的裁定结论完全依据执行机关上报的书面材料。在整个裁判过程中既无人民检察院的监督，也无申请减刑的罪犯和被害人的参与；既无法庭调查，也无法庭辩论，更无罪犯陈述。再加上人民法院基于人力、物力等方面的考虑，鲜有去调查核实减刑材料。人民法院对减刑的裁定，实际成为形式意义上的履行审批手续。这样的裁判过程充斥着强烈的单向性、行政

---

① 参见王伟：《对减刑性质和程序的理论思考及对策建议》，载《新疆社会科学》2004年第2期。

② 参见陈永生：《论减刑、假释裁决权之归属》，载《中国刑事法杂志》2007年第4期。

性，人民法院的裁判行为更像是上级机关审批下级机关的行政报告、决定，与其说是一种司法审判行为，不如说是一种准行政行为。[①] 还有论者指出，减刑的程序性缺陷造成下列问题：第一，由于庭审采用书面审理形式，不利于审查罪犯是否符合减刑的实体条件，不利于防止出现司法腐败。第二，由于减刑过程透明度不高，检察机关监督不能深入，不利于纠正减刑、假释适用过程中可能出现的徇私舞弊、滥用权力现象。[②]

以透明化的法律程序挤压减刑中的司法腐败空间，为越来越多的人所接受。为此，在现有减刑程序基础上，对减刑程序予以创新性构造，成为减刑理论的重要景色。

一、关于减刑的启动

围绕减刑的启动，有不同意见。第一种意见认为，应将减刑提请权赋予罪犯。这种观点的主张者认为，“无程序无权利”，既然减刑是罪犯的一项权利，那么就必须有相应的程序对之进行保护，理所当然，程序的启动权应由罪犯来享有，而监狱的职责则是公布减刑的条件，使罪犯知道在何种情况下享有获得减刑的权利，在罪犯启动减刑程序后，监狱则负有向人民法院提供必要证明材料的义务。[③] 第二种意见认为，应将减刑提请权赋予检察机关。这种观点的主张者认为，人民检察院行使减刑提请权是检察机关所承担的公诉职能的必然要求；人民检察院行使减刑提请权是履行法律监督职能的必然要求；人民检察院行使减刑提请权是减刑司法实践的需要，监狱上报减刑案件时，人民法院与监狱实质上是变相的行政审批关系，带有体制上的根本缺陷，减刑的实践呼唤检察机关的介入。[④] 第三种意见认为，一般情况下，应将减刑提请权赋予检察机关，当服刑犯认为自己应当获得减刑，而监狱或检察机关没有提请人民法院裁决时，可以主动申请人民法院裁定。这样，既能发挥司法机关的职能作用，提高审判效率，又能保障当事人的诉讼权利，调动罪犯接受改造的自觉性。[⑤] 第四种意见认为，应将减刑提请权赋予执行机关。理由如下：罪犯所具有的请求减刑的权利是以其具有减刑适格性为基础的。而适格性判定应以执行机关相应的审查确认为前提。就根

---

① 参见黄伯青：《探索与超越：减刑假释案件开庭审理程序的构建》，资料来源：http：//www. shezfy. com/view. html？ id =39219。

② 参见陈永生：《中国减刑、假释程序之检讨》，载《法商研究》2007 年第 2 期。

③ 参见王伟：《对减刑性质和程序的理论思考及对策建议》，载《新疆社会科学》2004 年第 2 期。

④ 参见李忠诚：《减刑假释应当由检察机关统一提出》，资料来源：http：//news. sina. com. cn/c/2005 -09 -16/09086958910s. shtml。

⑤ 参见祁云顺：《论我国减刑、假释程序的重构》，载《河北法学》2008 年第 6 期。

本而言，即使在罪犯适格的情况下，该权利的客观存在必须经由执行机关的审查确认才能体现而具有现实意义。在未经执行机关审查确认罪犯具备减刑条件的情况下，允许罪犯直接请求人民法院裁定减刑，实际上意味着将罪犯是否具备减刑适格性判断的职责留给了人民法院。而与执行机关相比，人民法院对罪犯改造的情况并不了解。这样，从诉讼经济的角度看，由人民法院来承担这种职责，既是不现实的，也是不明智的。而由检察机关行使减刑请求权也不合适。赋予检察机关减刑提请权，不利于检察监督权的行使。这是因为，检察监督的核心问题是监督减刑提请机关和裁决机关在减刑程序中的活动是否合法，而在减刑提请机关与监督机关合一的情况下，检察机关势必“自我监督”。这样，监督效果会大打折扣。应当看到，罪犯处在执行机关的控制之下，执行机关对于罪犯的改造状况是一清二楚的，由执行机关对罪犯是否符合减刑的条件进行审查并在得出肯定结论后提请人民法院裁定减刑，是最为合适不过的。①

二、关于减刑审理程序的改造

由于减刑审理程序的审批化倾向存在滋生权力滥用问题，因而学界与实务界都提出改造减刑审批程序的主张。

陈永生认为，减刑审理程序应当是一种类似普通案件审理程序的程序。具体而言，执行机关与罪犯力图证明罪犯符合减刑的条件，检察机关和被害人力图证明罪犯不符合减刑的条件，法官对双方提出的主张和证据进行审查，居中裁决。具体说，在审判长宣布开庭后，监狱的工作人员、罪犯、检察人员、被害人依次发表意见，表明是否同意对罪犯适用减刑。为证明自己的主张，各方均有权出示物证、书证，申请传唤证人出庭作证。对任何一方出示的物证、书证以及申请传唤出庭的证人，其他各方都有权进行质证。法官如果认为有必要，也可对物证、书证以及出庭作证的证人进行审查、询问和质证。为查清罪犯到底是否符合减刑的条件，法官还可进行必要的庭外调查，包括进一步向执行机关调阅有关材料，询问未出席庭审的其他执行人员以及与被判刑人同监舍的罪犯，等等。在查清事实后，合议庭退庭评议，作出裁定并当庭宣判。② 黄伯青对减刑的审理环节进行了勾勒。他认为，减刑的审理包括减刑案件的审查、开庭前的准备、法庭调查、证人、被害人等的意见、辩论、申请人的陈述、评议、判决、申请次数、时间间

---

① 参见王志祥、敦宁：《论我国减刑、假释程序的完善》，载《山东警察学院学报》2010 年第 3 期。

② 参见陈永生：《中国减刑、假释程序之检讨》，载《法商研究》2007 年第 2 期。

隔、审限等。[1] 虽然关于减刑审理程序改造的主张有所不同，但是，以司法性的程序替代行政性的裁定做法，是近年来多数人的主张。概括起来这些主张有：开庭审理减刑案件；法庭应当进行调查；给被减刑人员以辩论的机会；法庭应当质证；法庭应当保证被减刑人的权利，包括救济权。

我国在减刑工作中越来越重视程序设计与实施。《监狱提请减刑假释工作程序规定》就减刑提请程序进行了规定，而2012 年1 月17 日最高人民法院《关于办理减刑、假释案件具体应用法律若干问题的规定》对于减刑案件审理的程序内容也予以了规定。根据该规定，人民法院对于下列案件应当开庭审理：因罪犯有重大立功表现提请减刑的；提请减刑的起始时间、间隔时间或者减刑幅度不符合一般规定的；在社会上有重大影响或社会关注度高的；公示期间收到投诉意见的；人民检察院有异议的；人民法院认为有开庭审理必要的。

但是，由于减刑毕竟是对罪犯的奖励，所谓减刑是罪犯权利的主张并非为大家普遍接受。毕竟减刑设计的出发点是为了激励罪犯积极接受改造。如果将减刑作为罪犯权利，不仅会改变减刑的激励性定位，而且势必会冲击罪刑相适应原则，使罪犯应当受到的惩罚因为减刑的普遍适用而打折扣。

因此，在罪犯减刑审理程序改造中，一方面要给予罪犯在法庭辩论的机会，另一方面应当避免“罪犯减刑权利化”。

① 参见黄伯青：《探索与超越：减刑假释案件开庭审理程序的构建》，资料来源：http：//www. shezfy. com/view. html？ id =39219。

第二章 减刑的提请

第一节 减刑提请的条件与其他实体性规定

减刑，是指对于被判处无期徒刑、有期徒刑、拘役、管制的符合法定条件的罪犯，依法将原判刑罚予以适当减轻的刑罚执行制度。刑罚的减轻可以表现为刑种上的减轻，由无期徒刑减为有期徒刑，也可以表现为同一刑种刑期上的减轻，由较长刑期减为较短刑期。

《刑法》第78条规定，被判处管制、拘役、有期徒刑、无期徒刑的犯罪分子，在执行期间，如果认真遵守监规，接受教育改造，确有悔改表现的，或者有立功表现的，可以减刑；有重大立功表现的，应当减刑。2012年1月17日最高人民法院《关于办理减刑、假释案件具体应用法律若干问题的规定》第1条规定："根据刑法第七十八条第一款的规定，被判处管制、拘役、有期徒刑、无期徒刑的犯罪分子，在执行期间，认真遵守监规，接受教育改造，确有悔改表现的，或者有立功表现的，可以减刑；有重大立功表现的，应当减刑。"

减刑不同于改判。减刑不是推翻原判决所认定事实和判处的刑罚重新判决，而是在肯定原判决的前提下，对刑罚执行中有悔改或立功表现的罪犯予以刑罚上的减轻。改判则是因为原判决在认定事实或适用法律上有错误，而撤销原判，重新裁判。减刑也不是减轻处罚。减轻处罚是人民法院在对犯罪分子量刑时，对具有减轻情节的在法定刑最低限以下判处刑罚的刑罚裁量形式，其适用对象是未决犯。减刑是对原判决的减轻，其适用对象是已决犯。

减刑制度是我国刑罚执行制度的重要组成部分，其具有激发罪犯接受改造热情和鼓励罪犯实行接受改造行为的功能，使罪犯由被动服刑变为主动服刑，由消极改造变为积极改造。减刑为罪犯改造指明了一个方向，为狱政管理提供了更有效的奖惩手段。此外，减刑制度更充分体现了惩办与宽大相结合的刑事政策，更好地贯彻了刑罚与罪犯人身危险性相适应原则。

根据法律规定，我国的减刑分为两种：一是"可以减刑"。"可以减刑"，是指被判处无期徒刑、有期徒刑、拘役、管制的罪犯，在服刑期间确有悔改或立功表现的，根据刑罚执行机构的考核结果，予以减刑的制度。二是“应当减刑”。“应当减刑”，是指被判处无期徒刑、有期徒刑、拘役、管制的罪犯，在服刑期间有重大立功表现的，予以减刑的制度。“可以减刑”与“应当减刑”有如下区别：第一，减刑必然性不同。罪犯改造符合“可以减刑”条件不导致减刑的必然发生，而罪犯改造符合“应当减刑”条件将导致减刑的必然出现。第二，法律规范不同。“可以减刑”的规范为任意性法律规范，而“应当减刑”的规范为必然性法律规范。

减刑提请的条件分为限度条件与实质条件。

一、减刑的限度条件

对判处有期徒刑、拘役、管制的罪犯而言，减刑的限度条件是罪犯实际服刑期限不少于原判刑期的1/2。

对判处无期徒刑的罪犯而言，减刑的限度条件是罪犯实际服刑期限不少于13年。

对限制减刑的死刑缓期执行的罪犯，缓期执行期满后依法减为无期徒刑的，罪犯实际服刑期限不能少于25年，缓期执行期满后依法减为25年有期徒刑的，罪犯实际服刑期限不能少于20年。

《中华人民共和国刑法修正案（八）》（以下简称《刑法修正案（八）》）将《刑法》第78条第2款修改为：“减刑以后实际执行的刑期不能少于下列期限：（一）判处管制、拘役、有期徒刑的，不能少于原判刑期的二分之一；（二）判处无期徒刑的，不能少于十三年；（三）人民法院依照本法第五十条第二款规定限制减刑的死刑缓期执行的犯罪分子，缓期执行期满后依法减为无期徒刑的，不能少于二十五年，缓期执行期满后依法减为二十五年有期徒刑的，不能少于二十年。”《刑法修正案（八）》将《刑法》第50条修改为：“判处死刑缓期执行的，在死刑缓期执行期间，如果没有故意犯罪，二年期满以后，减为无期徒刑；如果确有重大立功表现，二年期满以后，减为二十五年有期徒刑；如果故意犯罪，查证属实的，由最高人民法院核准，执行死刑。对被判处死刑缓期执行的累犯以及因故意杀人、强奸、抢劫、绑架、放火、爆炸、投放危险物质或者有组织的暴力性犯罪被判处死刑缓期执行的犯罪分子，人民法院根据犯罪情节等情况可以同时决定对其限制减刑。”《刑法修正案（八）》提高了被判处无期徒刑和死刑缓期执行的犯罪分子实际执行的刑期，增加了对死缓犯限制减刑的规定。

二、减刑提请的实质条件

（一）“可以减刑”提请的实质条件

根据我国《刑法》及有关规定，“可以减刑”适用的实质条件是“确有悔改或者立功表现”。

悔改和立功通常是相通的。确实悔改的犯罪分子往往通过改造，认识到自己以前的犯罪行为给他人、社会乃至国家造成的危害，发自内心感到愧疚，总想寻找机会为他人或为社会做些有益的事，将功补过。因而很多有立功表现的犯罪分子不仅有立功表现，而且有悔改表现。但是，犯罪的情况是千差万别的，各个犯罪分子犯罪的原因、犯罪动机、对犯罪行为及法律制裁的认识等不完全相同。犯罪分子的立功与悔改也有不相一致的。有的具有立功表现的犯罪分子未必一定悔改。有的犯罪分子在一些关键时刻，往往会出人意料地挺身而出，为保护人民的生命、财产安全舍生忘死。对有悔改且有立功表现的，应当考虑提请减刑；对于只有悔改表现而没有立功表现的，或者只有立功表现而没有悔改表现的，也应当考虑提请减刑。

1. 怎样把握“确有悔改表现”。

根据近年的探索，我国对“确有悔改表现”的认定不仅在定性层面进行，而且在定量层面进行。定性层面对“确有悔改表现”的认定突出制度性规定和语言性勾勒。而定量层面对“确有悔改表现”的认定突出操作性和对量的确定。前者是减刑制度建立后逐步发展起来的，其主要载体是司法解释；后者是减刑制度实施后发展起来的，其主要载体是司法行政机关的规定。定性层面对“确有悔改表现”的认定与定量层面对“确有悔改表现”的认定具有密切关系：前者是后者的框架，后者是前者的延伸；后者以前者为指导，前者以后者为体现。

（1）定性层面对“确有悔改表现”的认定。

关于“确有悔改表现”的内容，《刑法》未予明确，2012 年 1 月 17 日最高人民法院《关于办理减刑、假释案件具体应用法律若干问题的规定》对“确有悔改表现”作出了具体解释。该解释是“确有悔改表现”认定的法律性依据与基础。根据该解释第 2 条第 1 款的规定，“确有悔改表现”是指同时具备以下四个方面情形：认罪悔罪；认真遵守法律法规及监规，接受教育改造；积极参加思想、文化、职业技术教育；积极参加劳动，努力完成劳动任务。

根据该条规定，“确有悔改表现”主要从以下几方面把握：

第一，认罪悔罪。认罪悔罪，是指罪犯投入监狱以后，承认犯罪事实，服从人民法院的判决、裁定，认识到所犯罪行对社会的危害性和执行劳动改造的必要性，自觉接受教育改造。认罪悔罪这一条件包括认罪与悔罪两个环节。所谓认罪，主要是指罪犯承认犯罪事实，认识到自己的罪行对社会的危害性，认识到自己思想的反社会性，深挖犯罪的思想根源，认识到自己受刑罚惩罚的必要性，认识到自己进行改造的必要性。“认罪”包含接受法律制裁的意义。所谓悔罪，主要是指罪犯认识到自己行为的危害性，而悔恨自己的犯罪行为。“悔罪”包含“偿债”，承担刑事责任的意义。“认罪”与“悔罪”具有一定依赖关系：只有真正“认罪”，然后才有“悔罪”可言；罪犯“悔罪”，表明其“认罪”。

在判定罪犯是否“认罪悔罪”的时候，应当正确处理罪犯不服人民法院的判决进行申诉的问题。监管实践中有人认为，认罪悔罪就不会申诉，申诉就是不认罪悔罪。对此，我们认为要具体问题具体分析，不能一概而论。有的罪犯申诉是因为见他犯申诉改判，所以心存不良，希望通过申诉也得到改判；有的罪犯是因为没有认识到自己的罪恶而申诉。在上述两种情况下，认为罪犯申诉是不认罪悔罪是正确的。但是在有些情况下，罪犯申诉不能认为是不认罪悔罪。例如，有的是司法机关认定事实确有错误；有的是司法机关适用法律全部或者部分确有错误。这时认为罪犯申诉是不认罪悔罪显然是不正确的。因此，对于罪犯的申诉，不能简单化处理，断然认为是不认罪悔罪。申诉，是指有申诉权的人对人民法院已经发生法律效力的判决、裁定不服，向人民法院或者人民检察院提出重新处理的请求的诉讼活动。根据我国法律规定，罪犯是有申诉权的人，申诉是法律赋予罪犯的一项重要权利。因此，无论监狱还是其他司法机关都应当保护罪犯的申诉权。罪犯行使申诉权不宜一概认定为是不认罪悔罪。根据2012年1月17日最高人民法院《关于办理减刑、假释案件具体应用法律若干问题的规定》第2条第2款的规定：“对罪犯在刑罚执行期间提出申诉的，要依法保护其申诉权利，对罪犯申诉不应不加分析地认为是不认罪悔罪。”

在判定罪犯是否“认罪悔罪”的时候，还应当正确处理罪犯执行财产刑和履行附带民事赔偿义务的问题。部分罪犯不仅被判处主刑，而且被判处财产刑。因为各种原因，这些罪犯在主刑生效交付执行机关执行时，他们的财产刑尚未被执行，或者尚未被执行完毕。此外，有的罪犯承担有附带民事责任，但是罪犯在主刑生效交付执行机关执行时，他们尚未履行附带民事赔偿义务，或者尚未完全履行附带民事赔偿义务。被交付执行后，有的罪犯或者利用劳动所得，或者借助亲友帮助，积极缴纳财物，执行财产刑；有的罪犯积极赔偿被害人。但是，部分罪犯在执行主刑后，没有执行财产刑，也没有履行附带民事赔偿义务。罪犯没有执行财产刑的情况较复杂，有的罪犯确实没有执行能力，即使想缴纳财产，也不能缴纳；有的罪犯有一定的执行能力，却假称没有能力，不愿执行。罪犯没有履行附带民事赔偿义务的情形同上。由于罪犯是否积极缴纳财物，执行财产刑，是否积极履行附带民事赔偿义务，可以在一定意义上反映罪犯是否“认罪悔罪”，因此，2012年1月17日最高人民法院《关于办理减刑、假释案件具体应用法律若干问题的规定》第2条第3款规定：“罪犯积极执行财产刑和履行附带民事赔偿义务的，可视为有认罪悔罪表现，在减刑、假释时可以从宽掌握；确有执行、履行能力而不执行、不履行的，在减刑、假释时应当从严掌握。”

根据这一规定，如果罪犯积极执行财产刑和履行附带民事赔偿义务的，可以认定罪犯具有认罪悔罪的表现。

如果罪犯确有执行、履行能力而不执行、不履行的，原则上不宜认定罪犯认罪服法。在这种情况下要特别注意查明罪犯是否“确有执行、履行能力”。同时，应当注意的是，在认定“确有执行、履行能力而不执行、不履行”条件时，需要考虑罪犯的基本生活需要，罪犯出监后的基本生活需要。这就是说，认定“确有执行、履行能力而不执行、不履行”应当在罪犯的基本生活需要、罪犯出监后的基本生活需要以外进行。认定罪犯是否“确有执行、履行能力而不执行、不履行”可以通过综合使用以下途径进行：罪犯对赃款赃物去向的说明；侦查机关有关罪犯财产的侦查情况；罪犯亲属接见款、汇款情况；罪犯在监每月平均消费水平；罪犯填写的家庭经济状况；罪犯暂缓执行财产刑申请报告。

第二，认真遵守法律法规及监规，接受教育改造。认真遵守法律法规及监规，接受教育改造，是指罪犯在刑罚执行期间严格遵守国家法律法规和监内各项规章纪律。罪犯在刑罚执行期间，不仅具有遵守普遍适用的国家法律法规的义务，而且具有遵守国家为罪犯特别设定的有关法律性规范的义务。

第三，积极参加思想、文化、职业技术教育。我国对罪犯的改造手段包括劳动改造、教育改造和狱政管理。教育改造是其中的重要手段。思想、文化、职业技术教育是教育改造的基本内容。

第四，积极参加劳动，努力完成劳动任务。在我国，监管机关要组织罪犯参加劳动，进行劳动改造。所谓劳动改造，是指国家根据改造在监内服刑罪犯的需要，组织他们从事具有一定规模的劳动生产活动，使他们通过劳动既掌握一定的生产技能，又改造自己，为重返社会后做合格的守法公民奠定良好基础的改造罪犯的活动。

看罪犯是否“确有悔改表现”，要从以上四个方面进行考察，并且要将以上四个方面有机地结合起来进行考察，缺一不可。不能单从一个或几个方面考察，不能因为罪犯在某一方面表现突出，就认为罪犯具有悔改表现，而应当从四个方面综合考察。只有以上四个方面都有突出表现，才能认为罪犯“确有悔改表现”。上述四个方面是相辅相成，相互渗透的，是主客观的统一。其中认罪悔罪是前提，认真遵守法律法规及监规，接受教育改造是核心。只有把罪犯主观上有认罪悔罪的愿望和表示与客观上认真遵守法律法规及监规，接受教育改造的实际表现结合起来，才能确认罪犯是否确有悔改表现。

（2）定量层面对“确有悔改表现”的认定。

由于从定性层面认定“确有悔改表现”缺乏可操作性，存在一定的认定随意问题，所以在20世纪80年代中后期，我国监狱系统就提出定量考核问题。1990年8月司法部在一些省探索的基础上制定了《关于计分考核奖罚罪犯的规定》。该规定第25条规定，减刑要根据罪犯综合改造表现择优提请减刑。所谓综合改造表现，是指罪犯改造的一贯表现；揭发检举违法犯罪的情况；罪犯的原犯罪性质、刑种和刑期，对原犯罪的悔改程度，同时，适当考虑原判有无偏轻、偏重的情况；罪犯所获行政奖励次数和奖励总分。罪犯所获奖励总分是罪犯在百分考核中所获得的分数。根据司法部《关于计分考核奖罚罪犯的规定》第6条的规定，罪犯百分考核分为思想改造和劳动改造两部分，思想改造满分为55分，劳动改造满分为45分。虽然在司法部《关于计分考核奖罚罪犯的规定》中百分考核未与减刑中的“确有悔改表现”要件建立一一对应关系，“确有悔改表现”并未完全通过分数表现，但是，毕竟在减刑中考虑了百分考核成果，启动了“确有悔改表现”定量化的认定。

1997年10月29日最高人民法院《关于办理减刑、假释案件具体应用法律若干问题的规定》将“确有悔改表现”的认定又向前推进了一步。根据该规定，“确有悔改表现”，是指罪犯在改造中同时具备以下四个方面情形：认罪服法；认真遵守监规，接受教育改造；积极参加政治、文化、技术学习；积极参加劳动，完成生产任务。从定性角度来说，该规定有利于提高“悔改”的认定操作水平。

基于进一步提高“确有悔改表现”的认定操作水平的目的，一些省、自治区、直辖市在司法部《关于计分考核奖罚罪犯的规定》的基础上，根据1997年10月29日最高人民法院《关于办理减刑、假释案件具体应用法律若干问题的规定》，在“确有悔改表现”认定上做了进一步的定量化探索。这里主要介绍重庆市的探索，同时插入山东省、广西壮族自治区的实践。

重庆市在“确有悔改表现”认定上是通过建立定量化的双层结构模式进行的。

这个模式的第一层结构是根据狱内行政奖励的数量认定“确有悔改表现”。根据重庆市高级人民法院、重庆市人民检察院、重庆市公安局、重庆市司法局《关于办理罪犯减刑假释案件的实施办法（试行）》第8条的规定，“确有悔改表现”是指同时具备以下四个方面情形：认罪服法；认真遵守监规，接受教育改造；积极参加政治、文化、技术学习；积极参加劳动，完成生产任务。罪犯在执行期间获2次以上表扬或1次以上记功的视为“确有悔改表现”；获5次以上表扬、4次以上记功、2次以上监狱改造积极分子、1次以上省（市）级改造积极分子奖励视为“悔改表现突出”。“表扬”、“记功”、“监狱改造积极分子”、“省（市）级改造积极分子”是监狱对罪犯的行政奖励种类。《中华人民共和国监狱法》（以下简称《监狱法》）第57条规定，监狱对积极改造的罪犯可以给予表扬、物质奖励或者记功。2003年司法部公布的《监狱教育改造工作规定》第51条规定，监狱和省、自治区、直辖市监狱管理局应当每年分别组织评选本监狱和本地区的改造积极分子。

这个模式的第二层结构是根据罪犯百分考核得分结果确定罪犯的奖励及种

类。根据罪犯百分考核得分结果确定罪犯的奖励及种类，早在1990年以前就被我国监狱系统所接受。司法部《关于计分考核奖罚罪犯的规定》第4条规定，“对罪犯按月实行考核，在达到百分的基础上，对积极改造的给予奖分，对有违纪行为者给予扣分；并以奖分、扣分的累计分数作为行政奖罚的依据”。第23条规定，“计分考核应与行政奖罚挂钩，依据罪犯悔改表现的事实给予加分，并依据加分的多少，分别给予表扬、记功、授予劳改积极分子称号”。罪犯在百分考核中获得多少分可以获得表扬奖励？获得多少分可以获得立功奖励？有关省、自治区、直辖市监狱管理局的规定不完全相同。根据山东省高级人民法院、山东省人民检察院、山东省公安厅、山东省司法厅2005年公布的《山东省办理减刑和假释案件实施细则》第36条第1款第1项的规定，“考核积分兑现奖励包括表扬、记功，罪犯考核积分达到20分可给予表扬一次，达到40分给予记功一次”。尽管各省有关考核分数兑现奖励的具体数量不完全相同，但基本原则是一致的。

关于罪犯考核分数计算，各省的基本实践都是通过考评罪犯改造行为进行的：对罪犯具体行为规定加减分或者奖扣分标准，然后根据罪犯行为予以加（奖）分或者减（扣）分。这是第一层次。根据狱内行政奖励的种类、次数，确定罪犯是否“确有悔改表现”。这是第二层次。

根据定量化的双层结构模式对“确有悔改表现”进行认定实现了下面两个目标：第一，“确有悔改表现”认定的操作性显著提高。在定量化的双层结构模式的框架下，罪犯是否“确有悔改表现”需要根据罪犯所获得的狱内行政奖励的种类、次数评价。获得狱内行政奖励者的“确有悔改表现”，比没有获得狱内行政奖励者的“确有悔改表现”突出；获得狱内行政奖励多者比获得狱内行政奖励少者“确有悔改表现”突出。而罪犯能否获得狱内行政奖励，取决于罪犯在改造中是否表现好，是否可以在设计有不同科目的计分考核中获得较高的分数。在一个考核期内，获得分数高者，获得狱内行政奖励；获得分数低者，获得低级别的狱内行政奖励，或者不予以狱内行政奖励。在不同考核期中，获得高分次数越多，获得的狱内行政奖励次数越多。这样，“确有悔改表现”认定的操作性得到显著提高，凭干警感觉定性评价的成分显著下降。第二，“确有悔改表现”认定融入了最高人民法院的规定与精神。在罪犯计分考核中，考核科目紧扣最高人民法院关于“确有悔改表现”认定根据，即“认罪悔罪”情况，“认真遵守监规，接受教育改造”情况，“积极参加政治、文化、技术学习”情况，“积极参加劳动，完成生产任务”情况，这样，计分考核便将司法机关认定“确有悔改表现”的根据融入刑罚执行的认定中，从而实现了“确有悔改表现”认定的两个层面上的统一，即司法层面与刑罚执行层面的统一。

在“确有悔改表现”认定的定量模式中，除了双层结构模式，还有以计分考核分值为直接根据的单层结构模式。单层结构模式的基本特点是根据罪犯计分考核得分直接认定罪犯是否“确有悔改表现”。虽然根据计分考核得分直接认定罪犯是否“确有悔改表现”，将计分考核得分与“确有悔改表现”认定建立了直接关系，但是，与双层结构模式相比，单层结构模式对“确有悔改表现”的描述缺乏定性要素的指导，即缺乏清楚的价值评判。毕竟分值本身是冰冷的，很难表现其价值取向。这是部分审判人员对计分考核持保留态度的重要原因。[①] 同时，单层结构模式也不利于发挥狱内行政奖励的激励功能。在将罪犯计分考核得分直接与罪犯是否“确有悔改表现”认定联系后，罪犯计分考核得分直接与罪犯的减刑联系起来，而与狱内行政奖励没有了联系，这样，狱内行政奖励的激励与罪犯日常表现没有了多少关系，其激励价值会显著下降。由于刑罚执行机关需要对罪犯改造进行不断地激励，不仅要对罪犯进行减刑的激励，而且要对罪犯进行狱内行政奖励的激励。狱内行政奖励虽然激励力度小，但狱内行政奖励具有及时性与反复使用性。因而狱内行政奖励及时性可以使激励迅速变成罪犯的行动，狱内行政奖励的反复使用性可以保证刑罚执行机关具有成本很低的激励源。正因为如此，定量化的双层结构模式更受人们的青睐。

从操作层面看，目前我国对“确有悔改表现”定量化认定的探索取得了一定成功：第一，刑罚执行系统普遍推行了“确有悔改表现”定量化认定；第二，由于将计分考核与“确有悔改表现”的定性认定逐步紧密结合起来，越来越多的审判机构接受了“确有悔改表现”的定量化认定。

但是，“确有悔改表现”定量化认定探索中的问题也很突出，主要表现在以下几方面：

第一，有的地方在认定“确有悔改表现”时既将行政奖励作为直接根据，又将计分考核结果作为直接根据，而且二者等量齐观。由于计分考核结果是行政奖励的直接根据，所以将计分考核结果再作为“确有悔改表现”认定的直接根据，有些混乱。应当说，这种做法不大妥当。考虑到我国推行“确有悔改表现”定量化认定探索已经积累了一定经验，在鼓励各省积极进行探索的同时，司法部应当考虑制定“确有悔改表现”定量化认定模范方案，并在适当的时候推出，以促进计分考核工作不断完善。

第二，现在各省的狱内行政奖励类别不尽相同，有的省的狱内行政奖励类别是物质奖励、表扬、记功、监狱改造积极分子、省（市）级改造积极分子，有的省的狱内行政奖励类别是考核表扬、单项表扬、单项记功、考核记功、监狱改造积极分子、省（市）级改造积极分子。现在的问题有：狱内行政奖励类别是

---

① 参见胡萍：《“减刑、假释的立法和司法实践学术研讨会”会议综述》，载高憬宏主编：《减刑、假释的法律适用与司法实践——中国·欧盟法律和司法合作项目成果》，人民法院出版社 2005 年版，第 6 ~ 15 页。

否应当统一规定？如果统一规定，狱内行政奖励应当由哪一层级的机构规定？究竟应当由部门规章规定，还是由地方法规规定，抑或由国家法律法规规定？我们期望司法部开展专门的调研，提出方案，解决上述问题。

第三，需要考虑将申诉、执行财产刑和履行附带民事赔偿义务纳入定量评价中。

至于通过计分考核分数能否认定罪犯是否“认罪悔罪”等问题，我们将在其他场合讨论。

2. 怎样把握“有立功表现”。

《刑法》第68条规定，犯罪分子有揭发他人犯罪行为，查证属实的，或者提供重要线索，从而得以侦破其他案件的等为立功表现。这里的立功不同于《刑法》第68条规定的立功。《刑法》第68条规定的立功是量刑情节，而这里的立功是减刑的依据。前者发生在量刑期间；后者发生在刑罚执行期间。2012年1月17日最高人民法院《关于办理减刑、假释案件具体应用法律若干问题的规定》第3条规定，具有下列情形之一的，应当认定为有“立功表现”：(1) 阻止他人实施犯罪活动的；(2) 检举、揭发监狱内外犯罪活动，或者提供重要的破案线索，经查证属实的；(3) 协助司法机关抓捕其他犯罪嫌疑人（包括同案犯）的；(4) 在生产、科研中进行技术革新，成绩突出的；(5) 在抢险救灾或者排除重大事故中表现突出的；(6) 对国家和社会有其他贡献的。

【案例】 徐某每月按规定给妻子拨打一次亲情电话，通话中他了解到朋友余某千方百计打听自己的联系方式。余某是重庆云阳人，2006年11月与人发生纠纷，冲突中用刀将对方捅死。徐某马上把这一重要线索报告给监区领导。2007年2月的一天，徐某接到余某的电话。余某表示有心自首却又顾虑重重。徐某当即现身说法，将自己逃跑流浪的痛苦体会告诉余某，劝告余某只有自首才能争取宽大处理。中秋节前夕，徐某接到了余某的第二个电话。余某表示听从劝告，尽快向警方自首。9月26日，余某到黄冈市黄州区公安分局投案自首。[①]

在该案例中，徐某因成功规劝被公安机关追捕的犯罪嫌疑人自首，被监狱认定为有立功表现。徐某的立功表现应当属于“协助司法机关抓捕其他犯罪嫌疑人（包括同案犯）”的类型。

（二）应当减刑适用的实质条件

应当减刑适用的实质条件是有“重大立功表现”。根据《刑法》的规定，罪犯有下列行为之一的即是有重大立功表现：阻止他人重大犯罪活动的；检举监狱

① 参见梅华峰、黄卫华：《成功规劝潜逃犯自首，黄州监狱一服刑人员立功》，资料来源：http：//ctdsb. cnhubei. com/html/hbrb/20071214/hbrb195950. html。

内外重大犯罪活动，经查证属实的；有发明创造或者重大技术革新的；在日常生产、生活中舍己救人的；在抗御自然灾害或者排除重大事故中，有突出表现的；对国家和社会有其他重大贡献的。2012 年 1 月 17 日最高人民法院《关于办理减刑、假释案件具体应用法律若干问题的规定》第 4 条规定，具有下列情形之一的，应当认定为有“重大立功表现”：（1）阻止他人实施重大犯罪活动的；（2）检举监狱内外重大犯罪活动，经查证属实的；（3）协助司法机关抓捕其他重大犯罪嫌疑人（包括同案犯）的；（4）有发明创造或者重大技术革新的；（5）在日常生产、生活中舍己救人的；（6）在抗御自然灾害或者排除重大事故中，有特别突出表现的；（7）对国家和社会有其他重大贡献的。

三、减刑的起始时间、幅度、间隔时间

（一）关于减刑的起始时间

根据 2012 年 1 月 17 日最高人民法院《关于办理减刑、假释案件具体应用法律若干问题的规定》的有关规定，被判处 5 年以上有期徒刑的罪犯，一般在执行 1 年 6 个月以上方可减刑。被判处不满 5 年有期徒刑的罪犯，可以比照上述规定，适当缩短起始时间。确有重大立功表现的，可以不受上述减刑起始时间的限制。无期徒刑罪犯在刑罚执行期间，确有悔改表现，或者有立功表现的，服刑 2 年以后，可以减刑。被限制减刑的死刑缓期执行罪犯，缓期执行期满后依法被减为无期徒刑的，或者因有重大立功表现被减为 25 年有期徒刑的，应当比照未被限制减刑的死刑缓期执行罪犯，从严掌握减刑起始时间。

根据《刑法修正案（八）》的规定，对被判处死刑缓期执行的累犯以及因故意杀人、强奸、抢劫、绑架、放火、爆炸、投放危险物质或者有组织的暴力性犯罪被判处死刑缓期执行的犯罪分子，人民法院根据犯罪情节等情况可以同时决定对其限制减刑。2012 年 1 月 17 日最高人民法院《关于办理减刑、假释案件具体应用法律若干问题的规定》根据《刑法修正案（八）》关于刑罚结构调整政策与规定，相应严格了重大刑事罪犯的减刑、假释条件，推动改变“死刑过重、生刑过轻”的刑罚轻重不平衡现象。既严格限制“限制减刑罪犯”的减刑条件，使其最低实际执行刑期不少于 25 年，同时又给其留有减刑的空间和希望，激励其遵守监管秩序，认真接受改造。

根据 2012 年 1 月 17 日最高人民法院《关于办理减刑、假释案件具体应用法律若干问题的规定》的规定，我们可以作如下表格帮助记忆：

减刑的起始时间

罪犯服刑刑期	实体条件	减刑的起始时间
被判处5年以上有期徒刑的罪犯	有悔改或者立功表现	执行1年6个月以上方可减刑
被判处不满5年有期徒刑的罪犯	有悔改或者立功表现	比照“执行1年6个月以上方可减刑”，适当缩短
所有罪犯	有重大立功表现	没有起始时间限制
被判处无期徒刑罪犯	有悔改或者立功表现	服刑2年以后，可以减刑
被限制减刑的死刑缓期执行罪犯，缓期执行期满后依法被减为无期徒刑的，或者因有重大立功表现被减为25年有期徒刑的	有悔改或者立功表现	比照未被限制减刑的死刑缓期执行罪犯，从严掌握减刑起始时间

被判处10年以上有期徒刑、无期徒刑的罪犯在刑罚执行期间又犯罪，被判处有期徒刑以下刑罚的，自新罪判决确定之日起2年内一般不予减刑；新罪被判处无期徒刑的，自新罪判决确定之日起3年内一般不予减刑。

被判处死刑缓期执行罪犯在缓期执行期间抗拒改造，尚未构成犯罪的，此后减刑时可以适当从严。

（二）关于减刑的幅度

1. 被判处有期徒刑罪犯的减刑幅度。

被判处有期徒刑罪犯在刑罚执行期间，符合减刑条件的，减刑幅度为：确有悔改表现，或者有立功表现的，一次减刑一般不超过1年有期徒刑。确有悔改表现并有立功表现，或者有重大立功表现的，一次减刑一般不超过2年有期徒刑。

根据1997年10月29日最高人民法院《关于办理减刑、假释案件具体应用法律若干问题的规定》的规定，被判处10年以上有期徒刑的罪犯，如果悔改表现突出的，一次可以减刑2年；有重大立功情形的，甚至一次可以减刑3年；而被判处10年以下有期徒刑的罪犯，即使悔改表现突出，一次最多只能减刑1年。如此规定，不符合宽严相济刑事政策的要求，也是不合理的，直接导致司法实践中出现“减刑过快”的问题。因此，2012年1月17日最高人民法院《关于办理减刑、假释案件具体应用法律若干问题的规定》删去了1997年10月29日最高人民法院《关于办理减刑、假释案件具体应用法律若干问题的规定》“重罪多减、轻罪少减”的有关规定。

罪犯减刑的幅度

罪犯服刑刑期	实体条件	减刑的幅度
被判处有期徒刑的罪犯	确有悔改表现，或者有立功表现	一次减刑一般不超过1年有期徒刑
被判处有期徒刑的罪犯	确有悔改表现并有立功表现，或者有重大立功表现	一次减刑一般不超过2年有期徒刑

2. 被判处无期徒刑罪犯的减刑幅度。

被判处无期徒刑罪犯在刑罚执行期间，确有悔改表现，或者有立功表现的，服刑2年以后，可以减刑。减刑幅度为：确有悔改表现，或者有立功表现的，一般可以减为20年以上22年以下有期徒刑；有重大立功表现的，可以减为15年以上20年以下有期徒刑。

罪犯减刑的幅度

罪犯服刑刑期	实体条件	减刑的幅度
被判处无期徒刑的罪犯	确有悔改表现，或者有立功表现	可以减为20年以上22年以下有期徒刑
被判处无期徒刑的罪犯	有重大立功表现	可以减为15年以上20年以下有期徒刑

3. 被判处死刑缓期执行罪犯的减刑幅度。

被判处死刑缓期执行的，在死刑缓期执行期间，如果没有故意犯罪，2年期满以后，减为无期徒刑；如果确有重大立功表现，2年期满以后，减为25年有期徒刑。

罪犯减刑的幅度

罪犯服刑刑期	实体条件	减刑的幅度
被判处死刑缓期执行的罪犯	如果没有故意犯罪	2年期满以后，减为无期徒刑
被判处死刑缓期执行的罪犯	有重大立功表现	2年期满以后，减为25年有期徒刑

4. 被减为无期徒刑的罪犯的减刑幅度。

被判处死刑缓期执行罪犯减为无期徒刑后，确有悔改表现，或者有立功表现的，服刑 2 年以后可以减为 25 年有期徒刑；有重大立功表现的，服刑 2 年以后可以减为 23 年有期徒刑。

根据 2012 年 1 月 17 日最高人民法院《关于办理减刑、假释案件具体应用法律若干问题的规定》的规定，被限制减刑的死刑缓期执行罪犯，缓期执行期满后依法被减为无期徒刑的，或者因有重大立功表现被减为 25 年有期徒刑的，应当比照未被限制减刑的死刑缓期执行罪犯，从严掌握减刑幅度。

罪犯减刑的幅度

罪犯服刑刑期	实体条件	减刑的幅度
被判处死刑缓期执行减为无期徒刑的罪犯	确有悔改表现，或者有立功表现	服刑 2 年以后可以减为 25 年有期徒刑
被判处死刑缓期执行减为无期徒刑的罪犯	有重大立功表现	服刑 2 年以后可以减为 23 年有期徒刑
被限制减刑的死刑缓期执行罪犯，缓期执行期满后依法被减为无期徒刑的	确有悔改表现，或者有立功表现	比照“服刑 2 年以后可以减为 25 年有期徒刑”，从严掌握减刑幅度
被限制减刑的死刑缓期执行罪犯，缓期执行期满后依法被减为无期徒刑的	有重大立功表现	比照“服刑 2 年以后可以减为 23 年有期徒刑”，从严掌握减刑幅度

（三）关于减刑的间隔时间

被判处有期徒刑罪犯的减刑间隔时间为：被判处 5 年以上有期徒刑的罪犯，两次减刑之间一般应当间隔 1 年以上。被判处不满 5 年有期徒刑的罪犯，可以比照上述规定，适当缩短间隔时间。确有重大立功表现的，可以不受上述减刑间隔时间的限制。

罪犯减刑的间隔时间

罪犯服刑刑期	实体条件	减刑的间隔时间
被判处 5 年以上有期徒刑的罪犯		两次减刑之间一般应当间隔 1 年以上
被判处不满 5 年有期徒刑的罪犯		比照“两次减刑之间一般应当间隔 1 年以上”，适当缩短

根据2012年1月17日最高人民法院《关于办理减刑、假释案件具体应用法律若干问题的规定》的规定，被限制减刑的死刑缓期执行罪犯，缓期执行期满后依法被减为无期徒刑的，或者因有重大立功表现被减为25年有期徒刑的，应当比照未被限制减刑的死刑缓期执行罪犯，从严掌握减刑的间隔时间。

（四）关于减刑的其他规定

根据2012年1月17日最高人民法院《关于办理减刑、假释案件具体应用法律若干问题的规定》的规定，判处拘役或者3年以下有期徒刑并宣告缓刑的罪犯，一般不适用减刑。如果罪犯在缓刑考验期限内有重大立功表现的，可以参照《刑法》第78条的规定，予以减刑，同时应依法缩减其缓刑考验期限。拘役的缓刑考验期限不能少于2个月，有期徒刑的缓刑考验期限不能少于1年。判处管制、拘役的罪犯，以及判决生效后剩余刑期不满1年有期徒刑的罪犯，符合减刑条件的，可以酌情减刑，其实际执行的刑期不能少于原判刑期的1/2。死刑缓期执行罪犯经过一次或几次减刑后，其实际执行的刑期不能少于15年，死刑缓期执行期间不包括在内。无期徒刑罪犯经过一次或几次减刑后，其实际执行的刑期不能少于13年。

第二节　减刑提请的程序

鉴于减刑提请中存在操作性差，权力控制不到位的问题，2003年4月2日司法部发布了《监狱提请减刑假释工作程序规定》，从而使减刑工作有了专门的、系统的程序规定依据。根据《监狱提请减刑假释工作程序规定》的规定，减刑提请的程序有：减刑提名；专职部门审查；减刑假释评审委员会评审；公示；审议决定；提请减刑。

根据《监狱提请减刑假释工作程序规定》的规定，减刑提请应当坚持下列原则：

1. 公开、公平、公正。根据这一原则，刑罚执行机关不仅要让所有罪犯获知有关减刑的信息，包括减刑根据、机会与结果，而且应当保证所有罪犯受到平等的对待。

2. 集体评议、首长负责。根据这一原则，减刑提请需要干警集体评议，但是减刑提请最终决定权属于监狱首长。

3. 以法律有关规定为根据，以改造事实为基础。法律有关规定是提请减刑的法律根据。这里所说的法律有关规定包括《刑法》、最高人民法院《关于办理减刑、假释案件具体应用法律若干问题的规定》等。罪犯改造具体情况是提请减刑的事实基础。

一、减刑提名

首先，减刑提请应由分监区召开全体警察会议，会议根据法律规定的条件，结合罪犯服刑表现，进行提名，然后进行集体评议。

这里有几点解释：

何为分监区？分监区是监狱的基本罪犯管理单位。目前我国监狱在监狱下设有监区，而多数监狱在监区又设有分监区。每个分监区设有若干管理岗位。

罪犯减刑名单如何产生？从实体规定看，罪犯是否可以获得减刑，取决于罪犯是否符合条件，符合减刑条件者，提名，然后提请减刑；不符合减刑条件者，监区不再提名。由于罪犯改造表现是否符合减刑条件具有相对性，因此，罪犯减刑名单的确定，不仅要根据实体规定把握，而且要根据一定程序提出。从实践看，罪犯减刑名单产生的程序模式有两种：一种是“干警提出”模式。在这种模式下，监狱启动减刑提请工作后，监狱有关职能部门会向监区分配减刑指标。分监区召开全体警察会议的目的就是根据指标对罪犯是否符合减刑条件进行评价与筛选，然后确定分监区的罪犯减刑名单，其特点是罪犯减刑名单由干警提名产生。另一种是“推荐候选人”模式。① 这种模式的特点是“三个公开”，即监区公开减刑名额、公开个人考核积分、公开改造表现，推荐减刑候选人。具体讲，一是由监狱根据呈报减刑名额的多少，逐级公开分配至各基层押犯单位。二是各基层押犯单位公开宣布所辖罪犯的考核积分情况和改造表现，即有无立功受奖、有无受过各种处分或违规违纪情况等。在以上“三个公开”的基础上，以罪犯分队为评议单位，推荐符合减刑条件的罪犯。

全体警察会议的会议主旨是什么？全体警察会议的会议主旨是根据法律规定与罪犯改造事实，对被提名减刑的罪犯是否符合减刑条件进行评价与筛选。全体警察会议应当确定减刑人选，提出减刑建议。对全体警察会议所提减刑建议，分监区干警应当填写《罪犯减刑（假释）审核表》落实。然后由分监区长在相应栏目签署意见和签名后，连同有关材料报监区审核。

根据《监狱提请减刑假释工作程序规定》的规定，对于分监区全体警察会议所提减刑建议，监区长应当召开“监区长办公会”进行审核。审核的内容为：材料是否真实；材料是否完备；材料是否符合规定。对符合上述要求的材料，监区长在《罪犯减刑（假释）审核表》相应栏目签署意见和签名后，报监狱刑罚执行（狱政管理）部门审查。

报送监狱刑罚执行（狱政管理）部门的材料包括：

---

① 焦虎：《论“三公开二公示一监督”减刑假释制度》，资料来源：http://www.21gwy.com/lunwen/sfzd/a/1349/PageGwy2_761349.html。

（1）《罪犯减刑（假释）审核表》。该表包括罪犯基本情况、犯罪情况、考核情况、奖励情况、监区对罪犯减刑的意见。

（2）监区长办公会、集体评议记录。该材料包括监区长办公会的纪录与全体警察会议的集体评议记录。根据《监狱提请减刑假释工作程序规定》第7条第3款的规定："分监区、直属分监区或者未设分监区的监区的集体评议以及监区长办公会议审核情况，应当有书面记录，并由与会人员签名。"

（3）终审法院的判决书、裁定书。

（4）历次减刑裁定书的复印件。

（5）罪犯计分考核明细表。该表反映罪犯在各个考核指标下的加（奖）分与减（扣）分的情况。

（6）奖惩审批表。该表主要内容包括予以罪犯行政奖励的种类及奖励根据。

（7）罪犯评审鉴定表。该表是在一定时期内（一年或者半年）对罪犯改造评审情况的记录。该表内容主要有罪犯基本情况，犯罪事实，奖惩情况，个人鉴定，个人努力方向，分监区、监区意见等。

（8）其他有关证明材料。

监区报送监狱刑罚执行（狱政管理）部门的上述材料是罪犯减刑提请的基础材料。

直属分监区或者未设分监区的监区，由全体警察集体评议，提出减刑建议，由分监区长（监区长）在《罪犯减刑（假释）审核表》相应栏目签署意见和签名后，连同有关材料报监狱刑罚执行（狱政管理）部门审查。

二、专职部门审查

监狱通常设置有政治部门、财务部门、教育改造部门、罪犯劳动生产管理部门、狱内侦查部门、生活卫生部门、刑罚执行部门、狱政管理部门等职能机构，其中，监狱的刑罚执行（狱政管理）部门①是监狱负责减刑提请材料审查的专门机构。监狱刑罚执行（狱政管理）部门收到监区报送的拟对罪犯提请减刑的材料后，负责专门的审查。审查内容如下：需提交的材料是否齐全、完备、规范；认定罪犯是否确有悔改或者立功、重大立功表现；罪犯是否符合法定减刑的条件；拟提请减刑的建议是否适当。

监狱刑罚执行（狱政管理）部门在审查减刑提请材料时要特别注意以下几点：

第一，罪犯是否符合2012年1月17日最高人民法院《关于办理减刑、假释案件具体应用法律若干问题的规定》中的减刑起始服刑条件。

---

① 有的监狱将刑罚执行部门与狱政管理部门合在一起。

第二，监区所提的减刑幅度，是否符合有关规定，同时应当根据罪犯改造表现与其他减刑幅度进行必要的平衡。

第三，罪犯的减刑间隔是否符合2012年1月17日最高人民法院《关于办理减刑、假释案件具体应用法律若干问题的规定》的规定。

第四，关于减刑的限制性规定。

第五，对被限制减刑的死刑缓期执行罪犯的减刑，要根据法律规定办理。

监狱刑罚执行（狱政管理）部门收到监区对罪犯拟提请减刑的材料后，应召开科务会进行集体讨论，提出明确的审查意见。监狱刑罚执行（狱政管理）部门完成审查后，应当出具审查意见。科长在《罪犯减刑（假释）审核表》相应栏目签署意见和签名，连同有关材料一并提交监狱减刑假释评审委员会讨论。

三、监狱提请减刑假释评审委员会评审

根据《监狱提请减刑假释工作程序规定》的规定，监狱应当成立由主管副监狱长及刑罚执行、狱政管理、教育改造、生活卫生、狱内侦查等有关部门负责人组成的，并由主管副监狱长任主任的监狱提请减刑假释评审委员会。监狱提请减刑假释评审委员会的主要职责是负责对刑罚执行（狱政管理）部门审查提交的减刑、假释建议进行评审。

监狱提请减刑假释评审委员会评审内容如下：需提交的材料是否齐全、完备、规范；认定罪犯是否确有悔改或者立功、重大立功表现；罪犯是否符合法定减刑的条件；拟提请减刑的建议是否适当。

监狱提请减刑假释评审委员会应当通过会议进行。会议应当有与会人员签名的书面记录。

监狱提请减刑假释评审委员会在评审减刑、假释案件时，应当邀请驻监检察机关工作人员参加。人民检察院对于减刑、假释工作具有监督权。刑罚执行机关应当自觉接受人民检察院的监督。

四、公　　示

减刑假释评审委员会评审通过的减刑建议要在监狱内公示，公示期为7个工作日。公示期内如有警察或者罪犯对公示内容提出异议，监狱提请减刑假释评审委员会应当进行复核，并告知复核结果。

公示的内容至少应当包括以下几项：罪犯的姓名；原判认定的罪名和刑期；罪犯历次减刑情况；执行机关的减刑建议和依据；罪犯获得奖励情况；罪犯计分考核情况；公示期限；意见反馈方式等。该次公示是《监狱提请减刑假释工作程序规定》规定的公示，属于法定的程序。在实践中，有的监狱在“集体评议与监区长会审核”程序中将监区的审核结果公示，不属于法定的程

序。由于监区的审核结果公示有助于促进减刑的公正，降低权力滥用，应当鼓励这种实践。

公示的基本价值在于给罪犯、干警一个评价的机会，从而防止可能的权力滥用。

五、审议决定

监狱提请减刑假释评审委员会完成评审和公示程序后，应当将拟提请减刑的建议、评审报告及公示情况，报请监狱长办公会审议决定。监狱长办公会最终决定是否对罪犯提请减刑。

六、提请减刑

根据《监狱提请减刑假释工作程序规定》的规定，被判处有期徒刑（包括减为有期徒刑）罪犯的减刑应当报有管辖权的中级人民法院审核裁定；被判处死刑缓期2年执行的罪犯和被判处无期徒刑的罪犯由监狱提出减刑建议，报省、自治区、直辖市监狱管理局审核同意后，提请罪犯服刑地的高级人民法院裁定。

根据修订后的《刑事诉讼法》第262条的规定，刑罚执行机关在向人民法院提请减刑裁定的同时，需要将建议书副本抄送人民检察院。

（一）执行有期徒刑罪犯的减刑提请

对被判处有期徒刑（包括减为有期徒刑）罪犯的减刑提请，在通过监狱长办公会审议后，由监狱长在《罪犯减刑（假释）审核表》上签署意见，加盖监狱公章，由监狱刑罚执行（狱政管理）部门根据法律规定制作《提请减刑建议书》。然后由监狱刑罚执行（狱政管理）部门连同有关材料一并提请罪犯服刑地的中级人民法院裁定。

根据有关规定，监狱提请减刑需要向人民法院提交下列材料：（1）《提请减刑建议书》；（2）终审法院的裁判文书、执行通知书、历次减刑裁定书的复印件；（3）罪犯确有悔改或者立功、重大立功表现的具体事实的书面证明材料；（4）罪犯评审鉴定表、奖惩审批表等；（5）其他根据案件的审理需要移送的材料；（6）人民检察院对提请减刑案件提出的检察意见。

（二）执行无期徒刑罪犯的减刑提请

对于被判处无期徒刑罪犯的减刑提请，监狱应当将《罪犯减刑（假释）审核表》连同有关材料报送省、自治区、直辖市监狱管理局审核。《罪犯减刑（假释）审核表》包括罪犯犯罪主要事实、罪犯计分考核情况、获得奖励情况、被处罚情况、监区对罪犯减刑意见、监狱刑罚执行（狱政管理）部门对罪犯减刑的意见、监狱提请减刑假释评审委员会对罪犯减刑的意见、监狱对罪犯减刑的意见。

监狱报送省、自治区、直辖市监狱管理局审核的减刑案件，应当提交下列材料：(1)《提请减刑建议书》；(2)《罪犯减刑（假释）审核表》；(3) 终审法院裁判文书、执行通知书、历次减刑裁定书的复印件；(4) 罪犯计分考核表、入监登记表、分级处遇表、奖惩审批表、罪犯每一年度评审鉴定表、思想汇报和立功、重大立功书面材料；(5) 其他根据案件的审理需要移送的材料；(6) 人民检察院对提请减刑案件提出的检察意见。

省、自治区、直辖市监狱管理局在对监狱报送的减刑材料审核过程中，发现监狱报送的材料不齐全或者有疑义的，应当通知监狱补充有关材料或者作出说明。监狱接到通知后，应及时按要求予以补充或作出书面材料说明。

省、自治区、直辖市监狱管理局对监狱报送的减刑材料的审核通常由主管副局长召集刑罚执行（狱政管理）等有关部门进行。

监狱管理局审核同意对罪犯提请减刑的，由局长在《罪犯减刑（假释）审核表》上签署意见，加盖监狱管理局公章，提请罪犯服刑地的高级人民法院裁定。提请减刑需要向人民法院提交下列材料：(1)《提请减刑建议书》；(2) 终审法院裁判文书、执行通知书、历次减刑裁定书的复印件；(3) 罪犯确有悔改或者立功、重大立功表现的具体事实的书面证明材料；(4) 罪犯评审鉴定表、奖惩审批表等；(5) 其他根据案件的审理需要移送的材料；(6) 人民检察院对提请减刑案件提出的检察意见。

（三）对被判处死刑缓期 2 年执行的罪犯减刑的提请

死刑缓期 2 年执行制度是我国死刑执行的一种变通方式。根据法律规定，被判处死刑缓期 2 年执行的罪犯，如果没有故意犯罪，2 年期满以后，减为无期徒刑；如果确有重大立功表现，2 年期满以后，减为 25 年有期徒刑；如果故意犯罪，查证属实的，由最高人民法院核准，执行死刑。被判处死刑缓期 2 年执行的罪犯减刑制度与一般减刑制度相同之处在于二者都涉及刑罚的变更问题。不同之处在于：其一，二者适用的对象不同。前者适用对象是被判处死刑缓期 2 年执行的罪犯，后者适用对象是被判处无期徒刑、有期徒刑的罪犯。其二，二者依据的立法精神不尽相同。前者立足“保留死刑，尽量少杀”的刑事政策，后者立足“惩办与宽大相结合”的刑事政策。

被判处死刑缓期 2 年执行罪犯的减刑条件分为时间条件与实质条件。从时间条件看，对被判处死刑缓期 2 年执行罪犯提请减刑，必须在缓期 2 年期满后。法律对此有明确规定。从实质条件看，被判处死刑缓期 2 年执行罪犯减刑的实质条件是罪犯没有故意犯罪，即如果罪犯没有故意犯罪就可以被减为无期徒刑。如果罪犯在满足基本实质条件的前提下，还符合“有重大立功表现”这一条件，罪犯可以被减为 25 年有期徒刑。

对被判处死刑缓期2年执行罪犯的减刑，监狱应在罪犯死刑缓刑期满时及时向省、自治区、直辖市监狱管理局报送材料，提出建议。报送材料包括：（1）《提请减刑建议书》；（2）《罪犯减刑（假释）审核表》；（3）终审法院裁判文书、执行通知书、历次减刑裁定书的复印件；（4）罪犯确有悔改或者立功、重大立功表现的具体事实的书面证据材料；（5）罪犯评审鉴定表、奖惩审批表；（6）其他材料，如罪犯计分考核表、入监登记表、分级处遇表等。

省、自治区、直辖市监狱管理局对监狱所报送材料进行审核。监狱管理局审核同意对罪犯提请减刑的，由局长在《罪犯减刑（假释）审核表》上签署意见，加盖监狱管理局公章。对通过审核的材料，监狱管理局提请罪犯服刑地的高级人民法院裁定。提请减刑需要向人民法院提交下列材料：（1）《提请减刑建议书》；（2）终审法院裁判文书、执行通知书、历次减刑裁定书的复印件；（3）罪犯确有悔改或者立功、重大立功表现的具体事实的书面证明材料；（4）罪犯评审鉴定表、奖惩审批表等；（5）其他根据案件的审理需要移送的材料，如《罪犯减刑（假释）审核表》。

第三节　几类特殊类型罪犯减刑的提请

由于未成年罪犯不同于成年罪犯，因此，关于未成年罪犯的减刑在一些方面区别于成年罪犯的减刑规定。同理，老弱病残罪犯的减刑提请也有特殊之处。虽然看守所是关押未决犯的场所，但是，由于看守所也关押一些已决犯，看守所中罪犯的减刑的提请有其特殊的地方。社区矫正是我国近年推行的矫正实践，随着社区矫正合法性问题的解决，社区矫正机构的不断完善，社区矫正机构接收的罪犯不断增加，社区矫正的罪犯减刑问题已经提出。本节将讨论上述问题。

一、未成年罪犯的减刑提请

根据《刑法》的规定，已满16周岁的人犯罪，应当负刑事责任；已满14周岁不满16周岁的人，犯故意杀人、故意伤害致人重伤或者死亡、强奸、抢劫、贩卖毒品、放火、爆炸、投毒罪的，应当负刑事责任。实施上述犯罪的未成年人，虽然根据法律的有关规定被从轻或者减轻处罚，但是，仍然有一部分犯罪的未成年人被判实刑，需要在监禁机构中服刑。

被判监禁刑的未成年罪犯在专门的监禁机构服刑，未成年犯管教所是关押未成年罪犯的专门场所。未成年犯管教所执行刑罚不同于监狱，其执行刑罚以教育改造为主。虽然，未成年犯管教所也安排一定的劳动，但是，未成年罪犯参加劳动以学习、掌握技能为主。根据有关规定，劳动时间每天不超过4小时，每周不超过24小时。由未成年罪犯刑罚执行特点决定，在未成年罪犯减刑提请时，未成年罪犯“确有悔改表现”认定标准不能完全等同于成年罪犯“确有悔改表现”的认定标准。

有关司法解释对未成年罪犯“确有悔改表现”认定标准作了区别于成年罪犯“确有悔改表现”认定标准的规定。最高人民法院《关于审理未成年人刑事案件具体应用法律若干问题的解释》第 18 条规定，未成年罪犯能认罪服法，遵守监规，积极参加学习、劳动的，即可视为“确有悔改表现”予以减刑。2012 年 1 月 17 日最高人民法院《关于办理减刑、假释案件具体应用法律若干问题的规定》第 19 条第 2 款规定，“未成年罪犯能认罪悔罪，遵守法律法规及监规，积极参加学习、劳动的，应视为确有悔改表现”。2012 年 1 月 17 日最高人民法院《关于办理减刑、假释案件具体应用法律若干问题的规定》关于成年罪犯“确有悔改表现”认定是同时从以下四个方面情形进行：认罪悔罪；认真遵守法律法规及监规，接受教育改造；积极参加思想、文化、职业技术教育；积极参加劳动，努力完成劳动任务。与成年罪犯比较，在未成年罪犯“确有悔改表现”认定中，不要求罪犯“努力完成劳动任务”。《监狱法》第 75 条规定，“对未成年犯执行刑罚应当以教育改造为主”。《监狱法》、《未成年犯管教所管理规定》规定，未成年犯管教所组织的罪犯劳动以习艺为本，建立适合未成年罪犯特点的习艺劳动场所；未成年罪犯所参加的劳动突出技术学习；未满 16 周岁的未成年罪犯不参加生产劳动；参加劳动的未成年罪犯，劳动时间每天不超过 4 个小时，每周不超过 24 小时。

根据 2012 年 1 月 17 日最高人民法院《关于办理减刑、假释案件具体应用法律若干问题的规定》的规定，未成年罪犯“确有悔改表现”根据以下三点把握：第一，是否认罪悔罪；第二，是否遵守法律法规及监规；第三，是否积极参加学习、劳动。对未成年罪犯是否“确有悔改表现”的考核从上述三方面进行。

不仅如此，根据 2012 年 1 月 17 日最高人民法院《关于办理减刑、假释案件具体应用法律若干问题的规定》第 19 条的规定，未成年罪犯的减刑，可以比照成年罪犯的减刑依法适当放宽。具体表现为：减刑的幅度可以适当放宽；减刑的起始时间可以相应缩短；减刑的间隔时间可以相应缩短。根据这一规定，未成年犯管教所在提请减刑时应比照成年罪犯的减刑依法适当放宽。

二、老弱病残罪犯的减刑提请

由于老弱病残罪犯不同于身体健康的罪犯，基于人道主义，监狱在罪犯减刑时应当予以特别的考虑。

根据 2012 年 1 月 17 日最高人民法院《关于办理减刑、假释案件具体应用法律若干问题的规定》第 20 条的规定，基本丧失劳动能力、生活难以自理的老年、身体残疾（不含自伤致残）、患严重疾病罪犯的减刑，应当主要注重悔罪的实际表现。基本丧失劳动能力、生活难以自理的老年、身体残疾、患严重疾病的罪犯，能够认真遵守法律法规及监规，接受教育改造，应视为“确有悔改表现”。

关于“基本丧失劳动能力、生活难以自理的老年罪犯”的认定，我们可以从“年龄”、“基本丧失劳动能力”与“生活难以自理”三方面把握。

关于老年罪犯年龄，宜确定为60周岁。与国际上将65周岁以上的人确定为老年人的通常做法不同，我国界定60周岁以上的公民为老年人。《中华人民共和国老年人权益保障法》第2条规定：“本法所称老年人是指六十周岁以上的公民。”有的监狱将老年罪犯年龄确定为65周岁，这种做法不符合《中华人民共和国老年人权益保障法》的规定。

关于“基本丧失劳动能力”的判断可以参照《职工非因工伤残或因病丧失劳动能力程度鉴定标准（试行）》（劳社部发〔2002〕8号）进行。根据《职工非因工伤残或因病丧失劳动能力程度鉴定标准（试行）》第3条的规定，劳动能力丧失程度主要以身体器官缺损或功能障碍程度作为判定依据。“对功能障碍的判定，以医疗期满或医疗终结时所作的医学检查结果为依据。”参照《职工非因工伤残或因病丧失劳动能力程度鉴定标准（试行）》的规定，符合下列条件者为“基本丧失劳动能力”者：

《职工非因工伤残或因病丧失劳动能力程度鉴定标准（试行）》规定如下：

4.2.1 各种中枢神经系统疾病或周围神经肌肉疾病等，经治疗后遗有下列情况之一者：

（1）单肢瘫，肌力3级。

（2）两肢或三肢瘫，肌力4级。

（3）单手或单足全肌瘫，肌力2级。

（4）双手或双足全肌瘫，肌力3级。

4.2.2 长期中度呼吸困难。

4.2.3 心功能长期在Ⅱ级。

4.2.4 中度肝功能损害。

4.2.5 各种疾病造瘘者。

4.2.6 慢性肾功能不全失代偿期。

4.2.7 一眼矫正视力≤0.05，另眼矫正视力≤0.3。

4.2.8 双眼矫正视力≤0.2或视野半径≤30度。

4.2.9 双耳听力损失≥91分贝。

4.2.10 符合《职工工伤与职业病致残程度鉴定》标准5至6级者。

关于“生活难以自理”的判断可以根据近年一些机构研制的“老年人生活自理能力评估表”予以判断。由于使用老年人生活自理能力评估表判断“生活难以自理”具有相当的确定性，而量表设计具有一定科学根据，因而，本书主张根据老年人生活自理能力评估表判断罪犯是否“生活难以自理”。这里介绍一个有关老年人生活自理能力评估表，以帮助读者理解生活自理能力评估表的内容。

老年人生活自理能力评估表①

参数项目一：生活自理能力（主要参数）

（1）进食，使用餐具将饭菜送入口腔、完成咀嚼、吞咽等步骤。

独立完成　需要将食物送至床边完成

需要协助　将食物切碎、搅碎后完成

完全需要喂食完成

诊断：正常　轻度依赖　中度依赖　重度依赖

0分　1分　3分　5分

（2）个人卫生，修饰、洗澡等。

独立完成　能独立地洗头、梳头、洗脸、刷牙、剃须等，洗澡需要协助

在他人协助下完成

完全依赖他人帮助完成

诊断：正常　轻度依赖　中度依赖　重度依赖

0分　1分　3分　5分

（3）穿衣，穿脱衣服。

独立完成　送至床边，在指导下自行穿脱

在部分协助下完成

在完全协助下完成

诊断：正常　轻度依赖　中度依赖　重度依赖

0分　1分　3分　5分

（4）如厕及排泄，如厕、小便、大便等。

独立完成　能表达排便意愿，在搀扶下如厕

经常失禁，在协助下在床边排便

完全失禁，在床上排便

诊断：正常　轻度依赖　中度依赖　重度依赖

0分　1分　3分　5分

（5）移动，站立、转移、行走、上下楼梯等。

独立完成　借助较小外力或助行器完成

---

① pingwba：《老年人生活自理能力评估表》，资料来源：http：//my. goodmood. cn/Diary_Show. aspx？ id＝504134。

在搀扶下完成站立、转移、行走，不能上下楼梯

卧床不起，床上运动在协助下进行

诊断：正常　轻度依赖　中度依赖　重度依赖

0分　1分　3分　5分

参数项目一评估结论：

生活自理能力正常　0~5分

生活自理能力轻度依赖　6~15分

生活自理能力中度依赖　16~26分

生活自理能力重度依赖　27分或以上

参数项目二：认知能力（主要参数）

(1) 近期记忆，回想近期发生的事情。

对近期发生的事情记忆清晰

对近期发生的事情记忆模糊

对近期发生的事情遗忘，在提示下能记起部分

经提示也不能记起近期发生的事情

诊断：正常　轻度依赖　中度依赖　重度依赖

0分　1分　3分　5分

(2) 程序记忆，完成基本的生活技能，如穿衣程序、烧水泡茶程序等。

正确完成　在提示下能正确完成

在反复提示下能正确完成

反复提示也不能完成

诊断：正常　轻度依赖　中度依赖　重度依赖

0分　1分　3分　5分

(3) 定向能力，即现实导向能力，对人物、地点、时间、空间等的识别和判断能力。

定向力正常　在提示下，能正确说出人物、地点、时间、空间等

在反复提示下，能基本说出人物、地点、时间、空间等

经提示也不能正确说出人物、地点、时间、空间等

诊断：正常　轻度依赖　中度依赖　重度依赖

0分　1分　3分　5分

(4) 判断能力，对日常生活的内容、时间、谁人处理等作出判断。

能正确作出判断

在提示下基本能作出判断

在反复提示下能作出判断，表现为判断迟缓、不决

判断错误

诊断：正常　　轻度依赖　　中度依赖　　重度依赖
　　0 分　　　1 分　　　　3 分　　　　5 分

参数项目二评估结论：

认知能力正常　0～7 分

认知能力轻度缺失　8～15 分

认知能力中度缺失　16～29 分

认知能力重度缺失　30 分或以上

参数项目三：情绪行为（主要参数）

(1) 情绪，对客观事物的主观态度体验是否与实际相符，能否被常人理解。

情绪稳定

情绪欠稳定，但尚能被人理解

无诱因，情绪变化较大

喜怒无常或毫无反应

诊断：正常　　轻度依赖　　中度依赖　　重度依赖
　　0 分　　　1 分　　　　3 分　　　　5 分

(2) 行为，动作行为表现有否异常。

行为正常

偶尔有异常行为，但不影响正常生活，不需要协助调适或监护

经常有异常行为，影响正常生活，需要一定监护

行为异常，需要完全监护

诊断：正常　　轻度依赖　　中度依赖　　重度依赖
　　0 分　　　1 分　　　　3 分　　　　5 分

(3) 沟通表达能力，在交流中能否互相理解。

理解准确，表达清晰

提示下能听懂或进行简单表达

反复提示才能部分听懂或简单表达

交流困难，不能理解和表达

诊断：正常　　轻度依赖　　中度依赖　　重度依赖
　　0 分　　　1 分　　　　3 分　　　　5 分

参数项目三评估结论：

情绪行为正常　0～1 分

情绪行为轻度异常　2～5 分

情绪行为中度异常　6～14 分

情绪行为重度异常　15 分或以上

据此，只要罪犯年满 60 周岁，而且“基本丧失劳动能力”或者“生活难以自

理”，就可以考虑认定为属于“基本丧失劳动能力、生活难以自理的老年罪犯”。

关于“身体残疾的罪犯”的认定。根据《中华人民共和国残疾人保障法》第2条的规定：“残疾人是指在心理、生理、人体结构上，某种组织、功能丧失或者不正常，全部或者部分丧失以正常方式从事某种活动能力的人。残疾人包括视力残疾、听力残疾、言语残疾、肢体残疾、智力残疾、精神残疾、多重残疾和其他残疾的人。”关于“身体残疾的罪犯”的认定，首先需要排除自伤致残者，然后根据法定鉴定机构的鉴定结果予以进行。关于罪犯身体残疾的评定，可以根据1995年9月15日中国残疾人联合会《中国实用残疾人评定标准（试用）》进行。《中国实用残疾人评定标准（试用）》规定如下。

中国实用残疾人评定标准（试用）

视力残疾标准

1. 视力残疾的定义

视力残疾，是指由于各种原因导致双眼视力障碍或视野缩小，通过各种药物、手术及其他疗法而不能恢复视功能者（或暂时不能通过上述疗法恢复视功能者），以致不能进行一般人所能从事的工作、学习或其他活动。

视力残疾包括：盲及低视力两类。

2. 视力残疾的分级

盲：

一级盲：最佳矫正视力低于0.02；或视野半径小于5度。

二级盲：最佳矫正视力等于或优于0.02，而低于0.05；或视野半径小于10度。

低视力：

一级低视力：最佳矫正视力等于或优于0.05，而低于0.1。

二级低视力：最佳矫正视力等于或优于0.1，而低于0.3。

列表如下：

类别	级别	最佳矫正视力
盲	一级盲	<0.02～无光感；或视野半径<5度
	二级盲	≥0.02～<0.05；或视野半径<10度
低视力	一级低视力	≥0.05～0.1
	二级低视力	≥0.1～<0.3

注：1. 盲或低视力均指双眼而言，若双眼视力不同，则以视力较好的一眼为准。

2. 如仅有一眼为盲或低视力，而另一眼的视力达到或优于0.3，则不属于视力残疾范围。

3. 最佳矫正视力是指以适当镜片矫正所能达到的最好视力，或以针孔镜所测得的视力。

4. 视野<5度或<10度者，不论其视力如何均属于盲。

听力残疾标准

1. 听力残疾的定义

听力残疾是指由于各种原因导致双耳不同程度的听力丧失，听不到或听不清周围环境声及言语声（经治疗1年以上不愈者）。

听力残疾包括：听力完全丧失及有残留听力但辨音不清，不能进行听说交往两类。

2. 听力残疾的分级

列表如下：

级别	平均听力损失（dBspL）	言语识别率（%）
一级	>90（好耳）	<15
二级	71～90（好耳）	15～30
三级	61～70（好耳）	31～60
四级	51～60（好耳）	61～70

注：本标准适用于3岁以上儿童或成人听力丧失经治疗1年以上不愈者。

言语残疾标准

1. 言语残疾的定义

言语残疾指由于各种原因导致的言语障碍（经治疗1年以上不愈者），而不能进行正常的言语交往活动。

言语残疾包括：言语能力完全丧失及言语能力部分丧失，不能进行正常言语交往两类。

2. 言语残疾的分级

一级指只能简单发音而言语能力完全丧失者；二级指具有一定的发音能力，语音清晰度在10%～30%，言语能力等级测试可通过一级，但不能通过二级测试水平；三级指具有发音能力，语音清晰度在31%～50%，言语能力等级测试可通过二级，但不能通过三级测试水平；四级指具有发音能力，语音清晰度在51%～70%，言语能力等级测试可通过三级，但不能通过四级测试水平。

列表如下：

级别	语音清晰度（%）	言语表达能力
一级	<10%	未达到一级测试水平
二级	10%～30%	未达到二级测试水平
三级	31%～50%	未达到三级测试水平
四级	51%～70%	未达到四级测试水平

注：本标准适用于3岁以上儿童或成人，明确病因，经治疗1年以上不愈者。

智力残疾标准

1. 智力残疾的定义

智力残疾是指人的智力明显低于一般人的水平，并显示适应行为障碍。

智力残疾包括：在智力发育期间，由于各种原因导致的智力低下；智力发育成熟以后，由于各种原因引起的智力损伤和老年期的智力明显衰退导致的痴呆。

2. 智力残疾的分级

根据世界卫生组织（WHO）和美国智力低下协会（AAMD）的智力残疾的分级标准，按其智力商数（IQ）及社会适应行为来划分智力残疾的等级。

列表如下：

智力水平	分级	IQ（智商）范围*	适应行为水平
重度	一级	<20	极度缺陷
	二级	20～34	重度缺陷
中度	三级	35～49	中度缺陷
轻度	四级	50～69	轻度缺陷

注：1. * WeChsler 儿童智力量表。

2. 智商（IQ）是指通过某种智力量表测得的智龄和实际年龄的比，不同的智力测验，有不同的IQ值，诊断的主要依据是社会适应行为。

肢体残疾标准

1. 肢体残疾的定义

肢体残疾是指人的肢体残缺、畸形、麻痹所致人体运动功能障碍。

肢体残疾包括：

脑瘫：四肢瘫、三肢瘫、二肢瘫、单肢瘫

偏瘫：

脊髓疾病及损伤：四肢瘫、截瘫

小儿麻痹后遗症

先天性截肢

先天性缺肢、短肢、肢体畸形、侏儒症

两下肢不等长

脊柱畸形：驼背、侧弯、强直

严重骨、关节、肌肉疾病和损伤

周围神经疾病和损伤

2. 肢体残疾的分级

以残疾者在无辅助器具帮助下，对日常生活活动的能力进行评价计分。日常生活活动分为八项，即：端坐、站立、行走、穿衣、洗漱、进餐、入厕、写字。能实现一项算 1 分，实现困难算 0.5 分，不能实现的算 0 分，据此划分三个等级。

（一）重度（一级）：完全不能或基本上不能完成日常生活活动（0~4 分）

1. 四肢瘫或严重三肢瘫。
2. 截瘫、双髋关节无主动活动能力。
3. 严重偏瘫，一侧肢体功能全部丧失。
4. 四肢均截肢或先天性缺肢。
5. 三肢截肢或缺肢（腕关节和踝关节以上）。
6. 双大腿或双大臂截肢或缺肢。
7. 双上肢或三肢功能严重障碍。

（二）中度（二级）：能够部分完成日常生活活动（4.5~6 分）

1. 截瘫、二肢瘫或偏瘫，残肢有一定功能。
2. 双下肢膝关节以下或双上肢肘关节以下截肢或缺肢。
3. 一上肢肘关节以上或一下肢膝关节以上截肢或缺肢。
4. 双手拇指伴有食指（或中指）缺损。
5. 一肢功能严重障碍，两肢功能重度障碍，三肢功能中度障碍。

（三）轻度（三级）：基本上能够完成日常生活活动（6.5~7.5 分）

1. 一上肢肘关节以下或一下肢膝关节以下截肢或缺肢。
2. 一肢功能中度障碍，二肢功能轻度障碍。
3. 脊柱强直：驼背畸形大于 70 度；脊柱侧凸大于 45 度。
4. 双下肢不等长大于 5cm。
5. 单侧拇指伴食指（或中指）缺损；单侧保留拇指，其余四指截除或缺损。
6. 侏儒症（身高不超过 130cm 的成人）。

列表如下：

级别	程度	计分
一级（重度）	完全不能或基本上不能完成日常生活活动	0~4
二级（中度）	能够部分完成日常生活活动	4.5~6
三级（轻度）	基本上能够完成日常生活活动	6.5~7.5

注：下列情况不属于肢体残疾范围

1. 保留拇指和食指（或中指），而失去另三指者。
2. 保留足跟而失去足前半部者。
3. 双下肢不等长，相差小于 5cm。
4. 小于 70 度驼背或小于 45 度的脊柱侧凸。

精神残疾标准

1. 精神残疾的定义

精神残疾是指精神病人患病持续1年以上未痊愈，同时导致其对家庭、社会应尽职能出现一定程度的障碍。

精神残疾可由以下精神疾病引起：

（1）精神分裂症；

（2）情感性、反应性精神障碍；

（3）脑器质性与躯体疾病所致的精神障碍；

（4）精神活性物质所致的精神障碍；

（5）儿童、少年期精神障碍；

（6）其他精神障碍。

2. 精神残疾的分级

对于患有上述精神疾病持续一年以上未痊愈者，应用“精神残疾分级的操作性评估标准”评定精神残疾的等级：

（1）重度（一级）：五项评分中有三项或多于三项评为2分。

（2）中度（二级）：五项评分中有一项或两项评为2分。

（3）轻度（三级）：五项评分中有两项或多于两项评为1分。

列表如下：

社会功能评定项目	正常或有轻度异常	确有功能缺陷	严重功能缺陷
个人生活自理能力	0分	1分	2分
家庭生活职能表现	0分	1分	2分
对家人的关心与责任心	0分	1分	2分
职业劳动能力	0分	1分	2分
社交活动能力	0分	1分	2分

注：无精神残疾：五项总分为0分或1分。

关于“患严重疾病罪犯”的认定，笔者认为应当从人道主义的高度，根据行业规范进行。考虑到目前司法鉴定领域尚未就“患严重疾病”作出定义，可以参考中国保险行业协会与中国医师协会2007年3月20日出台的《重大疾病保险的疾病定义使用规范》对“重大疾病”进行认定。根据《重大疾病保险的疾病定义使用规范》的规定，“重大疾病”包括恶性肿瘤、急性心肌梗塞、脑中风后遗症、终末期肾病（或称慢性肾功能衰竭尿毒症期）等25类疾病。由于修订后的《刑事诉讼法》第254条对患“严重疾病”予以暂予监外执行、保外就医的规定，我国的司法鉴定行业也需要考虑对“严重疾病”予以统一规定。

据此，下列三类罪犯，包括基本丧失劳动能力、生活难以自理的老年罪犯，身体残疾（不含自伤致残）的罪犯，患严重疾病的罪犯，满足下列条件，即可认定为“确有悔改表现”：第一，能够认真遵守法律法规及监规；第二，接受教育改造。对这三类罪犯的考核，应当从上述两方面进行。

根据2012年1月17日最高人民法院《关于办理减刑、假释案件具体应用法律若干问题的规定》的规定，对于上述三类罪犯减刑，减刑的幅度可以适当放宽，减刑的起始时间、间隔时间可以相应缩短。因此，监狱在对上述三类罪犯减刑提请中，减刑的幅度可以适当放宽，减刑的起始时间、间隔时间可以相应缩短。

三、看守所中罪犯的减刑提请

根据《中华人民共和国看守所条例》第47条的规定：“看守所监管已决犯，执行有关对已决犯管理的法律规定。”

（一）关于减刑的条件

根据2012年1月17日最高人民法院《关于办理减刑、假释案件具体应用法律若干问题的规定》的规定，罪犯在服刑期间，认真遵守监规，接受教育改造，确有悔改表现，或者有立功表现的，可以减刑；有重大立功表现的，应当减刑。

如何认定罪犯“确有悔改表现”？

我国的看守所同监狱一样，也正在进行定量化的探索。这里通过浙江台州市公安机关的探索管窥一二。

2011年8月15日《台州全市看守所留所服刑罪犯提请减刑、假释条件与程序》规定的减刑提请标准为：原判刑期或余刑在1年以下，执行刑期已过1/2，月均考核分达到10分的；余刑在1年以上，原判刑期不足5年的，累积总分除以刑期总月数的1/2大于或等于10分，符合减刑提请的基本条件，即达到“确有悔改表现”认定的基本标准。关于考核分数的计算如下：

认罪服法

第一条 罪犯在认罪服法方面有下列表现之一，经查证属实的，酌情予以加（奖）分（加、扣分的最小基数为0.1分，下同），表现突出的给予行政奖励：

（一）当月认罪服法，注重思想改造，无不利改造言行的，加1分。

（二）检举揭发罪犯攻击党和国家的政策和社会主义制度言行的，加1～2分。

（三）检举揭发罪犯企图逃跑、行凶、自杀和其他破坏活动的，加2～4分；提供重要线索、积极协助破案的，予以行政奖励。

（四）检举揭发假身份、假住址罪犯的，加1～3分；检举揭发重要案犯的，予以行政奖励。

（五）检举揭发违法行为的，加1～3分；有效制止违法行为的，加1～3分。

（六）检举揭发罪犯造谣生事、制造混乱行为的，加1～2分。

（七）积极参加所内现身说法教育的，可奖0.5～1分；积极参加社会法制现身说法的，可奖1～3分。

（八）在认罪服法方面，有其他良好表现的，加0.5～2分。

第二条　罪犯在认罪服法方面有下列情形之一，经查证属实的，酌情予以扣分，情节严重的给予行政惩罚：

（一）对党和国家的各项方针、政策有不满言行或者编造、传播政治谣言的，扣2～3分。

（二）不按正当途径反映情况的，散布不认罪、不服法院判决言论的，扣1～3分。

（三）对政法机关及本所工作人员正当执法有不满言行的，扣1～3分；有威胁、诬陷、谩骂言行的，扣2～3分。

（四）宣扬犯罪史，鼓吹犯罪思想的，扣1～2分；情节严重的，扣2～3分。

（五）教唆他人实施违法行为的，扣1～2分。

（六）对违法犯罪行为知情不报、不制止或者故意隐瞒事实真相的，扣1～3分。

（七）打击报复、诬陷其他罪犯的，扣2～3分。

（八）有劳动能力无正当理由拒不参加劳动的，扣1～2分。

（九）自伤、自残的，扣2～3分。

（十）无病装病或者有其他逃避改造行为的，扣1～2分。

（十一）在认罪服法方面有其他不良言行的，扣0.5～2分。

遵守监规

第三条　罪犯在遵守监规方面有下列表现之一，经查证属实的，酌情予以加分，表现突出的给予行政奖励：

（一）自觉遵守行为规范，当月没有发生故意性质违纪违规行为的加1～2分。

（二）检举、抓获罪犯盗窃国家和他人财物的，奖1～3分；案情较大的，予以行政奖励。

（三）检举揭发罪犯超越警戒线、擅离活动区域或窜监投宿的，加0.5～3分。

（四）检举揭发罪犯私藏或者携带现金、移动通信工具、刀具等违禁品、危险品的，加1~2分；案情较大的，加2~4分。

（五）检举揭发罪犯调换买卖、以物易劳、物利交易、饮酒、赌博及其他违法违规行为的，加1~2分；案情较大的，加2~4分。

（六）骂不还口的，加0.5~1分；打不还手的，加1~3分；有效制止打架斗殴事件的，加0.5~2分；有效制止情节较严重的打架斗殴事件的，加2~3分。

（七）在看守所组织开展的各类评比活动中获得较好成绩的，奖0.5~2分。

（八）在遵守监规方面有其他良好表现的，加0.5~2分。

第四条 罪犯在遵守监规方面有下列表现之一，经查证属实的，酌情予以扣分，情节严重的给予行政惩罚：

（一）有偷窃、诈骗行为的，扣1~3分。

（二）调换买卖、以物易劳、物利交易、饮酒、赌博或变相赌博的，扣1~3分。

（三）私藏或者携带现金、移动通信工具、刀具等违禁品、危险品的，扣1~3分。

（四）开口骂人的，扣0.5~1分；争执推拉的，扣0.5~1分；强占、抢夺他犯食物的，扣0.5~1分；动手打人的、持械打人的，结伙斗殴的，扣1~3分。

（五）私自涂改、销毁或者无故拒签各种考核记录凭证的，扣1~2分。

（六）私自会见、私自收投信件、私打电话、私传口信的，扣0.5~2分。

（七）占用公私财物或私制物品的，扣0.5~2分。

（八）超越警戒线、擅离活动区域或窜监投宿的，扣0.5~3分。

（九）恃强凌弱、寻衅滋事、敲诈勒索或者包庇罪犯的，扣1~3分。

（十）会见过程中不遵守会见制度的，扣0.5~2分。

（十一）传播邪教或者封建迷信思想、称兄道弟、拉帮结伙的，扣1~2分。

（十二）不听从监管人员的指挥，对抗管教的，扣1~2分。

（十三）罪犯在改造期间文身的，扣0.5~1分。

（十四）投机取巧骗取加分的，扣除原加分，再扣1~2分。

（十五）向外来人员索要、收受、交换钱物或者委托外来人员购买、捎带物品的，扣0.5~1分。

（十六）违反队列、集合、各类集体活动纪律的，扣0.5~1分。

（十七）发现违规违纪行为不及时报告、制止的，扣0.5~1分。

（十八）私自与犯罪嫌疑人、被告人接触的，扣1~2分。

（十九）有其他违反监规纪律行为的，扣1~3分。

劳动改造

第五条 罪犯在劳动中有下列表现之一，经查证属实的，酌情予以加（奖）分，表现突出的给予行政奖励（无劳动任务的所或监室，在押罪犯能够服从指挥，积极完成其他任务的，也可参照本条加分）：

（一）有劳动定额或者无劳动定额但在关键技术岗位的罪犯，完成当月生产任务的，加2~3分；超额完成的，再加0.1~3分。无劳动定额，完成当月分配任务的，加2~3分；表现突出的，再加0.1~2分。

无劳动定额的老、病、残罪犯和未成年罪犯服从安排，积极参加力所能及的劳动的，加1~3分。表现突出的，再加0.1~2分。

（二）节约能源、原料有突出表现的，加1~2分。

（三）及时发现事故苗头，采取有效措施避免事故发生的，加1~3分；在抢险救灾中表现积极的，加1~3分。

（四）合理化建议被采纳的，奖0.1~2分；小发明、小革新取得成效的，奖2~3分。

（五）认真向新罪犯传授生产技术，成绩突出的，加0.5~1分。

（六）爱护劳动工具、修旧利废有成效的，加0.5~1分。

（七）检举他犯虚报生产“产量”或以次充好的，加0.5~1分。

（八）参加所里组织的劳动技能比赛成绩突出的，奖0.5~3分。

（九）罪犯完成本职任务外，能认真完成民警交给的其他任务的，加0.5~2分。

第六条 罪犯在劳动中有下列表现之一，经查证属实的，酌情予以扣分，情节严重的给予行政惩罚：

（一）无原因不完成生产定额或者不达到规定质量指标的，扣0.5~2分。

（二）劳动态度差、偷工减料、敷衍了事、弄虚作假的，扣1~2分。

（三）不遵守劳动纪律，违反岗位责任制度和定置管理规定或者劳动出差错的，扣0.5~3分。

（四）不服从分配或者消极怠工的，扣1~3分。

（五）当月消耗超过规定指标的，扣0.5~2分。

（六）发生安全生产、设备事故的直接责任者，扣1~3分；造成重大损失的，予以行政惩罚。

（七）发现事故隐患，不及时报告或者排除的，扣1~2分。

（八）违反工艺纪律和操作规程的，扣0.5~2分。

（九）私藏生产资料和技术资料的，扣1~2分。

（十）无故丢失、损坏劳动工具的，扣1~2分。

（十一）无劳动定额罪犯不能完成分配任务的，扣1~2分。

（十二）以不正当手段换取劳动产品的，扣1～2分。

（十三）有其他违反劳动管理制度规定的，扣0.5～2分。

政治、文化、技术学习

第七条　罪犯在政治、文化、技术学习中有下列表现之一，经查证属实的，酌情予以加（奖）分，表现突出的给予行政奖励：

（一）当月内按时参加学习，遵守课堂纪律，认真完成作业的或者老、病、残犯和未成年犯按要求参加学习，遵守学习纪律，完成学习任务的，加0.5～2分。

（二）看守所组织的考试单科成绩达到90分以上的，奖0.5～1分。

（三）参加社会中等、高等自学考试，每合格一门，分别奖1分、2分。

（四）获得初级、中级、高级技术等级证书或相应技术职称的，分别奖1分、2分、3分。

（五）参加看守所举办的各类实用技术培训，获结业证或者合格证的，奖1～2分。

（六）检举揭发罪犯作品有剽窃、抄袭、造假或者报道严重失实的，加1～2分。

（七）投稿被黑板报、墙报、广播采用的，每篇加0.1～0.5分；被看守所改造小报采用的，每篇加0.5～1分；被《浙江新生报》采用的，每篇加1～2分。一稿多用的，取最高分。月报道分不超过3分。

（八）担任业余教员，积极备课，作出贡献的，加1～2分。

（九）积极参加各项有益的文娱体育活动，取得较好成绩的，奖0.5～2分。

（十）在学习方面有其他良好言行的，加0.5～2分。

第八条　罪犯在政治、文化、技术学习中有下列表现之一，经查证属实的，酌情予以扣分，情节严重的给予行政惩罚：

（一）小组学习、讨论不认真，记录马虎、随便进出的，扣0.5～1分。

（二）无故不参加大课学习的，每次扣1～2分。

（三）上课迟到、早退、交头接耳、乱写乱画、看其他书报或者打瞌睡及其他违反课堂纪律的，扣0.5～2分。

（四）无故不完成作业的，每次扣0.5～1分。

（五）拒不参加考试的，扣3分；考试作弊或者故意交白卷的，扣1～2分。

（六）无特殊情况考试成绩不及格的，每门扣0.5～2分。

（七）黑板报、墙报、看守所改造小报和广播采用的稿件，有政治性错误或者反改造内容的，作者和编辑各扣1～3分。

（八）作品有剽窃、抄袭、造假或者严重失实的，每次扣1～2分。

（九）无故不参加集体组织的各类活动的，扣0.5～2分。

（十）收藏、传阅、观看未经民警审查、许可的书籍、画册或电子作品或者不按规定收听、收看广播电视的，扣1~2分。

（十一）在学习方面有其他不良言行的，扣0.5~2分。

生活卫生

第九条 罪犯在生活卫生方面有下列表现之一，经查证属实的，酌情予以加（奖）分，表现突出的给予行政奖励：

（一）个人内务卫生和包干卫生整洁的，加0.5分。

（二）救死扶伤或者主动照料病犯生活的，加0.5~2分。

（三）拾金不昧的，奖0.5~2分。

（四）利用空余时间主动打扫公共卫生的，加0.5~1分。

（五）积极做好事的，加0.5~1分。

（六）当月所在监室被评为“内务优胜监室”的，每人奖0.5~1分。

（七）在生活卫生方面有其他良好言行的，加0.5~2分。

第十条 罪犯在生活卫生方面有下列表现之一，经查证属实的，酌情予以扣分，情节严重的给予行政惩罚：

（一）乱扔果皮、纸屑等脏物或者随地吐痰的，扣0.5~1分。

（二）不按规定理发或者留长发、指（趾）甲以及蓄胡子的，扣0.5~1分。

（三）男性罪犯赤身或者女性罪犯只穿背心和三角裤的，扣0.5~1分。

（四）违反规定着装、佩带胸牌或者私自拆改、赠送囚服或者着装不编号或者消除、涂改编号的，扣0.5~1分。

（五）违反作息制度或者私自调换铺位的，扣0.5~1分。

（六）被服和其他物品折叠、摆放不整齐的，扣0.5~1分。

（七）私烧食物、伙吃伙喝、多吃多占的，扣1~2分。

（八）违反规定吸烟的，扣0.5~1分。

（九）随地大小便的，扣0.5~1分。

（十）不遵守就餐纪律的，扣0.5~1分。

（十一）卫生包干区不整洁的，扣0.5~1分。

（十二）有浪费水、电、粮食等行为的，扣0.5~1分。

（十三）当月所在监室内务卫生评比被列为差的，每人扣0.5~1分。

（十四）有其他违反生活卫生规范行为的，扣0.5~2分。

我国看守所系统所进行“确有悔改表现”认定的定量化探索有自己的特点，如分值设计不是百分，但是，就定量化探索而言，看守所系统所进行“确有悔改表现”认定探索与监狱系统所进行“确有悔改表现”认定探索是一致的。不仅如此，这两个系统面临的主要问题也相同，即如何将定量性的认定与定性性的认定更好地衔接起来。

（二）关于减刑提请的程序

1. 减刑的提名与评审。

对经过考核符合减刑条件的罪犯，由管教民警提议，报看守所所务会评审。

看守所所务会对罪犯减刑的评审应当根据法律规定与罪犯考核进行。看守所所务会在研究罪犯减刑时，应当通知人民检察院驻所检察室参加，听取检察机关意见。

2. 公示。

看守所开过减刑评审的所务会后，应当将拟提请减刑的罪犯名单以及意见在看守所内公示。公示期内，如有民警或者罪犯对公示内容提出异议，看守所应当重新召开所务会复核，并告知复核结果。

3. 提请。

公示完毕，对没有异议的罪犯，看守所所长应当在罪犯减刑呈批表上签署意见，加盖看守所公章，制作《提请减刑建议书》，经所属公安机关审核后，提请罪犯服刑地中级人民法院裁定。看守所在提出减刑建议时需要注意，根据2012年1月17日最高人民法院《关于办理减刑、假释案件具体应用法律若干问题的规定》第11条的规定，判处拘役的罪犯，以及判决生效后剩余刑期不满1年有期徒刑的罪犯，符合减刑条件的，可以酌情减刑，其实际执行的刑期不能少于原判刑期的1/2。

公安机关需要对看守所所提交材料进行审核。审核除了进行内容审核，还应当进行形式审核，审核提交的材料是否齐全、完备与规范。

公安机关提请罪犯减刑，需要向人民法院提交下列材料：（1）《提请减刑建议书》；（2）终审法院裁判文书、执行通知书、历次减刑裁定书的复印件；（3）罪犯确有悔改或者立功、重大立功表现的具体事实的书面证明材料；（4）罪犯评审鉴定表、奖惩审批表等；（5）其他根据案件的审理需要移送的材料。

2012年3月14日全国人民代表大会常务委员会《关于修改〈中华人民共和国刑事诉讼法〉的决定》对《刑事诉讼法》看守所代为执行有关条款进行了修改。根据修订后的《刑事诉讼法》的规定，对于被判处有期徒刑的罪犯，在被交付执行刑罚前，剩余刑期在3个月以下的，由看守所代为执行。这就是说，2013年1月1日后，看守所不再关押剩余刑期在3个月以上的罪犯。届时，看守所的减刑提请必要性将大大降低。

四、社区矫正中罪犯的减刑提请

为激励社区中的服刑罪犯积极改造，法律保留了对社区矫正罪犯适用减刑的制度。那么，在社区矫正中如何适用减刑？

（一）关于减刑的实体条件

根据《刑法》第78条的规定，在社区中服刑的罪犯，在刑罚执行期间，如果认真遵守监督规定，接受教育改造，确有悔改表现的，或者有立功表现的，可以减刑；有重大立功表现的，应当减刑。

根据2012年1月17日最高人民法院《关于办理减刑、假释案件具体应用法律若干问题的规定》的规定，社区矫正中罪犯的减刑提请需要注意以下两点：

第一，判处拘役或者3年以下有期徒刑并宣告缓刑的罪犯，一般不适用减刑。被判处拘役或者3年以下有期徒刑并宣告缓刑的罪犯在缓刑考验期限内有重大立功表现的，可以参照《刑法》第78条的规定，予以减刑，同时应依法缩减其缓刑考验期限。拘役的缓刑考验期限不能少于2个月，有期徒刑的缓刑考验期限不能少于1年。

第二，对被判处管制的罪犯，如果符合减刑条件的，可以提请减刑，其实际执行的刑期不能少于原判刑期的1/2。

（二）关于减刑的程序

根据《刑事诉讼法》和最高人民法院、最高人民检察院、公安部、司法部《社区矫正实施办法》的规定，社区矫正减刑的基本程序是：

1. 减刑的提出。

如果社区中的服刑人员符合减刑的条件，服刑人员居住地的县级司法行政机关应当向上级机关提出减刑建议。县级司法行政机关向上级机关提出减刑建议需要附相关证明材料。

2. 减刑的审核。

对县级司法行政机关的减刑建议，地（市）级司法行政机关负责审核。减刑的审核应注意以下几点：

第一，要根据法律与司法解释的规定，审查提请减刑的服刑人员是否符合减刑的实体规定。“确有悔改表现”的判断可以根据下面四点进行：认罪悔罪；认真遵守法律法规及监规，接受教育改造；积极参加思想、文化、职业技术教育；积极参加劳动，努力完成劳动任务。是否具有“立功表现”、“重大立功表现”，根据2012年1月17日最高人民法院《关于办理减刑、假释案件具体应用法律若干问题的规定》第3条、第4条的规定判断。如果县级司法行政机关所提供的证明材料不足，地（市）级司法行政机关可以要求县级司法行政机关补充，也可以选择退回。

第二，审查对社区矫正中服刑人员的减刑限制性条件。

3. 减刑的提请。

地（市）级司法行政机关应当根据有关规定与县级司法行政机关所提供的

材料向社区矫正人员居住地的中级人民法院提请减刑裁定。地（市）级司法行政机关应当向人民法院提交齐全、完备与规范的材料：(1)《提请减刑建议书》；(2）终审法院裁判文书、执行通知书、历次减刑裁定书的复印件；(3）罪犯确有悔改或者立功、重大立功表现的具体事实的书面证明材料；(4）罪犯评审鉴定表、奖惩审批表等；(5）其他根据案件的审理需要移送的材料。

第三章 减刑的审理

第一节 减刑实体性条件的把握

2012年1月17日最高人民法院《关于办理减刑、假释案件具体应用法律若干问题的规定》第1条规定，根据《刑法》第78条第1款的规定，被判处管制、拘役、有期徒刑、无期徒刑的犯罪分子，在执行期间，认真遵守监规，接受教育改造，确有悔改表现的，或者有立功表现的，可以减刑；有重大立功表现的，应当减刑。

一、关于“确有悔改表现”的认定

根据2012年1月17日最高人民法院《关于办理减刑、假释案件具体应用法律若干问题的规定》第2条的规定，“确有悔改表现”是指同时具备以下四个方面的情形：认罪悔罪；认真遵守法律法规及监规，接受教育改造；积极参加思想、文化、职业技术教育；积极参加劳动，努力完成劳动任务。这一规定有两个要点：第一，“确有悔改表现”是通过上述四点予以认定；第二，只有罪犯改造表现同时符合上述四点，才能认定为“确有悔改表现”。

在认定罪犯“确有悔改表现”时需要正确处理以下问题：

1. 刑罚执行机关的定量性考核。

如前章所述，为了提高“确有悔改表现”认定的可操作性，我国的刑罚执行机关在定量化上进行了“确有悔改表现”认定的探索。人民法院在审理减刑中是否可以根据刑罚执行机关的定量化认定结果来认定“确有悔改表现”?

由于刑罚执行机关对“确有悔改表现”的定量化认定确实有助于判定“确有悔改表现”，所以，实践中人民法院在认定“确有悔改表现”上都很重视刑罚执行机关的定量化认定结果。

【案例】 罪犯刘某某因犯抢劫罪被判处有期徒刑10年，并处罚金4000元，附加剥夺政治权利1年，刑期自2008年7月18日至2018年7月17日止，于2008年10月7日送监狱服刑改造。

改造表现：该犯自入监以来，能够认罪服法，服从管教，深挖自己犯罪的根源，深刻认识到自己的罪行给家庭和社会造成的危害。在服刑期间，能够认真遵守监规纪律，无违规扣分现象；积极参加"三课"学习，上课认真听讲，考试成绩优良；积极参加生产劳动，现从事耳机来料加工的工作，每天能够坚持在自己的劳动岗位上，按时完成监区下达的劳动定额任务，并受到一定的奖励。截至2011年6月份，该犯累计获奖励分120.1分，折表扬6个，动态年改造质量评估B等。

2011年10月12日，中级人民法院依据《刑事诉讼法》第221条第2款和《刑法》第78条之规定，裁定如下：对罪犯刘某某减去有期徒刑1年（减刑后，刑期至2017年7月17日止）。

但是，因为最高人民法院在《关于办理减刑、假释案件具体应用法律若干问题的规定》及有关司法解释中均未作出规定，所以，多数人民法院对刑罚执行机关关于"确有悔改表现"的定量化认定结果持有谨慎的接受态度。例如，天津二中院提出，对"确有悔改表现"要在以计分奖励为考核制度的基础上，多角度审查，要进一步审查原判情况，综合平衡罪犯犯罪性质、主观恶性、量刑幅度、已减刑期等因素，全面考察罪犯的认罪表现和思想改造情况；对累犯、暴力犯、带有黑社会性质的团伙犯罪要从严掌握。[①] 江西省高级人民法院在一份报告中指出：办理减刑的案件时，以执行单位对罪犯的奖惩考核结果为基础，同时结合原判决认定的事实及判决结果进行认定。[②]

无疑，刑罚执行机关对"确有悔改表现"的定量化认定尚存一定问题，如对罪犯定量化认定内容与"确有悔改表现"认定的四点内容衔接不够紧密，有的省、自治区、直辖市对罪犯定量化认定项目未与"确有悔改表现"认定项目建立对应关系，但是，由于这种定量化认定提高了"确有悔改表现"认定的操作水平，有助于更好地认定"确有悔改表现"，因此，定量化探索的方向是正确的。人民法院在认定"确有悔改表现"时应当充分考虑刑罚执行机关关于"确有悔改表现"的定量性认定结果。

有的省、自治区、直辖市，如广东省、山东省、重庆市，审判机关与刑罚执行机关就"确有悔改表现"认定达成一致意见，并制定相关规定，这种实践不仅有助于提高刑罚执行机关"确有悔改表现"认定的合法性水平，提高刑罚执行机关"确有悔改表现"认定的权威性，而且有助于审判机关更公正、公平地

---

① 天津二中院：《天津二中院推出减刑假释工作新规定》，资料来源：http：//tj2zy. chinacourt. org/public/detail. php？ id = 931。

② 江西省高级人民法院刑一庭：《我省法院近三年减刑、假释情况的调研》，资料来源：http：//www. jxfy. gov. cn/content. asp？ ID = 280。

认定“确有悔改表现”，将“确有悔改表现”认定的司法意志贯彻在刑罚执行机关的实践中。例如，粤高法发〔2005〕32号《关于办理减刑、假释案件实施细则》第10条规定：“罪犯日常考核应当具备‘确有悔改表现’的基本内容。罪犯在日常考核中（包括在看守所羁押期间）获得的嘉奖、表扬、记功、改造积极分子等奖励是认定罪犯悔改表现程度的主要标志。对罪犯予以嘉奖、表扬、记功、改造积极分子等奖励，应严格按照广东省监狱管理局《罪犯考核奖惩规定》进行评定。对看守所留所服刑的罪犯的表扬、记功等按公安部有关规定或比照广东省监狱管理局《罪犯考核奖惩规定》进行评定。”第11条规定：“罪犯在减刑考核期限内符合下列情形之一的，应认定为‘确有悔改表现’：（一）判决后余刑在一年以下有期徒刑，获得三次嘉奖的；（二）刑期或者余刑在一年以上（不含本数）五年以下（不含本数）有期徒刑，获得六次以上嘉奖的；（三）刑期或者余刑在五年以上十年以下（不含本数）有期徒刑，获得九次以上嘉奖的；（四）刑期或者余刑在十年以上十五年以下有期徒刑，获得十二次以上嘉奖的；（五）刑期或者余刑在十五年以上（不含本数）二十年以下有期徒刑，获得十五次以上嘉奖的；（六）无期徒刑罪犯，获得八次以上嘉奖的。”广东省、山东省、重庆市等省、市的探索性的实践为其他省、市提供了经验，为制定全国性的规定开辟了道路。广东省、山东省、重庆市等省、市的探索性的实践值得理论界、实务部门进行研究。

2. 罪犯的申诉。

申诉是罪犯的法定的权利。对罪犯在刑罚执行期间提出申诉的，要依法保护其申诉的权利。但是，在司法实践中，有的罪犯在刑罚执行中拒不认罪，虽然经过多方工作，仍然不停申诉，缠于诉讼，应当考虑认定罪犯是否认罪悔罪。特别是有的罪犯承认自己的犯罪事实，却认为量刑偏重，基于侥幸心理，反复申诉，希望得到改判。

3. 财产刑执行与民事赔偿。

根据调查，监狱内罪犯被判处财产刑与承担民事赔偿的，有很大的比例没有执行、履行。山西晋中中级人民法院2008年对有关刑罚执行机构进行的调查发现，判处附加财产刑和附带民事赔偿的罪犯全部执行、履行的比例分别为15.9%和31.4%，没有执行、履行的比例很高。[①] 如何解决财产刑执行与附带民事赔偿义务履行不力的问题？对此，有很多主张，其中一种重要的主张是：为保证法律的严肃性，应当将罪犯减刑与财产刑执行、减刑与履行附带民事赔偿义

① 陈伟、辛变花、卢琳山：《人民法院报晋中中院减刑假释试点工作的调查》，资料来源：http://www.sx.xinhuanet.com/newscenter/2010-09/02/content_20798409.htm。

务，联系起来。①

由于将罪犯减刑与财产刑执行、附带民事赔偿义务履行联系程度不同，罪犯减刑的机会不同，所以，我们应当谨慎地建立罪犯减刑与财产刑执行、附带民事赔偿义务履行的联系。如果不考虑罪犯自身的经济能力，唯执行财产刑与履行民事附带赔偿义务而论减刑，罪犯不缴纳罚金、不承担民事附带责任，不能减刑，势必使一些罪犯被剥夺减刑的机会。他们虽然积极接受改造，但是因为没有经济能力，而不能被减刑。这种做法不仅有损减刑的功能，使减刑不能用以激励罪犯改造，同时有损于财产刑执行与附带民事赔偿义务履行的社会价值。毕竟减刑功能的受损是因为财产刑与附带民事赔偿的执行、履行。

2012 年 1 月 17 日最高人民法院《关于办理减刑、假释案件具体应用法律若干问题的规定》在此作了为上述两种制度都留有一定余地的规定："罪犯积极执行财产刑和履行附带民事赔偿义务的，可视为有认罪悔罪表现，在减刑、假释时可以从宽掌握；确有执行、履行能力而不执行、不履行的，在减刑、假释时应当从严掌握。"

根据该解释的规定，只要罪犯积极执行财产刑和履行附带民事赔偿义务的，便可视为有认罪悔罪表现。该解释赋予了"罪犯积极执行财产刑和履行附带民事赔偿义务"独立的司法价值。只要"罪犯积极执行财产刑和履行附带民事赔偿义务"就可以认定为有"认罪悔罪"表现，符合"悔改"的第一种情况，而与其他行为无关。

根据该解释的规定，只有罪犯"确有执行、履行能力而不执行、不履行"的，罪犯的减刑才应当"从严掌握"。所谓从严掌握并非"不准减刑"，即不能认为在出现"确有执行、履行能力而不执行、不履行"的情形，便不准罪犯减刑。"从严掌握"包含"不准减刑"，但不限于"不准减刑"。"从严掌握"至少还应当包括降低减刑幅度、减少减刑频率。这不仅是"从严掌握"语义上的当然解释，也是"从严掌握"运用的刑事政策上的要求。由于罪犯"确有执行、履行能力而不执行、不履行"的具体情形不尽相同，区分不同原因，予以不同对待，正是"区别对待"刑事政策的要求。

"确有执行、履行能力而不执行、不履行"意为在客观上罪犯"确有执行、履行能力"，但是，因为主观上不愿意执行、履行，而不执行、不履行。那么，如何确认罪犯在客观上"确有执行、履行能力"？浙江省在认定罪犯在客观上"确有执行、履行能力"的探索，值得关注。根据浙江省高级人民法院 2009 年 10 月 20 日印发的《全省法院审理减刑假释案件工作座谈会纪要》的规定，"罪

① 陈伟、辛变花、卢琳山：《人民法院报晋中中院减刑假释试点工作的调查》，资料来源：http：//www. sx. xinhuanet. com/newscenter/2010 -09/02/content_ 20798409. htm。

犯履行能力的审查，由执行机关根据罪犯的家庭背景和经济情况、犯罪获利情况、赃款有无被追缴、罚金有无主动履行、服刑期间的消费情况等综合考虑提出意见报请人民法院审查决定，并应附有罪犯本人陈述、罪犯住所地有关部门证明、监狱消费情况等证明材料；必要时，审理减刑假释案件法院可以通过听证、个别谈话，向执行机关或社区矫正部门调查了解等方式，进一步审查罪犯有无履行能力。经相关乡镇、社区出具情况说明并经县级以上民政部门确认，证明罪犯家庭确属低保、特困户以及有其他证据证明罪犯无履行能力的，可认定罪犯确无履行能力。”浙江省金华市中级人民法院提出认定“确有执行、履行能力”的全面审查原则：在通过书面审理掌握的罪犯获利、赃款有无被追缴、罚金有无主动履行等案件事实的基础上，采用听证、个别谈话、向监狱机关调查了解罪犯的消费情况等方式，确定罪犯有无财产刑执行能力。具体地说，认定“确有执行、履行能力”不仅凭监狱证明或者罪犯原户籍所在地派出所、村（居）委会等证明对罪犯的财产刑履行能力简单认定，而是对能反映罪犯财产刑履行能力的所有情况进行全面审查。全面审查的主要对象是：有关单位对罪犯家庭经济情况的证明；罪犯对赃款赃物去向的说明；侦查机关侦查情况；罪犯亲属接见款、汇款情况，以及罪犯在监每月平均消费水平；监狱证明；罪犯入监填写的家庭经济状况；罪犯暂缓执行财产刑申请报告；附带民事诉讼原告证明；其他罪犯提供的能够证明其财产刑履行能力的相关材料。[①] 根据浙江省的实践，判断罪犯是否在客观上“确有执行、履行能力”可以从以下几方面综合判定：罪犯对赃款赃物去向的说明；赃款有无被追缴；罚金有无主动履行；犯罪获利情况；罪犯亲属接见款、汇款情况；服刑期间的消费情况；罪犯暂缓执行财产刑申请报告；罪犯入监填写的家庭经济状况；有关单位对罪犯家庭经济情况的证明。

罪犯近亲属物质生活水平、财产情况可否用以判断罪犯在客观上“确有执行、履行能力”？笔者认为要具体问题具体分析。如果罪犯与近亲属在财产上存在共有关系，可以用以判断罪犯在客观上是否“确有执行、履行能力”。罪犯近亲属生活状况好，表明罪犯“确有执行、履行能力”，反之，不能表明罪犯“确有执行、履行能力”。在这种情况下，毕竟因财产共有，罪犯具有一定的财产权。因此，罪犯应当据此执行财产刑与履行赔偿义务。根据《刑法》第 53 条的规定，罚金在判决指定的期限内一次或者分期缴纳。期满不缴纳的，强制缴纳。对于不能全部缴纳罚金的，人民法院在任何时候发现被执行人有可以执行的财产，应当随时追缴。如果罪犯与近亲属在财产上不存在共有关系，不宜根据近亲属生活状况判断罪犯是否具有财产刑执行能力与附带民事赔偿义务能力。即使罪

① 金华市中级法院审判监督庭课题组：《财产刑执行情况在减刑假释案中的审查与处理》，资料来源：http：//www. godbylawyer. com/NewsInfo. asp？ newsort = 3&id = 1313。

犯近亲属生活状况比较好，也不宜根据近亲属生活状况判断罪犯“确有执行、履行能力”。至于罪犯财产存在可能的转移问题，罪犯将个人财产可能转移给其近亲属，目前还不宜作为判断罪犯是否“确有执行、履行能力”的根据。一是在这种情况下作出的“罪犯财产转移”没有证据；二是法律尚无有关推定性的规定。何况在罪犯与近亲属进行法律上的财产分割的情况下，存在对罪犯与近亲属进行财产分割合法性尊重问题。

二、关于“立功表现”的认定

根据2012年1月17日最高人民法院《关于办理减刑、假释案件具体应用法律若干问题的规定》的规定，罪犯具有下列表现之一的，应当认定为有“立功表现”：阻止他人实施犯罪活动的；检举、揭发监狱内外犯罪活动，或者提供重要的破案线索，经查证属实的；协助司法机关抓捕其他犯罪嫌疑人（包括同案犯）的；在生产、科研中进行技术革新，成绩突出的；在抢险救灾或者排除重大事故中表现突出的；对国家和社会有其他贡献的。

【案例】广元市中级人民法院刑二庭合议庭在某监狱对3名服刑人员进行了减刑公开听证，近百名服刑人员参加了旁听，合议庭对服刑人员黄某、蔡某某、曹某某等3名服刑人员的悔改表现和立功表现进行了详细讯问和质证。听证查明，2009年7月30日晚，3名服刑人员发现同监区服刑人员王某某翻越围墙脱逃，及时口头制止并向民警报告，为成功抓获王某某赢得了时间。目前，3名服刑人员在考核中计分均达百分以上。广元市中级人民法院认定3名服刑人员有悔改表现并有立功表现，符合减刑条件，故作出了减刑的裁定。①

在本案中，3名服刑人员发现其他罪犯脱逃，及时口头制止并向民警报告，阻止其他罪犯脱逃。人民法院认定本案中的3名服刑人员符合立功表现中的“阻止他人实施犯罪活动的”情形，故予以了减刑。

【案例】2010年1月30日下午3点多，身患肝硬化正在保外就医的肖某路过金山小区。“起火了！快跑!”“跑远点，煤气要爆炸了!”肖某看到小区门口突然冲出来许多慌张的居民，大多是老人，边跑还边喊。肖某抬头一看，原来是小区2栋3单元4楼的一住户家起火了，窗户飘出滚滚浓烟，还能见到明火。“有娃娃在哭！有娃娃困在里面了!”伴随火势而来的是小孩的哭闹声。肖某突然往起火的楼房跑去。肖某冲上4楼使劲敲门，但无人回应。他这才发现，孩子的哭声不是从起火住户家发出来的，而是隔壁的小孩受到惊吓在哭，于是他赶忙

---

① 李敏、高志农：《悔改立功 川北监狱三名服刑人员获减刑》，资料来源：http://gy.newssc.org/system/20091027/000660793.htm。

跑到楼下，拨打了119。这时，小区物业管理人员也来了。有人告诉肖某："煤气总阀门在单元门口，你快去关了，我去关电闸。"肖某顺着那人指的地方找到煤气阀门并把它关上，阻止了火势的蔓延。随后，他和物业管理人员一起配合赶到的消防官兵，将大火扑灭。成都中级人民法院经过对本案的审理，认定肖某在保外就医期间确有立功表现。①

在本案中，法院认定肖某符合法律规定的"在抢险救灾或者排除重大事故中表现突出的"情形，故裁定予以减刑。

三、关于"重大立功表现"的认定

根据2012年1月17日最高人民法院《关于办理减刑、假释案件具体应用法律若干问题的规定》的规定，罪犯有下列表现之一的，应当认定为有"重大立功表现"：阻止他人实施重大犯罪活动的；检举监狱内外重大犯罪活动，经查证属实的；协助司法机关抓捕其他重大犯罪嫌疑人（包括同案犯）的；有发明创造或者重大技术革新的；在日常生产、生活中舍己救人的；在抗御自然灾害或者排除重大事故中，有特别突出表现的；对国家和社会有其他重大贡献的。

【案例】2004年7月14日，衡阳市中级人民法院对一起见义勇为的罪犯减刑案进行了公开听证审理，并当庭作出裁定，认为罪犯龚某某在服刑期间舍己救人的事实成立，具有悔改和重大立功表现，对其减去有期徒刑1年5个月。2004年6月14日，湘南监狱四工区井下发生瓦斯事故，朱某某、敖某、廖某某、王某某等4名罪犯在井下无风工作面被瓦斯熏倒，情况非常紧急，罪犯龚某某不顾个人安危，冒着生命危险，先后四次进入井下工作面，将已昏迷的4名同犯救到安全地带，避免了一起严重的安全事故发生。湘南监狱认为，龚某某有重大立功表现，请求法院予以减刑。市中级人民法院经过公开听证审理并查证属实后，为其立功行为进行表彰，遂作出前述裁定。②

在本案中人民法院认定罪犯属于"在日常生产、生活中舍己救人的"情形，是法律规定的有"重大立功表现"。

【案例】2009年安庆市中级人民法院对九成分局7名服刑人员确认了重大立功。这7名服刑人员收到了国家知识产权局颁发的专利证书，他们的发明创造得到了国家知识产权局的认可，依据法律规定，他们的发明在服刑中属于重大立功

---

① 刘璐：《男子保外就医期间救火立功减刑》，资料来源：http：//www.tianjinwe.com/rollnews/gn/201008/t20100806_1414506.html。

② 莫松霖、刘星：《衡阳湘南监狱一罪犯勇救四人立功受奖获准减刑》，资料来源：http：//www.e0734.com/2004/0720/19305.html。

表现，经过法定程序获得减刑的奖励。①

根据有关规定，如果罪犯在服刑期间“有发明创造或者重大技术革新的”，可以认定为有“重大立功表现”。本案中的7名服刑人员被人民法院认定为有“重大立功表现”。

四、关于减刑的限制性条件

关于减刑的限制性条件主要内容第二章第一节已经论述，这里不再重复。

五、关于减刑的起始时间、幅度、间隔时间

关于减刑的起始时间、幅度、间隔时间主要内容第二章第一节已经论述，这里不再重复。

这里主要介绍罪犯减刑后的刑期计算。

有期徒刑的刑期，从判决执行之日起计算，判决执行以前先行羁押的，羁押一日折抵刑期一日，经减刑后，其实际执行的刑期不能少于原判刑期的1/2。宣告缓刑罪犯经减刑后实际执行的刑期不能少于原判刑期的1/2，相应缩减的缓刑考验期限不能低于减刑后实际执行的刑期。判处拘役的缓刑考验期限不能少于2个月，判处有期徒刑的缓刑考验期限不能少于1年。

被判处无期徒刑的罪犯减刑后，实际执行的刑期不能少于13年，其起始时间应当自无期徒刑判决确定之日起计算。无期徒刑减为有期徒刑的刑期，从裁定减刑之日起计算。

被判处死刑缓期执行罪犯经过1次或几次减刑后，其实际执行的刑期不得少于15年（不含死刑缓期执行的2年）。死刑缓期执行减为无期徒刑或有期徒刑的刑期，从死刑缓期执行期满之日起计算。

第二节　减刑的程序

长期以来，我国减刑审理工作存在程序规定不足的问题，出现减刑审理书面化、形式化等问题。减刑程序规定的不足，致使在司法实践中办理的许多减刑案件存在“暗箱操作”的现象。有论者认为，减刑程序规定的不足是司法腐败的

① 张建华:《九成分局七名服刑人员因发明专利被安庆市中级人民法院确认为重大立功表现》，资料来源：http：//www. ahjyj. gov. cn/200909/26697. html。

重要诱因。[①] 2012 年 1 月 17 日最高人民法院《关于办理减刑、假释案件具体应用法律若干问题的规定》对减刑程序作了规定，在一定程度上解决了减刑程序规定不足的问题，使减刑有了比较完整的程序规定。

一、减刑的立案

根据我国法律的规定，罪犯减刑由刑罚执行机关提请，而由审判机关审理。减刑案件的受理立案是人民法院审理减刑案件的第一个环节。

根据 2012 年 1 月 17 日最高人民法院《关于办理减刑、假释案件具体应用法律若干问题的规定》第 24 条的规定，人民法院受理减刑案件，应当审查执行机关是否移送下列材料：减刑建议书；终审法院的裁判文书、执行通知书、历次减刑裁定书的复制件；罪犯确有悔改或者立功、重大立功表现的具体事实的书面证明材料；罪犯评审鉴定表、奖惩审批表等；其他根据案件的审理需要移送的材料；人民检察院对提请减刑提出的检察意见。

经审查，如果材料齐备的，应当立案；材料不齐备的，应当通知提请减刑执行机关补送。

二、减刑的公示

根据 2012 年 1 月 17 日最高人民法院《关于办理减刑、假释案件具体应用法律若干问题的规定》第 25 条的规定，人民法院审理减刑案件立案后，应当一律予以公示。人民法院关于罪犯减刑公示的价值，不同于刑罚执行机关提请减刑公示的价值。刑罚执行机关提请减刑公示的价值在于帮助刑罚执行机关了解有关减刑方面的公正信息，而人民法院关于罪犯减刑公示的价值在于使人民法院独立了解有关罪犯减刑是否公正的信息。

公示地点为罪犯服刑场所的公共区域。有条件的地方，应面向社会公示，接受社会监督。公示应当包括下列内容：罪犯的姓名；原判认定的罪名和刑期；罪犯历次减刑情况；执行机关的减刑建议和依据；公示期限；意见反馈方式等。

人民法院在公示罪犯减刑信息后，应当到罪犯所在监狱、看守所、接受社区矫正的社区居委会、村委会积极了解情况，可以召集罪犯、公民进行座谈、单独讯问（询问）或通过其他方式听取罪犯、公民对执行机关提请减刑的意见，调查核实提请减刑罪犯在执行期间的改造表现。

人民法院也可以通过网络，公示罪犯减刑信息，并接受意见反馈信息。

---

① 赵琦玉：《广东推减刑假释案公开审理 围堵监狱腐败漏洞》，资料来源：http://www.gd.xinhuanet.com/newscenter/2011-03/23/content_22347897.htm。

三、减刑的审理方式与程序

根据2012年1月17日最高人民法院《关于办理减刑、假释案件具体应用法律若干问题的规定》第26条的规定，人民法院审理减刑案件，可以采用书面审理的方式。但下列案件，应当开庭审理：因罪犯有重大立功表现提请减刑的；提请减刑的起始时间、间隔时间或者减刑幅度不符合一般规定的；在社会上有重大影响或社会关注度高的；公示期间收到投诉意见的；人民检察院有异议的；人民法院认为有开庭审理必要的。

对上述6类案件开庭审理，对于实现司法正义，具有很大的意义。

根据2012年1月17日最高人民法院《关于办理减刑、假释案件具体应用法律若干问题的规定》有关应当开庭审理的6类案件的规定与2010年2月8日最高人民法院《关于贯彻宽严相济刑事政策的若干意见》关于应当开庭审理案件的规定有所不同。最高人民法院《关于贯彻宽严相济刑事政策的若干意见》第43条关于应当开庭审理的案件的规定是，对于职务犯罪案件，尤其是原为县处级以上领导干部罪犯的减刑、假释案件，要一律开庭审理。对于故意杀人、抢劫、故意伤害等严重危害社会治安的暴力犯罪分子，有组织犯罪案件中的首要分子和其他主犯以及其他重大、有影响案件罪犯的减刑、假释，原则上也要开庭审理。是不是可以说2012年1月17日最高人民法院《关于办理减刑、假释案件具体应用法律若干问题的规定》否定，或者说取代了最高人民法院《关于贯彻宽严相济刑事政策的若干意见》的规定？笔者认为，2012年1月17日最高人民法院《关于办理减刑、假释案件具体应用法律若干问题的规定》并未否定最高人民法院《关于贯彻宽严相济刑事政策的若干意见》。最高人民法院《关于贯彻宽严相济刑事政策的若干意见》中的两类开庭审理案件应当归入2012年1月17日最高人民法院《关于办理减刑、假释案件具体应用法律若干问题的规定》中的"在社会上有重大影响或社会关注度高的"案件类别中。理由如下：第一，由于2012年1月17日最高人民法院《关于办理减刑、假释案件具体应用法律若干问题的规定》规定的"在社会上有重大影响或社会关注度高的"这一表述可以包容最高人民法院《关于贯彻宽严相济刑事政策的若干意见》第43条规定的内容，因此，认为2012年1月17日最高人民法院《关于办理减刑、假释案件具体应用法律若干问题的规定》确认的开庭审理案件范围包容最高人民法院《关于贯彻宽严相济刑事政策的若干意见》确认的开庭审理案件范围，符合法律解释的基本原则。第二，认为2012年1月17日最高人民法院《关于办理减刑、假释案件具体应用法律若干问题的规定》确认的开庭审理案件范围包容最高人民法院《关于贯彻宽严相济刑事政策的若干意见》确认的开庭审理案件范围，符合我国目前的刑事政策。目前，我国已经确立了减刑案件开庭审理的制度，正在逐步扩大减刑案件的开庭审理范围，从而打压可能滋生司法腐败的空间，将最高人民法院《关于贯彻宽严相济刑事政策的若干意见》第43条规定的开庭审理案件纳入2012年1月17日最高人民法院《关于办理减刑、假释案件具体应用法律若干问题的规定》确认的开庭审理案件范围，符合我国目前的刑事政策走向。

据此，减刑的审理方式有书面审理与开庭审理两种形式。

（一）书面审理的程序

根据1998年9月2日最高人民法院《关于执行〈中华人民共和国刑事诉讼法〉若干问题的解释》第364条的规定："人民法院审理减刑、假释案件，应当依法组成合议庭。"人民法院受理减刑案件立案后，应当依法组成合议庭。合议庭由审判员、助理审判员3人或者审判员、助理审判员、人民陪审员3人组成。

减刑案件立案后，审理减刑案件的法官应认真阅卷，根据法律规定的条件提出对罪犯是否予以减刑以及减刑幅度的审理意见，并写出书面审理报告。

一般情况下，减刑案件由合议庭讨论决定。重大疑难的减刑案件应当报请院长提交审判委员会讨论决定。

合议庭审理减刑案件由审判长主持，全体成员平等参与案件的审理、评议、裁定，共同对案件的审理程序、事实认定、适用法律和裁定结果负责。合议庭要严把确有悔改、立功表现的事实情节"关"、减刑时间与减刑幅度"关"。一是任何减刑案件必须要有教育改造事实。二是教育改造事实认定必须要有相应的证据予以佐证，认定重大奖惩，如嘉奖、立功、重大立功的证据材料要达到确实、充分。三是所有采信的证据必须真实、合法，有证据能力，对假材料要坚决依法排除。

合议庭评议减刑案件应一案制作一份合议笔录。合议笔录除应包括时间、地点、合议庭成员、主审人、记录人等基本内容外，还应包括被提请减刑罪犯的基本情况、原判情况、改造表现情况、刑罚执行机关的减刑建议情况、主审人审查意见及理由、合议庭其他成员的评议意见、理由和合议庭评议结果等内容。合议笔录应当准确、全面地反映每位合议庭成员的意见，最终形成的合议庭意见要表述规范，理由充分。合议庭成员应认真审阅合议笔录和法律文书并签字。

审理应当在规定的期限内完成。

（二）开庭审理的程序

人民法院开庭审理减刑案件，下列人员应当参加庭审：提请减刑建议的刑罚执行机关指派的人员；同级人民检察院指派的人员；被提请减刑的罪犯；人民法院认为其他应当参与开庭审理的人员。人民法院开庭审理减刑案件，应当允许可以邀请人大代表、政协委员、新闻媒体等旁听。人民法院公开开庭审理减刑案件，刑罚执行机关可以组织罪犯旁听。

人民法院开庭审理减刑案件是否可以允许原审被害人及其家属旁听？随着人们对被害人权利价值的认识程度提高，随着恢复性司法理念的传播，罪犯减刑需要听取被害人意见的观点随后产生。一是罪犯减刑中听取被害人意见，是尊重被害人权利的体现，二是罪犯减刑中听取被害人意见，也有利于促进罪犯向被害人悔罪。但是，笔者认为，对于人民法院开庭审理减刑案件是否可以允许原审被害人及其家属旁听问题，目前在司法中以慎重为佳。主要理由如下：第一，如果在减刑案件审理中允许原审被害人及其家属旁听，可能对减刑工作有一定冲击，毕竟被害人的立场不同于刑罚执行机关的立场。第二，我国尚未就罪犯减刑中听取被害人意见做好理论上、思想上的准备，甚至法律上的准备。我国有关减刑的实体性法律规定中现在尚未规定类似“听取被害人意见”的内容。

人民法院应当在开庭前规定若干日前，将开庭的时间、地点、合议庭组成人员通知同级人民检察院、提请减刑的刑罚执行机关和其他参加人，并于庭审前在拟开庭场所公告开庭的罪犯姓名、时间和地点。在刑罚执行场所进行庭审的，可以委托刑罚执行机关公告。

1. 法庭调查前的程序。

开庭前，书记员宣布法庭纪律，向审判长报告开庭准备情况。

审判长宣布开庭，传罪犯到庭，核对被提请减刑罪犯的基本情况，查明原判认定的罪名、刑罚以及各种量刑情节，询问财产刑及附带民事判决执行情况，查明被提请减刑罪犯刑罚执行起始时间及历次减刑情况。

审判长宣布合议庭组成人员和参与庭审的其他人员，告知被提请减刑罪犯在审理过程中享有申请回避权、陈述权和对减刑建议及证据提出异议的权利，询问罪犯是否申请回避。

2. 法庭调查与辩论。

刑罚执行机关出庭的人员宣读《提请减刑建议书》，说明对罪犯进行计分考核和提请减刑的程序，出示罪犯悔改、立功或者重大立功的证据。刑罚执行机关提请减刑，可以提供证人出庭作证；以重大立功表现为由提请减刑，应当提供证人出庭作证。

被提请减刑罪犯说明对减刑建议及出示的证据有无异议，陈述其对犯罪的认识和改造表现。

检察机关出庭人员可以询问被提请减刑罪犯和出庭作证的证人，并发表意见。

刑罚执行机关出庭的人员、服刑罪犯和检察机关出庭人员进行互相质证和答辩。质证和答辩范围包括：有关服刑罪犯定罪量刑的情况和证据，能够证明该罪犯是否属于累犯、毒品犯罪、暴力犯罪或者数罪并罚等情况；服刑罪犯被判处刑罚后送达执行及实际服刑的期限情况和证据，能够证明该罪犯是否符合减刑的时间条件；服刑罪犯服刑期间获得表扬、记功、重大立功、改造积极分子以及有无违反监规的情况和证据，能够证明该罪犯是否真诚悔罪、服刑期间的实际表现，以及是否符合减刑实质性条件、减刑的幅度；刑罚执行机关提起减刑的程序情况和证据，包括刑罚执行机关内部减刑的提起、审查及上级监狱管理部门的审核等，能够证明刑罚执行机关提起减刑的程序是否合法；服刑罪犯的年龄、身体情况和证据，能够证明该罪犯是否为老弱病残罪犯、犯罪时是否未成年，是否应当放宽条件，予以减刑。另外，对于职务犯罪案件还可以就有关罪犯身份情况的证据进行质证和答辩。

3. 最后陈述。

被提请减刑的罪犯针对刑罚执行机关出庭人员的意见和检察机关出庭人员的检察意见作最后陈述。

庭审过程由书记员记录在案，经审判长审阅后，交被提请减刑的罪犯阅读或向其宣读。被提请减刑的罪犯认为记录有遗漏或者差错的，可以请求补充或者改正。确认无误后，应当签名捺指印。

（三）减刑的重审

由于减刑是一种激励罪犯积极改造的措施，而不是罪犯的权利，因而，我国法律在罪犯不服减刑裁定的情况下，没有规定上诉制度。同理，也没有规定抗诉制度。但是，为了避免、改正减刑裁定的不当，或者错误，我国法律规定了检察机关纠正制度与法院的重审制度。2012 年 3 月 14 日修订后的《刑事诉讼法》第 263 条规定，人民检察院认为人民法院减刑的裁定不当，应当在收到裁定书副本后 20 日以内，向人民法院提出书面纠正意见。人民法院应当在收到纠正意见后 1 个月以内重新组成合议庭进行审理，作出最终裁定。2012 年 1 月 17 日最高人民法院《关于办理减刑、假释案件具体应用法律若干问题的规定》第 29 条规定，人民法院发现本院或者下级人民法院已经生效的减刑裁定确有错误，应当依法重新组成合议庭进行审理并作出裁定。如果罪犯不服人民法院的裁定，可以向人民检察院申述主张与理由，通过人民检察院启动重审，也可以直接向人民法院申述主张与理由，启动重审。如果人民检察院认为人民法院减刑的裁定不当，可以直接提出书面纠正意见，启动重审。人民法院发现本院或者下级人民法院已经生效的减刑裁定确有错误，可以启动重审。

在开庭审理的减刑案件中，律师是否可以出庭向罪犯提供法律帮助？目前我国的有关法律、司法解释都没有规定。笔者认为，不宜在减刑开庭审理中导入律师出庭机制。首先，因为减刑是对罪犯积极接受改造行为的激励措施，减刑所据以的事实根据具有评价的相对性，同样的改造表现，在有的情形下，表现得比较突出，可以被减刑，而在有的情形下，表现得不突出，不能够被减刑。这也就是说，减刑所据以的事实根据具有有限的辩论性，不适合律师参与辩论。其次，由于减刑所据以的事实根据源于刑罚执行机关的日常考核，律师很难对罪犯的日常考核进行调查，加之当事人是罪犯，律师出入监管场所不便利，所以，笔者认为不宜在减刑开庭审理中导入律师出庭机制。这里需要说明的是，虽然在开庭审理的减刑案件中律师不宜出庭，但是，随着律师帮助在刑罚执行工作的推行，未来国家可以考虑在减刑工作中引入律师咨询业务，由律师向罪犯提供有关减刑的法律咨询。

四、减刑的撤回与送达

（一）减刑的撤回

如果刑罚执行机关向审判机关提请减刑后，发现罪犯不符合减刑的条件，在提请减刑后，出现意想不到的事件，如被提请的罪犯违法犯罪，刑罚执行机关提出撤回减刑，审判机关如何处理？根据2012年1月17日最高人民法院《关于办理减刑、假释案件具体应用法律若干问题的规定》的规定，在人民法院作出减刑裁定前，执行机关书面提请撤回减刑建议的，是否准许，由人民法院决定。

（二）减刑的送达

根据2012年1月17日最高人民法院《关于办理减刑、假释案件具体应用法律若干问题的规定》的规定，减刑的裁定应当在裁定作出之日起7日内送达有关执行机关、人民检察院以及罪犯本人。

第三节 几类特殊类型罪犯减刑的审理

由于未成年罪犯减刑案件的审理、老弱病残罪犯减刑案件的审理及在社区矫正中罪犯减刑案件的审理，与一般减刑案件审理有所不同，因此这里专节论述。

一、未成年罪犯减刑案件的审理

根据2001年4月4日最高人民法院《关于审理未成年人刑事案件的若干规定》第44条的规定，对于执行机关依法提出给未成年罪犯减刑的书面意见，人民法院应当及时予以审核、裁定。2012年1月17日最高人民法院《关于办理减刑、假释案件具体应用法律若干问题的规定》第19条规定，未成年罪犯的减刑，可以比照成年罪犯依法适当从宽。未成年罪犯能认罪悔罪，遵守法律法规及监规，积极参加学习、劳动的，应视为确有悔改表现，减刑的幅度可以适当放宽，起始时间、间隔时间可以相应缩短。这里所称的未成年罪犯，是指减刑时不满18周岁的罪犯。据此，未成年罪犯减刑案件审理中需要注意以下几个问题：

第一，关于罪犯的年龄。由于减刑从宽政策指向于未成年罪犯，司法解释便作了相应规定，因此，减刑案件审理时需要审查罪犯的年龄。关于“减刑时”的理解，笔者认为，本着刑罚谦抑原则，应当指罪犯减刑考核开始时的年龄，而不应当理解为减刑提请时的年龄，或者减刑审理时的年龄。之所以这样理解，除了刑罚谦抑原则，还有以下考虑：减刑是一个过程，包括考核、提请、审理、判决，而不仅仅是一个行为，如果将“减刑时”理解为“减刑提请时”、“减刑审理时”或者“减刑判决时”，不仅可能与公众理解分歧，甚至造成社会对司法解释的不满，而且可能会造成“减刑提请时”、“减刑审理时”或者“减刑判决时”等不同主张的冲突。

第二，关于“确有悔改表现”的认定。根据2012年1月17日最高人民法院《关于办理减刑、假释案件具体应用法律若干问题的规定》在未成年罪犯减刑的实体条件“确有悔改表现”的认定中，根据以下三点把握：认罪悔罪情况；遵守法律法规及监规情况；积极参加学习、劳动情况。而对成年罪犯“确有悔改表现”的认定需要从以下方面把握：认罪悔罪情况；认真遵守法律法规及监规，接受教育改造情况；积极参加思想、文化、职业技术教育情况；积极参加劳动，努力完成劳动任务情况。比较之下，在认定“确有悔改表现”上，司法解释对未成年罪犯的要求要低一些。当然，具体认定中的证据性要求，对未成年罪犯的要求是与成年罪犯一样的。

第三，关于减刑幅度、起始时间与间隔时间。鉴于未成年罪犯的成长性因素考虑，同时也有人道精神的权衡，审批机关对未成年罪犯的减刑幅度可以适当放宽，起始时间、间隔时间可以相应缩短。

第四，关于审理方式。根据2012年1月17日最高人民法院《关于办理减刑、假释案件具体应用法律若干问题的规定》第26条的规定，提请减刑的起始时间、间隔时间或者减刑幅度不符合一般规定的，应当开庭审理。由于对未成年罪犯减刑实施从宽政策，审判机关对未成年罪犯的减刑幅度可以适当放宽，起始时间、间隔时间可以相应缩短。对未成年罪犯的减刑审理是否属于2012年1月17日最高人民法院《关于办理减刑、假释案件具体应用法律若干问题的规定》第26条规定的应当开庭审理的情形？笔者认为，对未成年罪犯的减刑审理不属于上述规定界定的应当开庭的情形。2012年1月17日最高人民法院《关于办理减刑、假释案件具体应用法律若干问题的规定》第26条所指的“提请减刑的起始时间、间隔时间或者减刑幅度不符合一般规定的”应当是司法解释外的情形，如对确有悔改表现，或者有立功表现的被判处有期徒刑的罪犯，一次减刑超过1年的；对未成年罪犯的减刑从宽，减刑幅度适当放宽，起始时间、间隔时间相应缩短，在司法解释规定范围内，因此，不属于应当开庭审理的情形。

二、老弱病残罪犯减刑案件的审理

根据2012年1月17日最高人民法院《关于办理减刑、假释案件具体应用法律若干问题的规定》第20条的规定，基本丧失劳动能力、生活难以自理的老年、身体残疾、患严重疾病罪犯的减刑，应当主要注重悔罪的实际表现。基本丧失劳动能力、生活难以自理的老年、身体残疾、患严重疾病的罪犯，能够认真遵守法律法规及监规，接受教育改造，应视为确有悔改表现，减刑的幅度可以适当放宽，起始时间、间隔时间可以相应缩短。对身体残疾罪犯和患严重疾病罪犯进行减刑，其残疾、疾病程度应由法定鉴定机构依法作出认定。据此，对老弱病残罪犯减刑审理要注意以下问题：

第一，关于老弱病残罪犯的认定。由于2012年1月17日最高人民法院《关于办理减刑、假释案件具体应用法律若干问题的规定》为防止可能的伪病诈病，对身体残疾罪犯和患严重疾病罪犯认定作出了规定，罪犯的残疾程度、疾病程度由法定鉴定机构依法鉴定，因此，不仅在减刑提请中刑罚执行机关需要由法定的鉴定机构对罪犯的残疾程度、疾病程度进行鉴定，而且审判机关也需要由法定的鉴定机构对罪犯的残疾程度、疾病程度进行鉴定。为防止可能的鉴定重复，审判机关宜使用不同的鉴定机构所作的鉴定。如果在没有选择余地的情况下，即审判机关也需要使用与刑罚执行机关所提供的鉴定为同一家的鉴定机构时，审判机关应使用不同的鉴定人进行鉴定。关于老弱病残罪犯的认定参见第二章第三节的论述，这里不再重复。

第二，关于“确有悔改表现”的认定。对下列三类罪犯，包括基本丧失劳动能力、生活难以自理的老年罪犯，身体残疾的罪犯，患严重疾病的罪犯，满足下列条件，即可认定为“确有悔改表现”：能够认真遵守法律法规及监规；接受教育改造。

关于“能够认真遵守法律法规及监规”与“接受教育改造”的认定也需要根据考核结果进行。

第三，关于老弱病残罪犯的减刑裁量。根据2012年1月17日最高人民法院《关于办理减刑、假释案件具体应用法律若干问题的规定》第20条的规定，对于上述三类罪犯的减刑，减刑的幅度可以适当放宽，起始时间、间隔时间可以相应缩短。

三、社区矫正中罪犯减刑案件的审理

为激励社区中的服刑罪犯积极改造，法律保留了对社区矫正罪犯适用减刑的制度。那么，对社区矫正中服刑人员如何适用减刑？

根据2012年1月17日最高人民法院《关于办理减刑、假释案件具体应用法律若干问题的规定》的规定，人民法院在减刑裁定中需要注意以下两点：

第一，判处拘役或者 3 年以下有期徒刑并宣告缓刑的罪犯，一般不适用减刑。被判处拘役或者 3 年以下有期徒刑并宣告缓刑的罪犯在缓刑考验期限内有重大立功表现的，可以参照《刑法》第 78 条的规定，予以减刑，同时应依法缩减其缓刑考验期限。但是，拘役的缓刑考验期限不能少于 2 个月，有期徒刑的缓刑考验期限不能少于 1 年。根据《刑法》和有关司法解释的规定，“重大立功表现”是指阻止他人实施重大犯罪活动的；检举监狱内外重大犯罪活动，经查证属实的；协助司法机关抓捕其他重大犯罪嫌疑人（包括同案犯）的；有发明创造或者重大技术革新的；在日常生产、生活中舍己救人的；在抗御自然灾害或者排除重大事故中，有特别突出表现的；对国家和社会有其他重大贡献的。

第二，对被判处管制的罪犯，如果符合减刑条件的，即如果罪犯认真遵守监狱规定，接受教育改造，确有悔改表现的，或者有立功表现的，可以裁定减刑；如果罪犯有重大立功表现的，应当裁定减刑。但是，罪犯实际执行的刑期不能少于原判刑期的 1/2。

中　篇

假释适用篇

第四章　有关假释适用的理论前沿问题

第一节　假释适用的走向

一、假释适用的现实地位

在理论上，假释被认为是激励罪犯改造的重要手段，是帮助罪犯重返社会的重要措施，但是，在实践中，假释却长期得不到应有的重视。如果以减刑为参照系，通过下表，我们可以看到，假释适用无论绝对数，还是相当数都很低。进入21世纪，虽然越来越多的人认识到假释的价值，一些省开始加强假释的运用，但是，从调查看，有的省在运用假释上仍然非常谨慎。根据广西壮族自治区高级人民法院的统计，广西壮族自治区2003年减刑罪犯人数为20219人，减刑率为30.38%；2002年减刑罪犯人数为19113人，减刑率为28.83%；2001年减刑罪犯人数为19043人，减刑率为29.58%。广西壮族自治区2003年假释罪犯人数为197人，占在押犯总人数的0.3%；2002年假释罪犯人数为226人，占在押犯总人数的0.34%；2001年假释罪犯人数为175人，占在押犯总人数的0.27%。[①] 假释适用数字低说明假释没有被充分运用，假释的功能没有充分发挥。

1995～1999年全国减刑、假释适用比较[②]

年度	减刑	减刑率（%）	假释数	假释率（%）
1995	277527	21.35	29950	2.3
1996	285455	20.92	36552	2.68

① 参见潘钧、韦志勇、苏建规：《广西假释率偏低的原因及对策》，载高憬宏主编：《减刑、假释的法律适用与司法实践——中国·欧盟法律和司法合作项目成果》，人民法院出版社2005年版，第236页。

② 参见李豫黔：《改革和完善我国假释制度的理性思考》，载《中国监狱学刊》2001年第2期。

（续表）

年度	减刑	减刑率（%）	假释数	假释率（%）
1997	311206	23. 18	41993	2. 93
1998	330035	23. 18	29541	2. 07
1999	350799	24. 79	30075	2. 13

二、对假释适用偏低的原因解释

由于假释适用偏低与假释期望值有较大差别，所以研究假释者多试图解释其中的原因。王利荣提出“四点论”。[①] 她认为，假释适用偏低的原因是：第一，基于我国刑罚整体运作的特点，减刑比假释的适用更具有改善意义，假释受限有其合理性。减刑可以多次适用，它能够始终成为在押罪犯行为选择的现实目标，有逐步规导的作用；假释则只能适用一次，对于刑期较长的罪犯来说，他只能在刑期过半时，存有假释的一线希望，这显然不利于其在关押期间的改造，不利于行刑管理。减刑的适用有严格的幅度限制，因而减刑虽然更改了原判刑期，罪犯却仍与社会保持现实的隔离状态，司法部门对其行为尚可控制，他们的再犯罪风险尚无眼前之虞；而假释的适用则直接带来再犯罪风险。第二，基于我国预防犯罪需要和社会控制力较弱的现状，假释适用必然受限。在社会治安形势严峻的情况下，保持刑罚相应力度，可能比刑罚的宽缓化更有紧迫性，假释和减刑作为对原判刑罚力度的减轻方式，其适用就必然有所控制。况且假释适用与减刑相比，对社会条件的要求更高。假释的普遍适用显然须建立在社会具有相当的预防犯罪能力的基础上，这对于一个处于社会转型阶段的国家而言，是有困难的。由于我国社区综合预防犯罪能力在短期内不会有大的改观，假释适用预计将会继续受限。第三，假释本身的缺陷决定了其适用的有限性。第四，减刑、假释适用的比例差，还反映出整个执法活动的短期行为。监狱及其他执行部门所以愿意适用减刑，更多的是考虑到场所内的行刑、管理、矫治的现实需要。法院、监狱在假释适用中之所以表现出保守态度，是不愿招致社会舆论的强烈批评。基于对犯罪的恐惧，整个社会对假释的适用是相当敏感的，公众甚至不能容忍假释适用在极为个别情况下的失败。杜菊提出“二层面六原因”的看法。[②] 从第一层面，即立法层面看，第一，《刑法》规定中“不得假释”条款，缩小了假释适用范围。第

① 参见王利荣：《关于假释适用的若干认识》，载《广西政法管理干部学院学报》2003年第1期。

② 参见翟中东主编：《自由刑变革：行刑社会化框架下的思考》，群众出版社2005年版，第245～256页。

二，假释实质条件不明确，极大地限制了假释的适用。第三，保护管束制度缺乏实质内容，考察监督形同虚设。从第二层面，即司法层面看，第一，假释是刑事法律针对罪犯改造所拟制的非监禁刑处置方法，但行刑机关对非监禁刑处置的社会风险存在顾虑，司法实践中适用较少。第二，假释是对悔过自新的罪犯及早适应社会的一种鼓励措施，而对此类罪犯执行刑罚的自然是行刑机关，然而，在我国行刑机关只有假释提请权而没有假释裁定权，而作为审判机关的人民法院，虽行使假释裁定权，却不十分了解罪犯在改造期间的表现情况，假释裁定机关缺乏大胆适用假释的信心。第三，由于监督考察力量不足，加之缺乏专业能力，导致假释监督不到位。

虽然“四点论”的提出者与“二层面六原因”的提出者就假释适用偏少的解释角度与理由有所区别，但是，她们的主张也有共识。两种观点的主张者都认为，不管是刑罚执行机关，还是假释裁定机关，对假释适用都有顾虑，“不愿招致社会舆论的强烈批评”。这一主张直探假释适用偏低的根源。担心假释后的罪犯重新违法犯罪，因社会舆论批评，导致上级责任追查，是刑罚执行机关、假释裁定机关不敢大胆适用假释的直接原因。当假释提请机关、假释裁定机关提请假释与裁定假释有顾虑，假释适用当然偏少。

三、假释适用走向的建议与政策

改革开放以来，由于犯罪的增长，监狱押犯数量不断增长。1999 年全国监狱押犯人数为 143 万人，[①] 2002 年年底，全国监狱押犯已超过 154.6 万人，比 2001 年同期增加 6 万多人。[②] 监狱押犯的增长，意味着国家投资的增加，包括罪犯生活费用、罪犯关押设施投入、警察人头费用的增加等。

国家在监狱方面的投入增加，并不意味着犯罪率的下降，也并不意味着对重新犯罪率的控制能力提高。2002 年后，监狱押犯仍然在上涨。2010 年，全国监狱押犯超过 160 万人。

监狱通过矫治、威慑，并不能使所有的罪犯得到改造，不再犯罪。不仅如此，由监狱的特性决定，监狱生活可能使一些罪犯“监狱化”，即罪犯适应监狱生活，而很难适应社会生活。“监狱化”是导致和促进罪犯重新犯罪的重要原因之一。

越来越多的理论界与实务界人士认为，假释有助于解决监狱的上述弊端。

首先，假释适用有助于国家降低在监狱上的投入。罪犯假释后放到社区执行刑罚，因社区矫正成本低，所以，国家的有关投入也便相应得以降低。

---

① 参见中国监狱学会：《监所研究信息》，2000 年第 1 期。

② 参见研究室：《2002 年监狱工作取得重大进展》，载《中国监狱》2003 年第 1 期。

其次，假释有助于解决罪犯的“监狱化”问题，从而提高罪犯的再社会化水平。根据我国相关的调查报告显示，罪犯在刑满释放后最初1年半内重新犯罪率最高，占重新犯罪总数的74%；在问卷调查的120名重新犯罪人员之中，有94人（占70.8%）认为刑满释放后感到不适应，时时不顺心，事事不如意。[①] 调查显示，刑满释放人员重新犯罪与其社会适应能力较差有很大的关系。在实践中，经过长期关押的罪犯一般或多或少地都会留下某些“监狱烙印”，而刚刚出狱的罪犯既可能会在突然重获自由而产生的巨大兴奋的精神状态下作出一些出格甚至违法犯罪的事情，又可能会因为失去亲人、生活无着落而产生“破罐子破摔”的思想，还可能会对揭发其犯罪的人产生强烈的报复心理，进而实施犯罪。因此，对被监禁的罪犯在缺少任何过渡期间的情况下将其释放到社会具有很大的弊端。而假释在监禁生活与社会生活中架起了一座桥梁，使罪犯逐步接近正常的社会生活，从而预防各种异常行为的发生，帮助其顺利适应社会环境。此外，由于假释设置有假释考验期，如果被假释人员被发现违反假释期间应当遵守的规定，则要撤销假释，收监执行未执行完毕的刑罚。在这样的心理压力之下，被假释人员大都能够自觉遵纪守法，服从监督。另外，罪犯在假释期间，还会得到社区矫正工作人员在工作、生活、学习上的帮助，这样，被假释的罪犯更容易在社会上立足、更容易适应社会。

由于假释有助于解决监狱的弊端，同时可以激励罪犯接受改造，所以，越来越多的人主张提高假释适用的力度，甚至有人提出“限制减刑，扩大假释”[②]。我们看到，国家也越来越重视假释。特别值得一提的是，社区矫正制度的建立与推行，为假释扩大适用创造了重要的条件。

社区矫正工作从2003年起在北京、江苏等6个省市开始试点。2005年，试点扩大到18个省（区、市），另有吉林等9个省（区）在各省党委、政府的领导下主动开展了试点。2009年10月，经中央批准，最高人民法院、最高人民检察院、公安部、司法部在北京召开全国社区矫正工作会议，并联合下发《关于在全国试行社区矫正工作的意见》，部署社区矫正在全国范围内的试行工作。2010年社区矫正工作在各省、自治区、直辖市稳步推进。“十一五”期间，社区矫正工作有了长足发展，截至2010年12月底，社区矫正工作已覆盖全国65%的乡镇（街道）；北京、上海、江苏、内蒙古、海南等12个省（区、市）已经在全辖区开展社区矫正工作，工作覆盖所有乡镇（街道）。2011年2月25日通

① 参见左登豪：《罪犯改造后其心理社会辅导刍议》，载《劳改理论与实践》1991年第1期。

② 参见李云峰：《限制减刑，扩大假释——对我国减刑、假释制度改革的立法思考》，载《中国监狱学刊》2006年第6期。

过的《刑法修正案（八）》与2012年3月14日通过的《关于修改〈中华人民共和国刑事诉讼法〉的决定》解决了社区矫正的合法化问题。社区矫正发展进入了新的阶段，必将促进假释的适用。

第二节 假释是否是罪犯的权利

一、引入“假释权利说”的缘由

假释，源于18世纪英国殖民地澳大利亚的新南威尔州诺福克岛的实践。在19世纪经过爱尔兰监狱局局长克兰夫顿（W. Crofton）爵士的完善，假释成为激励罪犯接受改造的一部分。根据克兰夫顿的设计，当罪犯刚进改造营时，要被关押在独居设施内8～10个月。这是为了让罪犯感受无聊的痛苦与劳动的快乐（罪犯进监狱的前3个月不让其劳动）。第二阶段是点数制，这个阶段是所谓将罪犯命运交给罪犯。罪犯勤劳可以获得分数，如果有破坏行为或者挑衅态度则被扣分。[①] 第三阶段克兰夫顿取名为中间监狱。在这里，警卫不带武器，没有纪律强迫罪犯。如果罪犯有不当行为，则会被降级。第四阶段是有条件释放，即假释。罪犯要到警察局登记，如果罪犯不适应社会，如失业、与坏人交往、犯罪等，将会被送回监狱。[②] 1870年10月，美国国家改造专门委员会（The National Congress of Penitentiary and Reformatory Discipline）在辛辛那提（Cincinnati）召开的“全美监狱工作会议”使假释开始受到各国的关注，并逐步被越来越多的国家接受。

新中国的假释制度是1979年《刑法》确立的。1979年《刑法》对假释制度的规定使新中国在法律层面设置了假释制度。由于假释是激励罪犯接受改造的手段，因此，1979年《刑法》规定，只有罪犯达到一定条件才可以被假释。为进一步规范假释适用，1997年《刑法》、《刑法修正案（八）》对假释作了进一步的完善。

与现代中国以激励罪犯改造为目的通过考评假释的制度不同，很多国家推行法定到期提前释放的假释制度，将假释作为罪犯权利，而不是对于罪犯的恩惠。

这里以美国威斯康星州为例简单地介绍一下这种假释制度。在美国威斯康星州，监禁刑分为两部分：一部分是罪犯在监狱服刑，另一部分是罪犯在社区服刑，罪犯到社区服刑是根据“自动假释”原理实现的。“自动假释”就是不需要

① 我国监狱现在推行的百分考核即源于点数制。

② 参见翟中东著：《国际视域下的重新犯罪防治政策》，北京大学出版社2010年版，第24页。

专门批准的假释。罪犯全部刑罚期 = 监禁期 + 监督期。根据 1997 年的《威斯康星法 283》（Wisconsin Act 283）与 2002 年 7 月通过的《威斯康星法 109》（Wisconsin Act 109）的规定，罪犯在监狱服刑不能少于 1 年，而罪犯在社区服刑的监督期也不能低于所判监禁刑期的 25%。[①] 这就是说，被判监禁刑的罪犯，在监狱服刑一阶段后，自动变更刑罚执行空间，从监狱转移到社会，自动假释到社会。假释是罪犯的重要权利。

当然，美国威斯康星州的自动假释只是自动假释形式的一种，美国其他州的自动假释、其他国家的自动假释，与威斯康星州的自动假释不完全相同。比如，在英格兰与威尔士，被判 4 年以下徒刑的罪犯，在服监禁刑一半后，便可以自动假释。

关于自动假释制度的价值，即变假释激励功能为罪犯权利，国内不乏学者予以肯定。有论者指出：首先，自动假释符合刑罚的教育、矫正目的。一旦罪犯已经受到了必要的惩罚，在服刑期间确有悔改表现，不致再危害社会的，国家就有义务将其放归社会，以社会处遇方法实现尚未完结的刑罚。其次，更有利于行刑经济的实现。所谓行刑经济，是指在执行刑罚时应尽量节省刑罚，尽量以最少的实际执行量获得最大的执行效果。推行自动假释，对凡是已受到必要的监禁惩罚且已改邪归正不致再危害社会的受刑人予以假释，可避免不必要的刑罚，从而更有效地促使行刑经济的最大化实现。[②] 此外，由于自动假释制度使更多的罪犯有机会接受假释，经过一段时间监禁，然后在社会上接受适应社会的“课程”，使更多的罪犯在社会上再社会化，因而有学者认为，自动假释制度下的假释彻底改变了自由刑的执行方式和执行格局，使自由刑充满时间弹性，自由刑的执行变得富有生机和活力。[③]

既然自动假释制度具有上述价值，我国可以考虑引入自动假释制度，接受假释是罪犯权利的主张。

二、对“假释权利说”的评价

无疑，在认可假释是罪犯的一种权利的情况下，罪犯获得假释的可能性极大增加。一方面，罪犯在符合法律规定条件的情况下，都有被假释的权利，每个符

① 参见翟中东著：《国际视域下的重新犯罪防治政策》，北京大学出版社 2010 年版，第 113 页。

② 参见吴志梅、罗开卷：《假释法律性质论》，载《上海政法学院学报（法治论丛）》2011 年第 5 期。

③ 参见柳忠卫：《假释本质研究——兼论假释权的性质与归属》，载《中国法学》2004 年第 5 期。

合条件的罪犯都可以向有关批准机关申请或者提出假释；另一方面，如果有关国家机关在没有法律规定的情况下阻碍或者妨碍罪犯行使假释的权利，则构成违法，罪犯可以就此提出法律请求，要求排除妨碍。

如果我国法律认可了假释权利说，在押的多数罪犯都将得到假释的机会，这样，越来越多的罪犯有机会回到社会上重新社会化：学习做人，学习生活技能，学习劳动技能，学习申请职业等。罪犯重新社会化范围的扩大，对于降低重新犯罪率，无疑具有重要的意义。不仅如此，由于大量的罪犯被假释，监禁设施使用的压力有所降低，监管费用将有所下降。假释权利说的行刑经济性将表现出来。

但由于我国社区矫正刚刚推行，社区机构、设施与人员都不到位，有关社区矫正管理的制度、理论与知识尚在发展中，罪犯的监督、帮助与矫正必然不能到位，如果我国法律认可了假释权利说，有的罪犯可能就会乘机重新违法犯罪，公众便可能面临被假释罪犯侵害的危险，社区的安全水平便会因此下降。被假释的罪犯，虽然经过监狱的改造与刑罚的威慑，重新犯罪的可能有所下降，但是仍然有重新犯罪的可能，因此，需要社区矫正机构工作人员监督他们。很多罪犯犯罪的原因就是无生活能力，没有劳动技能，不能融入社会，罪犯被假释后，为防止其重蹈覆辙，社区矫正工作人员不仅需要监督他们，而且还要帮助他们培养生活能力，学习劳动技能，帮助他们融入社会。如果没有这些帮助，罪犯重新违法犯罪的可能性无疑会大大增加。可见，我国尚不具备认可假释权利说的刑事司法条件。

不仅如此，我国也不具备认可假释权利说的文化条件。在我国，虽然重刑主义文化有所消退，《刑法修正案（八）》删减 13 个死刑罪名而没有引起社会强烈非议，表明公众在一定程度上接受了控制死刑的观点，但是，刑罚威慑文化仍有广泛的市场，公众仍然倾向严厉惩罚罪犯。在这种文化背景下，主张假释权利说，倡导大规模假释罪犯，无疑很难为公众接受。

马克思曾经在《哥达纲领批判》中指出："权利绝不能超出社会的经济结构以及由经济结构制约的社会的文化发展。"马克思这一观点对于我们正确看待假释权利说不无指导意义。

笔者认为，我国可以考虑将来在刑事司法领域引入假释权利说，在法律上规定假释是罪犯的权利，但是，囿于刑事司法现状与目前的刑罚文化，我国目前不宜在刑事司法领域引入假释权利说。

第三节　假释中的"再犯罪危险评估"

2011 年 2 月 25 日通过的《刑法修正案（八）》第 16 条将《刑法》第 81 条修改为：被判处有期徒刑的犯罪分子，执行原判刑期 1/2 以上，被判处无期徒刑的犯罪分子，实际执行13年以上，如果认真遵守监规，接受教育改造，确有悔改表现，没有再犯罪的危险，可以假释。据此，“没有再犯罪的危险”成为假释提请与裁定的核心要件：如果犯罪分子没有再犯罪的危险，执行机关与裁定法院可以考虑对其适用假释；如果犯罪分子有再犯罪的危险，执行机关与裁定法院不得对其适用假释。

哪些犯罪分子“没有再犯罪的危险”，哪些犯罪分子“有再犯罪的危险”？这是一个法律判断问题，但更是一个危险状态的事实评估问题。而且，对犯罪分子再犯罪的危险的法律判断决定于对犯罪分子的危险性的事实评估。这里拟围绕假释适用中的再犯罪危险评估做一粗浅的理论探讨。

一、假释中的再犯罪危险评估的起源与发展

作为制度的假释形成于19世纪。根据时任爱尔兰监狱局局长的克林夫顿（W. Crofton）爵士1870年10月在美国辛辛那提召开的“全美监狱工作会议”上的介绍，假释是累进处遇制的最后阶段。累进处遇制分为四个阶段：独居阶段，当犯罪分子刚进改造营，要被关押在独居设施内；点数阶段，这个阶段是将犯罪分子的命运交给犯罪分子，犯罪分子积极劳动可以获得分数，如果有破坏行为或者挑衅态度则被扣分；中间监狱阶段，在这个阶段的监管中，看守不带武器，监狱不再使用监规强迫犯罪分子，但是，如果犯罪分子有不当行为，则会被降级；假释阶段，在这个阶段犯罪分子会被有条件释放，被释放的犯罪分子需要到警察局登记，如果犯罪分子不适应社会，如失业、与坏人交往、犯罪等，将会被送回监狱。[①] 由于假释是将被判监禁刑的犯罪分子放到社会，所以，假释存在适用的社会风险问题，而且这一风险随着被假释犯罪分子数量的增加而增加。

如何降低假释适用的社会风险？即怎样做既可充分发挥假释的作用，又保证被释放到社会的犯罪分子不再犯罪，危害社会？如同我国《刑法》出台后30多年中的实践，假释发展的初期，对犯罪分子再犯罪危险的评估多采用定性的形式。以定性的形式评估犯罪分子再犯罪危险的最大可取之处在于评估操作简单，评估人员不需要培训，这种方式产生的最大问题在于评估结果的可靠性差：不同的评估人员对同一被评估对象再犯罪危险大小有无所作出的评估结果有不确定的差异，甚至同一评估人员对同一犯罪分子再犯罪危险大小有无的评估，在不同时间、不同情境下，结果不同。鉴于此，一些学者开始探索定量性再犯罪危险评估，试图通过数据形式反映犯罪分子再犯罪可能性大小，从而提高再犯罪危险判断的可靠水平，降低假释适用的社会风险。

① Cullen, F. T. & Gilbert, K. E. (1982) Reaffirming Rehabilitation. Cincinati: Anderson Publishing Co, pp. 69 ~ 72.

定量性的再犯罪危险评估，其特点是根据犯罪分子再犯罪相关的因素预测犯罪分子再犯罪的可能性大小。定量的再犯罪危险评估要通过使用再犯罪危险评估量表进行。再犯罪危险评估量表通常包括预测因子、各预测因子分值、总分值与危险程度对应表。预测因子是用以预测犯罪分子再犯罪可能的因素。能否被确定为预测因子决定于特定因素与再犯罪有无关系，如果某种因素与犯罪分子再犯罪有关系，便可以将该因素确定为预测因子，并用此因素帮助推测犯罪分子是否具有再犯罪可能；如果某种因素与犯罪分子再违法犯罪关系不大，就不能将该因素确定为预测因子。一般认为，危险评估的预测因子包括犯罪性需要；犯罪史/反社会史；犯罪分子在就学、就业中的表现；年龄、性别、种族；家庭因素；个人情绪因素；就业情况，等等。预测因子有静态与动态之分。静态因子包括：年龄；犯罪史，包括反社会的行为；家庭因素，犯罪情况，等等。动态因子包括：反社会人格；同情心；犯罪性需要；人际关系；滥用毒品，等等。预测因子分值即被筛选后的预测因子对再犯罪的影响力的分值。由于再犯罪预测因子在再犯罪预测中的重要性不尽一致，有的比较重要，有的不是很重要，因而分值不同。一般认为，犯罪性需要、犯罪史或者反社会史、年龄、性别、家庭因素等比较重要，分值要高。用统计学语言表述就是重要因素的权重值要高一些，非重要因素权重值低一些。总分值与危险程度对应表是在各预测因子总和分值与犯罪分子再犯罪危险程度之间建立的关系表，从这个关系表中可以看到：分值高低表示犯罪分子再犯罪危险的大小。

根据有关资料显示，美国社会学家伯杰斯（E. W. Burgess）早在 1928 年就开始了对假释适用的定量性危险评估探索工作。伯杰斯在美国伊利诺伊州对 3000 名接受假释的犯罪分子进行研究后①，经过精心筛选，他认为下列因素与犯罪分子假释成败有密切关系，这些因素包括：犯罪史；家庭史；结婚状态；就业情况；犯罪性质；犯罪分子是否是共犯；犯罪发生地；逮捕时是否有居所；近邻的类型；刑期长短；假释前服刑时间；狱内被惩罚的记录；性格类型；精神医学诊断的结果，等等。他将上述因素确定为假释成败的预测因子，然后在调查统计的基础上确定出不同的分值。例如，犯罪前有稳定职业者分值 =1，犯罪前无业可就者分值 =0。他建立了下列假释成功或者失败预测表（见表一）：

① Champion, D. J. (1994) Measuring Offender Risk——A Criminal Justice Sourcebook. Connecticut：Greenwood Press. pp. 63 ~66.

假释成功或者失败预测表（表一）

得分	假释成功或者失败的预测	
	假释失败可能（%）	假释成功可能（%）
16～21	1.5	98.5
14～15	2.2	97.8
13	8.8	91.2
12	15.1	84.9
11	22.7	77.3
10	34.1	65.9
7～9	43.9	56.1
5～6	67.1	32.9
2～4	76.0	24.0

根据伯杰斯的假释成功或者失败预测表，如果拟被假释的犯罪分子获得16～21分，该犯罪分子被假释后失败的可能性是1.5%，而被假释后成功的可能性是98.5%；如果拟被假释的犯罪分子获得2～4分，该犯罪分子被假释后失败的可能性是76.0%，而被假释后成功的可能性是24.0%。如果将上述定量化语言翻译成定性化语言就是：获得16～21分的拟假释人员，再犯罪可能性很小，而获得2～4分的拟假释人员，再犯罪可能性很大。对其他分数的再犯罪可能解释如上。伯杰斯的量表使被假释犯罪分子再犯罪可能性的定性语言转换为定量语言。

伯杰斯的假释成败预测表是假释理论与实践领域的一座丰碑，一来这一预测表让人们看到解决假释适用中再犯罪判断难的希望，二来开创了评估假释中再犯罪判断的新范式，使人们能够用新的思维、新的角度判断拟被假释的犯罪分子再犯罪的可能性。事实上，伯杰斯之后关于假释的危险评估基本都是定量的形式。而且随着再犯罪定量性危险评估方式的展开，信度、效度、统计、社会学方法逐步进入假释领域、刑事司法领域。

当然我们也要说，伯杰斯的假释成败预测表并非那种前无古人后无来者之作，所以，不乏后人质疑该预测表的准确性（信度与效度）。[①] 也因此，美国社会学家欧林（L. E. Ohlin）于1951年将伯杰斯的假释成败量表进行了力度较大的

① Hakeem, M. (1948), The Validity of the Burgess Method of Parole Prediction, American Journal of Sociology, 53 (5), pp. 376～386.

修改。[①] 欧林将假释的预测因子确定为 12 项：犯罪罪名；判决刑期；犯罪者类型；家庭状况；家属的关心；社区的类型；职业经历；居住社区；出狱后的工作适当性；共同犯罪人数；人格；精神诊断结果。为操作方便，该量表将分值与预测因子通过量表直接联系起来（见表二）。

假释成败预测表（表二）

预测因子及细目		分值设置			预测因子及细目		分值设置		
		得分	零分	负分			得分	零分	负分
罪名	杀人、暴行	1			职业经历	规则	1		
	强盗		0			不规则		0	
	夜盗			-1		不能胜任		0	
	盗窃、赃物		0			学生		0	
	伪造文书		0			无		0	
	诈欺性犯罪		0						
	其他		0						
刑期	确定期刑	1			居住社区	城市		0	
	其他		0			乡下		0	
						不定			-1
犯罪者类型	初犯	1			出狱后工作情况	适当		0	
	准初犯		0			不适当		0	
	偶发犯		0			无工作			-1
	青少年累犯		0						
	累犯			-1					
	惯习犯			-1					

① 有关材料参见：Alfred J. Barron，A（1962）An Experiment with Ohlin's Prediction Report. Crime & Delinquency，（8）3，pp. 276～281；黄兴瑞著：《人身危险性的评估与控制》，群众出版社 2004 年版，第 132～134 页。

（续表）

预测因子及细目		分值设置			预测因子及细目		分值设置		
		得分	零分	负分			得分	零分	负分
家庭状况	条件好	1			共同犯罪情况	无		0	
	普通		0			1~2人		0	
	差		0			3人以上	1		
	缺损		0						
	生活在收容机构		0						
	离家出走		0						
家属关心	非常关心	1			人格情况	正常	1		
	关心		0			不健康		0	
	一般		0			不稳定		0	
	消极		0			自我为中心		0	
	不关心			-1		明显缺陷		0	
						无记录		0	
生活社区的类型	一般类型	1			精神诊断	良好	1		
	农民	1				有问题		0	
	社会的落伍者	1				可疑		0	
	无赖		0			危险		0	
	流浪者			-1		不良		0	
	不适应社会者			-1		无记录		0	
	酗酒者			-1					
	毒品使用者			-1					
	性变态者		0						

在此基础上，欧林建立了下列总分值与危险程度对应表（见表三）：

总分值与危险程度对应表（表三）

得分情况	假释失败可能性		
	轻度违反监督规定可能（%）	严重违反监督规定可能（%）	违反监督规定的一般可能（%）
5～10	2	1	3
4	5	2	7
3	7	3	10
2	10	8	18
1	10	9	19
0	16	13	29
－1	25	15	40
－2	27	19	46
－3～－4	34	22	56
－5～－6	62	13	75

根据欧林的总分值与危险程度对应表，如果拟被假释的犯罪分子获得－5～－6分，该犯罪分子被假释后违反监督规定的可能性是75%；如果拟被假释的犯罪分子获得5～10分，该犯罪分子被假释后违反监督规定的可能性是3%。前者再犯罪可能性很大，而后者再犯罪可能性很小。对其他分数的再犯罪可能解释如上。

欧林对伯杰斯的假释成败量表的修改与完善，不仅提高了假释适用中的再犯罪危险评估的便捷度，更重要的是巩固了定量性再犯罪危险评估在假释工作中的地位，促进了定量性再犯罪危险评估方法的传播，使人们能够充分认识定量性再犯罪危险评估的作用与价值，使更多的人考虑到运用定量性再犯罪危险评估工具。

二、当代国际社会在假释中所使用的重要的再犯罪危险评估工具

定量性的再犯罪危险评估具有以下特点：其一，可操作性。因为定量性的再犯罪危险评估是使用量表评估再犯罪危险的方式，而量表具有工具性，从而使得再犯罪危险评估具有了可操作性。其二，相对确定性。定量性的再犯罪危险评估所使用的量表具有设计与推广使用的技术要求。信度要求是量表具有设计与推广使用的重要内容。所谓信度，即量表的可信性或可靠性。高信度的量表是对相同的测量对象评估结果一致的量表。被准许推广的量表应当是高信度的量表。正因为如此，使用被核准的再犯罪危险评估量表比较可靠。其三，可控性。由于定量性的再犯罪危险评估技术特征比较突出，具有使用的程序上的要求与数据标准，假释中的“没有再犯罪危险”的判断具有硬性的要求，操作者很难徇私舞弊，

正因为如此，推广定量性的再犯罪危险评估方式容易控制权力滥用。其四，较强的说服性。何谓“没有再犯罪的危险”？从使用定性性的再犯罪危险判断方法实践看，由于被借以表明“再犯罪危险”的“根据”多为行为，而行为不仅具有价值属性，更有事实属性，在反映行为人的危险及程度上很模糊，甚至不能揭示行为人的危险，因而使用定性性的再犯罪危险判断方法往往引发质疑，导致定性性的再犯罪危险判断方法说服力有限。而与定性性的再犯罪危险判断方法相比，定量性的再犯罪危险评估因具有量化因素在其中，在描述人的行为倾向上很清晰，因而更容易被人接受。正因为如此，当代国际社会在假释的再犯罪危险评估中多使用定量的方式。

笔者在此介绍三个影响较大的再犯罪危险评估量表。

首先介绍一下“重要因素表”（The Salient Factor Score）。

20 世纪 70 年代，在格特菲雷德森（D. Gottfredson）与威金斯（L. Wilkins）领导下，美国国家犯罪与越轨委员会（The National Council on Crime and Delinquency）和美国假释委员会（U. S. Parole Commission，原来的 U. S. Parole Board）请社会学家帮助制定了新的假释指导标准。这个新的假释指导标准就是著名的“重要因素表”（The Salient Factor Score）。1973 年美国假释委员会正式将“重要因素表”用于假释裁决。这个量表经过了多次修订，下面介绍的是 1981 年版的“重要因素表”（见表四）。这个版本是由 1976 年版本发展而来的。与 1976 年的版本相比，1981 年的版本在可信度、效度、稳定性、简洁性上都有较大提高。与 1976 年的版本相比，这个版本中犯罪分子的犯罪史权重较大。[①]

重要因素表（表四）

1. 以前犯罪情况（包括成年时，也包括未成年时期）
   没有 3 分；
   1 次 2 分；
   2 次或者 3 次 1 分；
   4 次以上 0 分。
2. 上次犯罪超过 30 日以上的情况（包括成年时，也包括未成年时期）
   没有 2 分；
   1 次或者 2 次 1 分；
   3 次以上 0 分。
3. 现行犯罪的年龄/以前犯罪的年龄
   25 岁以上 2 分；

① Hoffman, P. B. (1983) “Screening for Risk: A Revised Salient Factor Score (SFS81).” Journal of Criminal Justice, 11, pp. 539 ~ 547.

20～25 岁之间 1 分；
19 岁以下 0 分。
4. 上次犯罪情况
没有犯罪史或者超过 3 年没有犯罪 1 分；
其他情况 0 分；
5. 接受社区执行/假释/监禁等违规情况
执行社区执行/假释/监禁，没有违规等纪录 1 分；
其他 0 分。
6. 对海洛因、鸦片依赖
没有依赖史 1 分；
其他 0 分。
总分 =

分值解释
0～3　危险性大
4～5　危险性较大
6～7　有一定危险性
8～10　危险性小

根据重要因素表的分值解释，我们看到，如果拟被假释的犯罪分子得分为 0～3分，该犯罪分子被假释后再犯罪可能就大；而如果拟被假释的犯罪分子得分为 8～10 分，该犯罪分子被假释后再犯罪可能就小。

下面介绍的是一个在美国使用的再犯罪危险评估量表："内华达州假释适用危险评估量表"（见表五）①。

内华达州假释适用危险评估量表（表五）

静态危险因素	分值	动态危险因素	分值
1. 第一次被捕年龄		7. 现在的年龄	
25 岁以上	0	41 岁以上	－1
20～24 岁之间	1	31～41 岁	0
19 岁及以下	2	21～30 岁	1
2. 假释或缓刑监督是否被撤销过		21 岁以下	2
没有	0	8. 是否是积极的犯罪团伙成员	

① 该量表由澳大利亚维多利亚州矫正局研究所的费纳尔（M. Feiner）先生提供。

（续表）

静态危险因素	分值	动态危险因素	分值
撤销过	2	不是	0
3. 就业史（被捕前）		是	2
全职就业，超过一年，表现很好	0	9. 是否参加各种教育/技能培训	
全职就业，少于一年	1	是，获得有关证书	-1
就业表现不好/没有就业	2	不是	0
4. 犯罪类型		10. 是否遵守监规纪律	
其他	0	没有违反	-1
财产犯罪、抢劫、伪造	2	有轻微的违法	0
5. 使用毒品/酒精历史		严重违反	1
没有	0	多次违反	2
有时有	1	11. 现在的监禁等级	
经常使用	2	低度警戒设施	-1
6. 性别		中度警戒设施	0
男	1	高度警戒设施	2
女	0		
静态分值		动态分值	

总分值＝

关于分值的解释：

获得0～4分者，再犯罪危险低；获得5～10分者，再犯罪危险一般；获得11分以上者，或者动态因素分值达8分以上者，再犯罪危险高。

内华达州假释适用危险评估量表也具有内容简约的特点。与假释中的再犯罪重要因素表比较，内华达州假释适用危险评估量表明确了再犯罪动态预测因子与静态预测因子，而且对再犯罪动态预测因子赋予了独立的评估意义。在现代假释的再犯罪危险评估中，动态预测因子的价值受到越来越多的关注。

就一般意义而言，定量性的再犯罪危险评估比定性化的再犯罪危险评估有优势。但是，并非所有的再犯罪危险评估量表在预测再犯罪的能力上完全相同。从实践看，有的再犯罪危险评估量表准确度高一些，有的再犯罪危险评估量表准确度低一些。不断提高再犯罪危险评估量表准确度是再犯罪危险评估领域所有相关人员共同的奋斗目标。正因为如此，再犯罪危险评估量表发展很快，甚至出现代际差别。根据加拿大学者安德鲁（D. A. Andrews）、博塔（J. Bonta）等人的主张，在当代世界，再犯罪危险评估量表已经升级换代到了第四代：[①] 第一代再犯罪危险评估工具实践于1950～1970年之间。这是一种非结构的判断，源于专业人员的判断。这种危险评估工具不准确。第二代再犯罪危险评估工具产生于20世纪70年代到80年代。相比第一代再犯罪危险评估工具，第二代再犯罪危险评估工具准确率提高，但是所使用的预测因子多是静态的、不变的，很少有反映矫正需要的信息。第三代再犯罪危险评估工具产生于20世纪90年代，不仅反映危险评估，而且反映矫正需要。第四代再犯罪危险评估工具不仅关注危险评估、需要评估，而且与个案管理相联结。在当代国际社会，比较前沿的再犯罪危险评估量表甚至与计算机技术结合起来。英格兰与威尔士所使用的再犯罪危险评估量表就是典型代表。

英格兰与威尔士在假释适用中较早地开始研究与应用定量性危险评估方法。由于1999年前所使用的犯罪分子危险评估工具不尽如人意，1999年英格兰与威尔士有关部门采用了一套由内政部（现司法部）督导有关部门研发的新的犯罪分子危险评估工具，用以评估犯罪分子的危险程度和判断犯罪分子再犯罪的可能性大小。这套新的犯罪分子危险评估工具即"犯罪分子评估系统"[②]。这一工具被认为是世界上同类危险评估工具中最先进的。[③] 这套系统由假释提请、决定机构在决定假释时使用。

"犯罪分子评估系统"总结了英国犯罪分子再犯罪危险评估量表实施的经验，吸收了其他国家的有益做法，其突出特点是：第一，充分考虑了影响犯罪分子再犯罪的各种因素，因而"犯罪分子评估系统"使用的预测因子数量多达十四部分。第二，利用了现代科技手段，降低了操作难度，"犯罪分子评估系统"除文字版外，还有电子版。电子版的"犯罪分子评估系统"的使用不仅有利于储存信息、分享信息，而且大大降低了评估中的操作难度。第三，将假释适用中的犯罪分子再犯罪危险评估、缓刑适用中的犯罪分子再犯罪危险评估与刑罚执行中的犯罪分子再犯罪危险评估进行了全面整合，从而提高了"犯罪分子评估系统"的使用范围，即"犯罪分子评估系统"不仅可以适用于假释裁决，而且可以适用于缓刑裁决和刑罚执行中的处遇调整场合。

---

① Andrews, D. A., Bonta, J. &Wormith, J. S. (2006) The Recent Past and Near Future of Risk and /or Need Assessment. Crime and Delinquency, 52, pp. 7～27.

② Using Risk Assessment in Effective Sentence, www.homeoffice.gov.uk/docs2/riskassess4.html.

③ Howard, P. (2006) The Offender Assessment System: an evaluation of the second pilot. Findings278.

下面介绍第二版“犯罪分子评估系统”的再犯罪危险评估框架（见表六）①：

犯罪分子评估系统（表六）

部分 A：现行犯罪　分　数

A1. 这次犯罪被独立定罪的个数

犯罪的个数	1	2～3	4＋
分数	0	1	2

A2. 犯罪涉及下列因素

	打钩（一钩一分）
使用武器	
暴力威胁	
玩弄阴谋	
行为表现出一定迷惑性	
行为表现出一定装腔作势	
背信对财产造成一定损害	
长时策划	
有性的因素	

A3. 现在的犯罪是否是行为模式的一部分

否＝0；是＝2

A4. 现在的犯罪是否在以前犯罪的基础上有所发展

否＝0；是＝2

A5. 被害人情况

被害人总数	分数
0～1	0
2	1

① Howard, P., Clark, D. &Garnham, N. (2006) An Evaluation of the Offender Assessment System (OASys): In Three Pilots 1999－2001. London: National Offender Management Service.

被害人总数	分数
2 个以上	2

侵害同一个被害人

否 =0；是 =2

被害人是否老弱病残

否 =0；是 =2

被害人是否是陌生人

否 =0；是 =2

部分 B：犯罪史（以前定罪情况） 分 数

B1. 18 岁以前被定罪的情况

被定罪情况	0	1 ~ 2	3 +
分数	0	1	2

B2. 成人后被定罪次数

被定罪情况	0	1 ~ 2	3 +
分数	0	1	2

B3. 第一次被定罪时的年龄

年龄	18 +	14 ~ 17	14 岁以下
分数	0	1	2

B4. 第一次与警察打交道的年龄，包括警告

年龄	18 +	14 ~ 17	14 岁以下
分数	0	1	2

B5. 21 岁以下被监禁的次数

监禁刑	0	1 ~ 2	3 +
分数	0	1	2

B6. 21 岁以上被监禁的次数

监禁刑	0	1～2	3+
分数	0	1	2

B7. 是否违反过保释、保护观察的监督规定

否=0；是=2

B8. 是否具有脱逃史

否=0；是=2

B9. 在监管设施内具有实施暴力、攻击与破坏的历史

否=0；是=2

B10. 犯罪种类

故意杀人、伤害、故意杀人预备、伤害	
其他暴力，包括攻击、持有武器	
性犯罪	
绑架	
夜盗	
盗窃	
诈骗、伪造	
其他不诚实的行为	
投毒	
进口、提供与拥有毒品	
交通犯罪	

犯3种罪=0；犯3～4种罪=1；犯4种以上罪=2

部分C：态度　　分　数

本部分计分说明：没有问题=0；有些问题=1；严重问题=2

C1. 接受或者拒绝自己的犯罪责任

C2. 犯罪的动机

C3. 对被害人的态度

C4. 对量刑与法律程序的态度

C5. 对管理人员的态度

C6. 对假释等促进罪犯重返社会措施的态度

C7. 对自己犯罪的态度（将来）

C8. 对犯罪的一般态度（提供机会是否任何人都会犯罪）

C9. 对社会的态度

C10. 对自己的态度（是否有信心）

部分 D：住宿　　分　　数

本部分计分说明：没有问题 =0；有些问题 =1；严重问题 =2

D1. 罪犯住的哪类房屋

D2. 释放后是否有确定的住所

D3. 住宿的适宜性

D4. 是否经常迁移

D5. 释放后所使用的住宿是否与犯罪活动或者被害人比较接近

部分 E：家庭或者婚姻关系　　分　　数

本部分计分说明：没有问题 =0；有些问题 =1；严重问题 =2

E1. 与家庭、孩子的关系，如是否能够经常关心孩子

E2. 在未成年时期是否受到过虐待

E3. 现在与最亲近亲属的关系

E4. 过去与最亲近的亲属关系情况，如数量、满意程度等

E5. 现在与配偶的感情情况

E6. 家庭暴力情况

E7. 为人父母角色下看与孩子的关系

E8. 亲近的家庭成员是否有犯罪记录

没有 =0；有 =2

部分 F：所接受教育与训练情况　　分　　数

本部分计分说明：没有问题 =0；有些问题 =1；严重问题 =2

F1. 上学情况，是否逃过学、被学校逐出

F2. 未获得文凭

F3. 在阅读、写作与数学上存在问题

F4. 在学习上有困难

F5. 对学习与培训的态度

部分 G：就业情况　　分　　数

G1. 现在的就业情况

	分数
在狱内全时就业	0
临时就业	0
偶尔参加劳动	1
参加政府的训练项目	0
参加全日教育	0
曾经失业（6个月以下）	1
曾经失业（6个月以上）	2
退休	0
因为能力原因未能找到工作	0
其他原因没有找到工作	0
照顾家庭成员	0
说明：如果罪犯符合1种以上情况，以最高分计	

G2. 就业史，如工作种类、数量、离职的原因

G3. 与工作相关的技能，如木工

有技能 =0；无技能 =2

G4. 最近有多少个月没有工作

月数	0～17	18～21	22+
分数	2	1	0

G5. 工作中与人的关系

G6. 对就业的态度

部分H：理财能力与收入　　分　数

本部分计分说明：没有问题 =0；有些问题 =1；严重问题 =2

H1. 已经申请福利（入狱前）

没有 =0；有 =2

H2. 非法收入是钱物主要来源

H3. 生活主要依靠别人的经济帮助

H4. 理财情况，如收支关系处理

H5. 存在滥用钱财问题，如赌博、滥用信用等

H6. 对经济上需要帮助的人予以帮助，如自己的孩子、其他家庭成员

部分 I：生活方式与外在联系　　| 分　　数 |

本部分计分说明：没有问题 =0；有些问题 =1；严重问题 =2

I1. 有些孤僻，很少有亲密朋友

I2. 融入社会情况，是否加入诸如体育俱乐部类的社团组织

I3. 与其他犯罪分子的关系

I4. 是否与其他犯罪分子共度时光

I5. 是否容易受到犯罪性交往的影响

I6. 休闲活动是否与犯罪机会创造相关

I7. 是否滥用友情，是否欺负他人，是否利用他人

I8. 生活方式中的其他问题

I9. 行为大意，存在对刺激的需要

部分 J：酗酒　　| 分　　数 |

本部分计分说明：没有问题 =0；有些问题 =1；严重问题 =2

J1. 现在喝酒频率

J2. 最近 6 个月喝醉酒的情况

J3. 通常酗酒频率

J4. 与处方药品一起使用酒精

否 =0；是 =2

J5. 因酗酒身体状况很差

否 =0；是 =2

J6. 家庭成员也存在酗酒问题

否 =0；是 =2

J7. 由于酗酒从事任何工作都有问题

否 =0；是 =2

J8. 其他与酗酒相关的问题，如驾驶、理财

否 =0；是 =2

J9. 酗酒后有使用暴力的记录

否 =0；是 =2

J10. 有证据证明监禁后还使用过酒品

否 =0；是 =2

J11. 在矫治中酒瘾复发

复发次数	0 ~ 1	2	3 +
分数	0	1	2

J12. 使用酒类的态度

部分 K：使用毒品 分 数

K1. 使用毒品情况

毒品种类	没有使用	以前使用过	现在偶尔使用	现在经常使用
可卡因				
兴奋性的药品				
幻觉性的药品				
鸦片				
苯丙胺类毒品				
巴比妥类				
大麻类毒品				
苯二氮类				
类固醇				
溶剂类				
其他				
说明：偶然使用 1 分；经常使用 2 分				

K2. 使用的主要毒品

K3. 曾经注射过毒品

没有 =0；是 =2

K4. 滥用处方药品

没有 =0；是 =2

K5. 经常性地与酒精一起使用药品

没有 =0；是 =2

K6. 因使用毒品存在健康问题

没有 =0；是 =2

K7. 家庭成员与使用毒品有关

没有 =0；是 =2

K8. 因为使用毒品从事任何职业都有问题

没有 =0；是 =2

K9. 其他因使用毒品的问题，如个人经济问题、驾驶问题等

没有 =0；是 =2

K10. 与使用毒品相关的暴力使用史

没有 =0；是 =2

K11. 在监禁中使用过毒品

没有 =0；是 =2

K12. 在矫治中毒瘾复发

复发次数	0~1	2	3+
分数	0	1	2

K13. 是否以毒品买卖为职业

没有 =0；是 =2

K14. 对使用毒品的态度

部分 L：情感或者心理问题　分　数

本部分计分说明：没有问题 =0；有些问题 =1；严重问题 =2

L1. 有问题，如情绪不稳定、处于紧张中，容易焦虑

L2. 存在抑郁问题

L3. 儿童时存在问题，如破坏公物、残害动物、注意力不集中、不良性倾向等

L4. 具有头脑被伤害的历史

否 =0；是 =2

L5. 现在接受精神治疗

否 =0；是 =2

L6. 曾经接受过精神治疗

否 =0；是 =2

L7. 因为精神健康问题有过“静默”治疗

否 =0；是 =2

L8. 在特别的医院或者地方安全机构

否 =0；是 =2

L9. 具有自伤、自杀的想法

否 =0；是 =2

L10. 现在的心理或者精神问题

部分 M：相互之间的行为　分　数

本部分计分说明：没有问题 =0；有些问题 =1；严重问题 =2

M1. 交往技能水平

M2. 交往中的敌对态度，是否对他人总有疑心，是否有敌对态度

M3. 攻击性行为，有通过威胁或者暴力解决问题的倾向

M4. 愤怒管理情况，如是否容易生气、不能管理自己的情绪、解决问题的能力差

M5. 存在歧视他人问题，如种族歧视、性歧视等

部分 N：思维形式　　分　　数

本部分计分说明：没有问题 =0；有些问题 =1；严重问题 =2

N1. 意识到问题的能力

N2. 解决问题的能力

N3. 对结果的判断与了解能力

N4. 确定目标的能力，是否确定不具有可行性的目标

N5. 解读环境，包括社会环境、人际环境，能否理解他人，体会他人的情感

N6. 是否容易冲动，是否倾向于无计划前行动，倾向于刺激

N7. 抽象思维能力，如以刻板的思维思考、看待问题

总分数：分　　数

在上述量表中，无论各部分的分值，还是总分值都有重要的意义：通过各部分分值，我们可以看到该部分评估意义下犯罪分子存在的问题及问题大小，通过总分值则可以看到犯罪分子再犯罪的可能性高低。根据霍华德（P. Howard）的报告，第二版“犯罪分子评估系统”中的分值与犯罪分子再犯罪可能的关系是（见表七）：①

犯罪分子评估系统（表七）

OASys 分值	再犯罪可能
0 ~ 40	再犯罪危险度低
41 ~ 99	再犯罪危险度中
100 ~ 168	再犯罪危险度高

三、引入定量性再犯罪危险评估的思考

无疑，在现代刑事司法领域，假释是一项促进犯罪分子重返社会的重要制度。经过百余年的发展，假释制度不仅广为传播，而且不断完善，功能不断提

① Howard, P. (2006) The Offender Assessment System: an evaluation of the second pilot. Findings, 278.

高：假释不仅能够帮助罪犯适应社会，而且能够降低因监禁而产生的各种支出。随着我国社会快速发展，监狱押犯增加，监狱副效应逐步暴露出来：很多罪犯因被长期监禁，不能适应社会；由于押犯增加及完善监管设施的需要，监禁支出不断增加。在这种背景下，假释受到广泛关注，假释的价值日显突出。然而，长期以来，我国的假释适用处于低位徘徊水平。20 世纪 90 年代全国假释比率：1995 年是 2.3%；1996 年是 2.68%；1997 年是 2.93%；1998 年是 2.07%；1999 年是 2.13%。[①] 假释适用水平与假释适用需求差距很大，造成这种状况的原因有很多。但是，对假释后犯罪分子再犯罪的评估措施存在缺陷无疑是重要原因之一。长期以来，我国使用定性方式评估犯罪分子出狱后是否会再犯罪，是否会危害社会，即根据犯罪分子服刑时间与服刑中的悔改表现综合判断犯罪分子出狱后再犯罪与危害社会的可能性。囿于定性评估的固有特点，犯罪分子再犯罪的危险程度描述不可能达到“清晰”、“准确”等标准，很难达到可以操控的水平，因而法院不敢大胆裁定假释，公众对假释的公正性也有怀疑。而定量性再犯罪危险评估的出现为解决假释适用中的问题找到了希望与出路：由于判定犯罪分子是否再犯罪有了危险评估结果支持，法官有了适用假释的科学根据，不再瞻前顾后；由于定量性的危险评估工具所作出的评估结果具有稳定性，而不是因人而异，可以有效防止权力的滥用，从而赢得公众信任。《刑法修正案（八）》已经将犯罪分子再犯罪的危险评估带入我国刑法领域。由于定量性的危险评估在评估犯罪分子再犯罪上具有可靠性高的优点，我国应当考虑将定量性的再犯罪危险评估手段引入假释适用工作中。

关于定量性危险评估在假释适用中的引入，笔者认为需要解决两大问题：第一，对定量性危险评估的认识问题，包括对定量性危险评估的价值、基本原理、基本方式与方法的认识。虽然《刑法》关于假释的规定已运作了 30 多年，但是，关于假释适用中的犯罪分子再犯罪危险判断并未受到应有的重视，有关评估方式、方法的研究比较薄弱，有关定量性危险评估的概念、价值知之有限。鉴于此，有关机构应当开展定量性危险评估的学习、研究以及知识传播。第二，研发定量性再犯罪危险评估工具问题。在假释适用中使用定量性再犯罪危险评估工具，是晚近国际刑事司法领域的重要现象，也因而在国际社会出现很多定量性再犯罪危险评估工具。然而，定量性再犯罪危险评估工具存在很强的本土性，其准确性（信度与效度）往往与本土文化密切相关。因此，我国不宜直接照搬别的国家使用的定量性再犯罪危险评估工具，而应当研发自己的定量性再犯罪危险评估工具。如果我国有了自己的定量性再犯罪危险评估工具，并且经过检验，假释适用中“没有再犯罪危险”判断问题的解决将会上一个新的高度。

---

① 参见翟中东主编：《自由刑变革：行刑社会化框架下的思考》，群众出版社 2005 年版，第 239 页。

第五章　假释的提请

第一节　假释提请的条件与其他实体性规定

假释，是指根据法律规定对符合条件的被判处无期徒刑或有期徒刑的罪犯，附条件提前释放的一种刑罚执行制度。

假释不同于释放。释放是无条件地解除对犯罪分子监禁，而假释是附条件地解除对罪犯监禁。释放是刑罚执行完毕，而假释只是刑罚执行方式的变更，由在监狱执行变更为放到社会上执行，仍属刑罚执行范畴。

假释不同于减刑。假释附有考验期，只能宣告一次，而且宣告后就可以恢复罪犯人身自由，而减刑没有考验期，可以多次减刑，而且减刑后如果罪犯刑期未满，仍须在监狱内继续服刑。

假释不同于暂予监外执行，虽然两者都是有条件地不在监狱内执行刑罚，但暂予监外执行只适用于因在法定特殊情况下不宜在监狱内执行的罪犯，一旦特殊情况消失，仍须收监执行尚未执行完毕的刑罚；假释是有条件地提前释放，只要假释罪犯在假释考验期内没有违法犯罪被撤销假释，就认为原判刑罚已经执行完毕。

假释在罪犯改造工作中具有非常重要的作用：

首先，假释制度对于促进罪犯改恶从善，具有极大的激励作用。对于假释罪犯在考验期间遵纪守法，具有极强的约束作用。假释虽说是附条件地提前释放，且在假释考验期限内仍然要受公安机关的监督，限制其人身自由，但与剥夺自由状态的狱内生活相比，仍然有很大的改善，这无疑对于正在监狱内服刑的罪犯具有极大的吸引力。而罪犯要想获得假释，就必须用实际行动证明自己确有悔改。对于已经获得假释的罪犯，为了不致在假释考验期限内招致撤销假释的恶果，被重新收监执行，就必须遵纪守法。这些说明，假释制度的激励作用和约束机制对于实现特殊预防具有重要意义。

其次，假释制度具有使罪犯从被剥夺自由的监禁状态逐步过渡到完全自由状态的桥梁作用。从完全监禁状态下出狱的罪犯容易再犯罪。这是因为罪犯从完全被剥夺自由的监禁状态直接过渡到非监禁的完全自由状态，罪犯身心都不适应。在这种状态下，一旦遇到外界不良因素的诱惑，罪犯易失去自控而重新犯罪。而假释是帮助罪犯适应社会的一种刑罚执行方式，一方面，被假释的罪犯置身于自由世界；另一方面，其还要受到特别的约束，接受假释考验。假释考验的作用在于在一定程度上约束与限制处于社会中的罪犯。被假释的罪犯只有在整个考验期限内严格要求自己，经受住考验，在其假释考验期满后，才能过渡到完全自由状态。假释考验期起着一个使罪犯从完全剥夺自由到限制自由，从限制自由再到完全自由状态逐步过渡的桥梁作用，从而有助于避免出狱人重新犯罪。

《刑法修正案（八）》第16条对《刑法》第81条进行了修改："被判处有期徒刑的犯罪分子，执行原判刑期二分之一以上，被判处无期徒刑的犯罪分子，实际执行十三年以上，如果认真遵守监规，接受教育改造，确有悔改表现，没有再犯罪的危险的，可以假释。如果有特殊情况，经最高人民法院核准，可以不受上述执行刑期的限制。对累犯以及因故意杀人、强奸、抢劫、绑架、放火、爆炸、投放危险物质或者有组织的暴力性犯罪被判处十年以上有期徒刑、无期徒刑的犯罪分子，不得假释。对犯罪分子决定假释时，应当考虑其假释后对所居住社区的影响。"根据法律的规定，假释提请需要注意以下实体性问题。

一、假释提请的对象条件

（一）一般对象条件

根据我国法律的规定，假释的适用对象是被判处有期徒刑、无期徒刑，且在监狱内服刑的罪犯。

（二）对象限制条件

根据法律的规定，对下列罪犯不得提请假释：

有累犯情节的罪犯。根据《刑法》的规定，我国的累犯分为普通累犯和特别累犯。普通累犯，是指被判处有期徒刑以上刑罚的犯罪分子，刑罚执行完毕或者赦免后，在5年内再犯应当判处有期徒刑以上刑罚之罪的罪犯。特别累犯，是指犯危害国家安全犯罪、恐怖活动犯罪、黑社会性质的组织犯罪的犯罪分子，在刑罚执行完毕或者赦免以后，在任何时候再犯上述任一类罪的罪犯。

因故意杀人、强奸、抢劫、绑架、放火、爆炸、投放危险物质或者有组织的暴力性犯罪被判处10年以上有期徒刑的罪犯。这里需要注意法律规定的"故意杀人、强奸、抢劫、绑架、放火、爆炸、投放危险物质或者有组织的暴力性犯罪"要件是指犯罪行为，而不宜理解为罪名，即犯罪分子因为实施故意杀人、强奸、抢劫、绑架、放火、爆炸、投放危险物质或者有组织的暴力性犯罪行为，被判处10年以上有期徒刑的，不得假释。理由有二：其一，法律明确规定不得假释的罪犯包括实施“有组织的暴力性犯罪被判处十年以上有期徒刑”的罪犯，而“有组织的暴力性犯罪”是犯罪行为，而不是罪名。其二，全国人大常委会法工委《关于已满十四周岁不满十六周岁的人承担刑事责任范围问题的答复意见》中就《刑法》第17条第2款规定的8种犯罪是指具体罪名还是犯罪行为问题，明确指出：《刑法》第17条规定的“犯故意杀人、故意伤害致人重伤或者死亡、强奸、抢劫、贩卖毒品、放火、爆炸、投毒罪的”，是指犯罪行为。2012年1月17日最高人民法院《关于办理减刑、假释案件具体应用法律若干问题的规定》关于假释的限制性规定与《刑法》第17条第2款规定有类比性。

因故意杀人、强奸、抢劫、绑架、放火、爆炸、投放危险物质或者有组织的暴力性犯罪被判处无期徒刑的罪犯。

根据2012年1月17日最高人民法院《关于办理减刑、假释案件具体应用法律若干问题的规定》第18条的规定，有累犯情节被判处死刑缓期执行的罪犯，被减为无期徒刑、有期徒刑后，也不得假释。

根据2012年1月17日最高人民法院《关于办理减刑、假释案件具体应用法律若干问题的规定》第18条的规定，因故意杀人、强奸、抢劫、绑架、放火、爆炸、投放危险物质或者有组织的暴力性犯罪被判处死刑缓期执行的罪犯，被减为无期徒刑、有期徒刑后，也不得假释。

这里要特别注意的是，并非所有被判处死刑缓期执行的罪犯都不能假释。如果对死刑缓期执行罪犯减为无期徒刑或者有期徒刑后，符合《刑法》第81条第1款和2012年1月17日最高人民法院《关于办理减刑、假释案件具体应用法律若干问题的规定》第9条第2款、第18条规定的，可以假释。根据《刑法》第81条第1款的规定，被判处有期徒刑的犯罪分子，执行原判刑期1/2以上，被判处无期徒刑的犯罪分子，实际执行13年以上，如果认真遵守监规，接受教育改造，确有悔改表现，没有再犯罪的危险的，可以假释。2012年1月17日最高人民法院《关于办理减刑、假释案件具体应用法律若干问题的规定》第9条第2款规定，死刑缓期执行罪犯经过一次或几次减刑后，其实际执行的刑期不能少于15年，死刑缓期执行期间不包括在内。

如何理解法律对上述5种罪犯的假释的限制？笔者认为应当从剥夺理论角度理解法律的规定。剥夺理论主张对于人身危险性很大的、不能改造的罪犯在刑事政策上宜采取剥夺罪犯自由的方式防止罪犯重新犯罪。这种理论不同于改造理论。改造理论认为，罪犯经过改造可以重新做人，不再犯罪。这种理论也不同于威慑理论。威慑理论认为，罪犯被威慑后，因为害怕再次入狱，而可能不再犯罪。之所以主张应当从剥夺理论角度理解法律的规定理由如下：第一，上述5种罪犯重新犯罪危险大；第二，上述5种罪犯刑期长。这5种罪犯符合剥夺理论主张的适用对象。而限制假释的政策主张符合剥夺理论所提出的“剥夺”内涵。

二、假释提请的时间条件

（一）一般时间条件

依《刑法》规定，一般情况下，被判处有期徒刑的犯罪分子，执行原判刑期1/2以上，可以提请假释。被判处无期徒刑的犯罪分子，实际执行13年以上刑期，可以提请假释。

（二）特殊时间条件

《刑法修正案（八）》第16条对《刑法》第81条关于假释适用时间作了这样一个规定，“……如果有特殊情况，经最高人民法院核准，可以不受上述执行刑期的限制”。这就是说，在一般情况下，对判处有期徒刑罪犯假释要执行原判刑期1/2以上，对判处无期徒刑罪犯要实际执行13年以上刑期，可以适用假释，但是在特殊情况下，被判处有期徒刑的罪犯不必执行原判刑期1/2以上，被判处无期徒刑的罪犯也不必实际执行13年以上刑期，只要存在“特殊情况”，经由最高人民法院核准，便可以假释。

何谓特殊情况？2012年1月17日最高人民法院《关于办理减刑、假释案件具体应用法律若干问题的规定》中对“特殊情况”解释为：“是指与国家、社会利益有重要关系的情况。”这一解释对1997年10月29日最高人民法院《关于办理减刑、假释案件具体应用法律若干问题的规定》中对“特殊情况”的“国家政治、国防、外交等方面特殊需要的情况”的解释予以了扩大。根据这一解释，如果因罪犯本人的特殊才能为极为需要，可以经最高人民法院考虑对罪犯假释；如果因罪犯特殊的社会地位或社会关系，能影响国家利益、社会利益，可以经最高人民法院考虑对罪犯假释。

三、假释提请的行为条件

具备假释的对象条件和时间条件只是表明罪犯有适用假释的可能性。只有再具备假释的行为条件，才能使假释的可能性变为可行性。假释适用的行为条件是适用假释的关键条件。我国假释适用的行为条件是：认真遵守监规，接受教育改造，确有悔改表现，没有再犯罪的危险。

（一）确有悔改表现

关于“确有悔改表现”的认定参见第二章第一节的论述，这里不再重复。

【案例】 罪犯刘某因失火罪被判处有期徒刑4年，于2008年6月4日送往监狱服刑改造。刘某入狱后认罪服法，服从干警的管理与教育，在实际改造中能以《监狱服刑人员行为规范》去严格要求自己；积极参加政治、文化、技术学习，学习态度端正，接受文化教育，取得良好成绩；在劳动生产中，服从干警的安排，不断提高劳动生产效率，按时按量完成劳动生产任务，遵守劳动纪律，坚守岗位，服从生产管理和技术指导；在生活卫生方面，能保持个人卫生和监房卫生，与其他罪犯和睦相处。罪犯刘某在服刑期间获得监狱级改造积极分子1次，记功4次，单项表现1次，累计奖励分91分，确有悔改表现。2010年9月1日经监狱长办公会审议决定，同意对罪犯刘某提请假释，2010年9月25日经人民法院裁定，对罪犯刘某予以假释。

在本案中，罪犯刘某被认为“确有悔改表现”。罪犯“确有悔改表现”的认定源于罪犯刘某所获得的奖励。

（二）没有再犯罪的危险

《刑法修正案（八）》将1997年《刑法》中假释条件之一的“不致再危害社会”修改为“没有再犯罪的危险”。

如何评估罪犯“没有再犯罪的危险”？由于我国关于罪犯再犯罪危险的评估研究刚起步（本书第四章第三节对罪犯再犯罪危险的评估研究状况已作了专门的介绍），如何进行罪犯再犯罪危险评估，我国尚缺乏经验，为指导和规范《刑法修正案（八）》生效后的罪犯再犯罪危险评估工作，2012年1月17日最高人民法院《关于办理减刑、假释案件具体应用法律若干问题的规定》对判断罪犯“没有再犯罪的危险”进行了规定。

根据2012年1月17日最高人民法院《关于办理减刑、假释案件具体应用法律若干问题的规定》，除符合《刑法》第81条规定的情形外，还应根据犯罪的具体情节、原判刑罚情况，在刑罚执行中的一贯表现，罪犯的年龄、身体状况、性格特征，假释后生活来源以及监管条件等因素综合考虑。2012年1月17日最高人民法院《关于办理减刑、假释案件具体应用法律若干问题的规定》试图为判断罪犯“没有再犯罪的危险”确定了基本框架，为罪犯再犯罪危险评估确定了路径。

这里对2012年1月17日最高人民法院《关于办理减刑、假释案件具体应用法律若干问题的规定》对罪犯再犯罪危险评估的有关规定作一粗浅的解读。

1. 关于规定的基本特点。

2012年1月17日最高人民法院《关于办理减刑、假释案件具体应用法律若干问题的规定》关于对罪犯再犯罪危险评估规定了8个“根据”。如果将“根据”这一表述转换为预测性语言，我们可以将这8个“根据”定义为8个预测因子，即犯罪的具体情节、原判刑罚情况、在刑罚执行中的一贯表现、罪犯的年龄、身体状况、性格特征、假释后生活来源以及监管条件。由于“罪犯服刑时间的要求”、“确有悔改表现”是已经达到的条件，而且这两个因素是与“没有再犯罪的危险”并列，不宜将这两个因素列为“再犯罪的危险”预测因子。

我们可以根据上述 8 个预测因子的特点对其进行分类：

第一类预测因子是犯罪基本情况。这类预测因子包括“犯罪的具体情节”、“原判刑罚情况”。将“犯罪的具体情节”规定为“再犯罪的危险”预测因子的理由应当是通过犯罪的具体情节可以看出罪犯的恶性，将“原判刑罚情况”规定为“再犯罪的危险”预测因子的理由可能是考虑刑罚轻重可以反映罪犯的主观恶性，同时在一定程度上看出罪犯服刑倾向。

第二类预测因子是刑罚执行情况。这类预测因子包括“在刑罚执行中的一贯表现”。将“在刑罚执行中的一贯表现”规定为“再犯罪的危险”预测因子的理由是通过这一预测因子可以看出罪犯恶性变化。

第三类预测因子是罪犯个人情况。这类预测因子包括“罪犯的年龄”、“身体状况”与“性格特征”。上述预测因子从不同方面预测罪犯再犯罪的危险。罪犯犯罪时年龄小，表明罪犯主观恶性比较深；罪犯身体状况差，在一定程度上说明罪犯犯罪能力减弱；罪犯具有反社会性的人格，表明罪犯再犯罪的危险比较大。

第四类预测因子是罪犯假释后的生活条件情况。这类预测因子包括“假释后生活来源”、“假释后监管条件”。罪犯假释后，有稳定的生活来源，导致罪犯再犯罪的因素少了一个，反之，便可能导致罪犯假释后再犯罪；罪犯假释后监管比较稳定，有助于罪犯遵纪守法，不再犯罪，反之，便可能导致罪犯再犯罪。

2012 年 1 月 17 日最高人民法院《关于办理减刑、假释案件具体应用法律若干问题的规定》对罪犯再犯罪危险预测因子的规定，使罪犯再犯罪危险评估有了一定可操作性。

2. 关于罪犯再犯罪危险评估的操作。

上述 8 个预测因子之所以可以用以评估罪犯再犯罪的危险，是因为这 8 个预测因子都与罪犯再犯罪有较强的关联度，如罪犯“假释后生活来源”没有保障，罪犯容易重新犯罪。但是，由于 2012 年 1 月 17 日最高人民法院《关于办理减刑、假释案件具体应用法律若干问题的规定》没有规定上述 8 个预测因子对罪犯再犯罪的影响力的大小，即哪个因子对罪犯再犯罪的推动力大，或者哪个因子对罪犯再犯罪的推动力小，所以，目前对罪犯再犯罪的危险评估只能根据上述 8 个预测因子综合判断。

3. 关于完善罪犯再犯罪危险评估制度的建议。

2012 年 1 月 17 日最高人民法院《关于办理减刑、假释案件具体应用法律若干问题的规定》对罪犯再犯罪危险预测因子的规定，使罪犯再犯罪危险评估有了一定的可操作性，但是，由于上述 8 个预测因子与罪犯再犯罪危险的关联度没有定量性分析，每个预测因子在危险评估的权重值不清楚，没有第四章第三节介绍的再犯罪危险评估工具的框架与体系，因而，关于罪犯再犯罪危险评估缺乏定量性。随着“再犯罪的危险”定量评估概念被接受，可以考虑对不同预测因子与“再犯罪的危险”进行相关度分析，对上述8个预测因子进行权重分析。将“再犯罪的危险”评估逐步由定性推向定量。[①] 那时，罪犯的“再犯罪的危险”评估的随意性会显著下降，结果的准确度会显著提高。

四、假释提请的社区影响条件

《刑法修正案（八）》第16条对《刑法》第81条进行了修改：“对犯罪分子决定假释时，应当考虑其假释后对所居住社区的影响。”据此，2012年1月17日最高人民法院《关于办理减刑、假释案件具体应用法律若干问题的规定》第24条规定，提请假释的，应当附有社区矫正机构关于罪犯假释后对所居住社区影响的调查评估报告。

罪犯假释后“对所居住社区的影响”条件不同于前述假释提请的条件。前述的对象条件、时间条件与行为条件都是假释提请的必备条件，这里的“对所居住社区的影响”条件是假释提请的参考条件。如果罪犯将要回归的社区强烈反对罪犯假释，刑罚执行机关不应当提请假释。

如何理解罪犯假释后“对所居住社区的影响”？考虑假释的行为条件已经考虑了罪犯再犯罪的危险，罪犯假释后“对所居住社区的影响”不宜理解为罪犯假释后对社区居民安全的威胁，否则条件重复。根据“对所居住社区的影响”的语义，同时考虑罪犯与社区的关系，笔者认为宜将“对所居住社区的影响”理解为社区对罪犯假释的评价或者反应，即假释是否合适，是否可以被社区多数居民所接受，或者说是否为社区多数居民所不赞同。

五、假释提请的时间间隔

根据2012年1月17日最高人民法院《关于办理减刑、假释案件具体应用法律若干问题的规定》第22条的规定，罪犯减刑后又假释的间隔时间，一般为1年；对一次减去2年有期徒刑后，决定假释的，间隔时间不能少于2年。罪犯减刑后余刑不足2年，决定假释的，可以适当缩短间隔时间。

第二节　假释提请的程序

鉴于假释提请中存在操作性差、权力控制不到位的问题，2003年4月2日司法部发布了《监狱提请减刑假释工作程序规定》，假释提请有了专门的、系统

① 关于再犯罪危险评估参见第四章第三节。

的程序规定依据。根据《监狱提请减刑假释工作程序规定》的规定，假释提请的程序[①]有：假释提名；专职部门审查；减刑假释评审委员会评审；公示；审议决定；提请假释。

根据《监狱提请减刑假释工作程序规定》的规定，假释提请应当坚持以下原则：

（1）公开、公平、公正原则。

（2）集体评议、首长负责原则。

（3）以法律有关规定为根据，以改造事实为基础原则。

一、假释提名

首先，假释提请应由分监区召开全体警察会议，会议根据法律规定的条件，结合罪犯服刑表现，进行提名，然后进行集体评议。

全体警察会议的会议主旨，是根据法律规定与罪犯改造事实，对被提名假释的罪犯是否符合假释条件进行评价与筛选。全体警察会议应当确定假释人选，提出假释建议。对全体警察会议所提假释建议，分监区干警应当填写《罪犯减刑（假释）审核表》。然后由分监区长在相应栏目签署意见和签名后，连同有关材料报监区审核。

根据《监狱提请减刑假释工作程序规定》的规定，对于分监区全体警察会议所提假释建议，监区长应当召开"监区长办公会"进行审核。审核的要求：材料是否真实；材料是否完备；材料是否符合规定。对符合上述要求的材料，监区长在《罪犯减刑（假释）审核表》相应栏目签署意见和签名后，报监狱刑罚执行（狱政管理）部门审查。

报送监狱刑罚执行（狱政管理）部门的材料包括：

（1）《罪犯减刑（假释）审核表》。该表包括罪犯基本情况、犯罪情况、考核情况、奖励情况、监区对罪犯假释的意见。

（2）监区长办公会、集体评议记录。该材料包括全体警察会议的集体评议记录与监区长办公会的记录。根据《监狱提请减刑假释工作程序规定》第7条规定，分监区、直属分监区或者未设分监区的监区的集体评议以及监区长办公会议审核情况，应当有书面记录，并由与会人员签名。

（3）终审法院的判决书、裁定书。

（4）历次减刑裁定书的复印件。

（5）罪犯计分考核明细表。该表反映罪犯在各个考核指标下的加（奖）分与减（扣）分的情况。

---

① 这里的假释提请程序不包括因"特殊情况"而被提请假释的程序。

（6）奖惩审批表。该表主要内容包括予以罪犯行政奖励的种类及奖励根据。

（7）罪犯评审鉴定表。该表是在一定时期内（一年或者半年）对罪犯改造评审情况的记录。该表主要包括罪犯基本情况，犯罪事实，奖惩情况，个人鉴定，个人努力方向，分监区、监区意见等。

（8）其他有关证明材料。

监区报送监狱刑罚执行（狱政管理）部门的上述材料是罪犯假释提请的基础材料。

直属分监区或者未设分监区的监区，由全体警察集体评议，提出假释建议，由分监区长（监区长）在《罪犯减刑（假释）审核表》相应栏目签署意见和签名后，连同有关材料报监狱刑罚执行（狱政管理）部门审查。

二、专职部门审查

监狱的刑罚执行（狱政管理）部门是监狱负责假释提请材料审查的专门机构。监狱刑罚执行（狱政管理）部门收到监区报送的拟对罪犯提请假释的材料后，负责专门的审查。审查内容如下：需提交的材料是否齐全、完备、规范；认定罪犯是否确有悔改表现，没有再犯罪危险；罪犯是否符合假释的条件；拟提请假释的建议是否适当。

监狱刑罚执行（狱政管理）部门在审查假释提请材料时特别注意以下几点：第一，罪犯是否符合假释的对象条件。第二，罪犯是否符合假释的时间条件。第二，认定罪犯是否确有悔改表现，没有再犯罪危险，需要充分的证据材料。第四，需要社区矫正机构提供罪犯假释后对所居住社区影响的调查评估报告。根据2012年1月17日最高人民法院《关于办理减刑、假释案件具体应用法律若干问题的规定》第24条的规定，提请假释的，应当附有社区矫正机构关于罪犯假释后对所居住社区影响的调查评估报告。第五，注意假释提请的时间间隔规定。

监狱刑罚执行（狱政管理）部门收到监区对罪犯拟提请假释的材料后，应召开科务会进行集体讨论，提出明确的审查意见。刑罚执行（狱政管理）部门完成审查后，应当出具审查意见。科长在《罪犯减刑（假释）审核表》相应栏目签署意见和签名，连同有关材料一并提交减刑假释评审委员会讨论。

三、监狱提请减刑假释评审委员会评审

根据《监狱提请减刑假释工作程序规定》的规定，监狱应当成立由主管副监狱长及刑罚执行、狱政管理、教育改造、生活卫生、狱内侦查等有关部门负责人组成的，并由主管副监狱长任主任的监狱提请减刑假释评审委员会。监狱提请减刑假释评审委员会的主要职责是负责对刑罚执行（狱政管理）部门审查提交的减刑、假释建议进行评审。

监狱提请减刑假释评审委员会评审内容如下：需提交的材料是否齐全、完备、规范；认定罪犯是否确有悔改，没有再犯罪的危险；罪犯是否符合假释的对象条件、时间条件；拟提请假释的建议是否适当。

监狱提请减刑假释评审委员会评审应当通过会议进行。会议应当有书面记录，并有与会人员签名。监狱提请减刑假释评审委员会在评审假释案件时，可以邀请检察机关工作人员参加。

四、公　　示

对监狱提请减刑假释评审委员会评审通过的假释建议，要在监狱内公示。公示期为7个工作日。公示期内如有警察或者罪犯对公示内容提出异议，监狱提请减刑假释评审委员会应当进行复核，并告知复核结果。

公示的内容至少应当包括下列内容：罪犯的姓名；原判认定的罪名和刑期；罪犯历次减刑情况；执行机关的假释建议和依据；罪犯获得奖励情况；罪犯计分考核情况；公示期限；意见反馈方式等。该次公示是《监狱提请减刑假释工作程序规定》规定的公示，属于法定的程序。在实践中，有的监狱在“集体评议与监区长审核”程序中将监区的审核结果公示，不属于法定的程序。由于监区的审核结果公示有助于促进假释的公正，降低权力滥用，应当鼓励这种实践。

五、审议决定

监狱提请减刑假释评审委员会完成评审和公示程序后，应当将拟提请假释的建议和评审报告报请监狱长办公会审议决定。监狱长办公会最终决定是否对罪犯提请假释。

六、提请假释

根据《监狱提请减刑假释工作程序规定》的规定，被判处有期徒刑（包括减为有期徒刑）的罪犯的假释报送有管辖权的中级人民法院审核裁定；被判处无期徒刑的罪犯由监狱提出假释建议，报送省、自治区、直辖市监狱管理局审核同意后，提请罪犯服刑地高级人民法院裁定。

根据2012年3月14日修订后的《刑事诉讼法》第262条的规定，刑罚执行机关在向人民法院提请假释裁定的同时，需要将建议书副本抄送人民检察院。

（一）执行有期徒刑罪犯的假释提请

对被判处有期徒刑（包括减为有期徒刑）罪犯的假释提请，在通过监狱长办公会审议后，由监狱长在《罪犯减刑（假释）审核表》上签署意见，加盖监狱公章，由监狱刑罚执行（狱政管理）部门根据法律规定制作《提请假释建议书》。然后由监狱刑罚执行（狱政管理）部门连同有关材料一并提请罪犯服刑地的中级人民法院裁定。

根据有关规定，监狱提请假释需要向人民法院提交下列材料：《提请假释建议书》；终审法院的裁判文书、执行通知书、历次减刑裁定书的复印件；罪犯确有悔改，没有再犯罪危险的具体事实的书面证明材料；罪犯评审鉴定表、奖惩审批表等；社区矫正机构关于罪犯假释后对所居住社区影响的调查评估报告；人民检察院对提请假释案件提出的检察意见；其他根据案件的审理需要移送的材料。

（二）执行无期徒刑罪犯的假释提请

对于被判处无期徒刑罪犯的假释提请，监狱应当将《罪犯减刑（假释）审核表》连同有关材料报送省、自治区、直辖市监狱管理局审核。

监狱报送省、自治区、直辖市监狱管理局审核的假释案件，应当提交下列材料：《提请假释建议书》；《罪犯减刑（假释）审核表》；终审法院判决书、裁定书、执行通知书、历次减刑裁定书的复印件；罪犯计分考核表、入监登记表、分级处遇表、奖惩审批表、罪犯每一年度评审鉴定表、思想汇报和立功、重大立功书面材料；社区矫正机构关于罪犯假释后对所居住社区影响的调查评估报告；人民检察院对提请假释案件提出的检察意见；其他根据案件的审理需要移送的材料。

省、自治区、直辖市监狱管理局对监狱报送的假释材料审核过程中，发现监狱报送的材料不齐全或者有疑义的，应当通知监狱补充有关材料或者作出说明。监狱接到通知后，应及时按要求予以补充或作出书面材料说明。

省、自治区、直辖市监狱管理局对监狱报送的假释材料的审核通常由主管副局长召集刑罚执行（狱政管理）等有关部门进行。

监狱管理局审核同意对罪犯提请假释的，由局长在《罪犯减刑（假释）审核表》上签署意见，加盖监狱管理局公章，提请罪犯服刑地的高级人民法院裁定。提请假释需要向人民法院提交下列材料：《提请假释建议书》；终审法院的裁判文书、执行通知书、历次减刑裁定书的复印件；罪犯确有悔改，没有再犯罪危险的具体事实的书面证明材料；罪犯评审鉴定表、奖惩审批表等；社区矫正机构关于罪犯假释后对所居住社区影响的调查评估报告；人民检察院对提请假释案件提出的检察意见；其他根据案件的审理需要移送的材料。

第三节　几类特殊类型罪犯假释的提请

考虑未成年罪犯、老弱病残罪犯生理上的特殊性，有关规定就这两类罪犯假释的提请予以了特别的考虑。

一、未成年罪犯的假释提请

2012年1月17日最高人民法院《关于办理减刑、假释案件具体应用法律若干问题的规定》第19条规定，未成年罪犯的假释，可以比照成年罪犯依法适当从宽。未成年罪犯能认罪悔罪，遵守法律法规及监规，积极参加学习、劳动的，应视为确有悔改表现。而该解释关于成年罪犯“确有悔改表现”的认定是从以下四个方面进行考虑的：认罪悔罪；认真遵守法律法规及监规，接受教育改造；积极参加思想、文化、职业技术教育；积极参加劳动，努力完成劳动任务。比照之下，对未成年罪犯“确有悔改表现”的要求则宽松一些。

根据2012年1月17日最高人民法院《关于办理减刑、假释案件具体应用法律若干问题的规定》的规定，在未成年犯假释提请中，“确有悔改表现”的认定从以下三点把握：（1）是否认罪悔罪；（2）是否遵守法律法规及监规；（3）是否积极参加学习、劳动。以上三点应当通过计分考核进行。

关于“没有再犯罪的危险”的认定见本章第一节的论述，这里不再重复。

在未成年罪犯的假释提请中，有两个问题需要注意：

第一，关于未成年罪犯的年龄。由于假释从宽政策指向未成年罪犯，相关司法解释作了相应规定，因此，假释案件审理时需要审查罪犯的年龄。关于“假释时”的理解，笔者认为，本着刑罚谦抑原则，应当指罪犯假释考核开始时的年龄，而不应当理解为假释提请时的年龄，或者假释审理时的年龄。之所以这样理解，除了刑罚谦抑原则，还有以下考虑：假释是一个过程，包括考核、提请、审理、判决，而不仅仅是一个行为，如果将“假释时”理解为“假释提请时”、“假释审理时”或者“假释判决时”，不仅可能与公众理解分歧，甚至造成社会对司法解释的不满，而且可能会造成“假释提请时”、“假释审理时”或者“假释判决时”等不同主张的冲突。

第二，关于对未成年罪犯中的“累犯以及因故意杀人、强奸、抢劫、绑架、放火、爆炸、投放危险物质或者有组织的暴力性犯罪被判处十年以上有期徒刑、无期徒刑的犯罪分子”假释问题。《刑法》第81条第2款规定：“对累犯以及因故意杀人、强奸、抢劫、绑架、放火、爆炸、投放危险物质或者有组织的暴力性犯罪被判处十年以上有期徒刑、无期徒刑的犯罪分子，不得假释。”根据这一规定，上述罪犯，不得假释。但是，2012年1月17日最高人民法院《关于办理减刑、假释案件具体应用法律若干问题的规定》第19条规定，“符合刑法第八十一条第一款规定的，可以假释”。这是不是说，只要未成年罪犯符合假释的时间条件、行为条件，而不考虑对象条件，就可以提请假释？笔者认为，对累犯以及因故意杀人、强奸、抢劫、绑架、放火、爆炸、投放危险物质或者有组织的暴力性犯罪被判处10年以上有期徒刑、无期徒刑的未成年罪犯，不能提请假释。理由如下：第一，《刑法》第81条第2款规定，针对于所有累犯及因故意杀人、强奸、抢劫、绑架、放火、爆炸、投放危险物质或者有组织的暴力性犯罪被判处10年以上有期徒刑、无期徒刑的罪犯，而没有区分成年罪犯与未成年罪犯。第二，虽然就一般对象而言，法律应当对未成年罪犯从宽，但是，对具体的、个别的罪犯也应当区别对待。对于未满18周岁就已经是累犯的未成年罪犯，以及对于未满18周岁就已经因故意杀人、强奸、抢劫、绑架、放火、爆炸、投放危险物质或者有组织的暴力性犯罪被判处10年以上有期徒刑、无期徒刑的未成年罪犯，法律的宽容不仅无助于罪犯改造，而且会给社会带来危险，会因为犯罪危险很大的罪犯进入社会，给公众带来危险。未满18周岁就已经是累犯，未满18周岁就已经因故意杀人、强奸、抢劫、绑架、放火、爆炸、投放危险物质或者有组织的暴力性犯罪被判处10年以上有期徒刑、无期徒刑，表明罪犯人身危险性非常大。虽然罪犯是可以改造的，但是，改造是有条件的，改造也不是万能的。

二、老弱病残罪犯的假释提请

根据2012年1月17日最高人民法院《关于办理减刑、假释案件具体应用法律若干问题的规定》的规定，基本丧失劳动能力、生活难以自理的老年、身体残疾、患严重疾病罪犯的假释，应当从宽。

关于“基本丧失劳动能力、生活难以自理的老年罪犯”的认定，我们可以从“年龄”、“基本丧失劳动能力”与“生活难以自理”三方面进行把握。与国际上将65岁以上的人确定为老年人的通常做法不同，我国界定60岁以上的公民为老年人。《中华人民共和国老年人权益保障法》第2条规定：“本法所称老年人是指六十周岁以上的公民。”据此，只要罪犯年满60周岁，而且“基本丧失劳动能力”或者“生活难以自理”，就可以考虑认定为属于“基本丧失劳动能力、生活难以自理的老年罪犯”。

关于“身体残疾的罪犯”的认定，首先需要排除自伤致残者，然后根据法定鉴定机构的鉴定结果予以进行。《中华人民共和国残疾人保障法》第2条规定：“残疾人是指在心理、生理、人体结构上，某种组织、功能丧失或者不正常，全部或者部分丧失以正常方式从事某种活动能力的人。残疾人包括视力残疾、听力残疾、言语残疾、肢体残疾、智力残疾、精神残疾、多重残疾和其他残疾的人。”

关于“患严重疾病罪犯”的认定，笔者认为应当从人道主义的高度，根据行业规范进行。考虑目前司法鉴定领域尚未就“患严重疾病”作出定义，可以参考中国保险行业协会与中国医师协会2007年3月20日出台的《重大疾病保险的疾病定义使用规范》对“重大疾病”进行认定。《重大疾病保险的疾病定义使用规范》规定，“重大疾病”包括恶性肿瘤、急性心肌梗塞、脑中风后遗症、终末期肾病（或称慢性肾功能衰竭尿毒症期）等25类疾病。由于2012年修订后《刑事诉讼法》第254条对患“严重疾病”予以暂予监外执行、保外就医的规定，我国的司法鉴定行业也需要考虑对“严重疾病”予以统一规定。

对老弱病残罪犯的假释从宽主要从以下几方面考虑：

第一，“确有悔改表现”的认定从宽。

对下列三类罪犯，包括基本丧失劳动能力、生活难以自理的老年罪犯，身体残疾的罪犯，患严重疾病的罪犯，满足下列条件，即可认定为“确有悔改表现”：能够认真遵守法律法规及监规；接受教育改造。

第二，“没有再犯罪的危险”的认定充分考虑罪犯的生理特点。

根据2012年1月17日最高人民法院《关于办理减刑、假释案件具体应用法律若干问题的规定》的规定，假释后生活确有着落的，除法律和该解释规定不得假释的情形外，可以依法假释。考虑老弱病残罪犯，犯罪能力已经明显降低或者消失，可以将老弱病残罪犯“假释后生活确有着落”认定为“没有再犯罪的危险”。

第六章　假释的审理

第一节　假释的实体性条件

《刑法修正案（八）》第16条对《刑法》第81条进行了修改："被判处有期徒刑的犯罪分子，执行原判刑期二分之一以上，被判处无期徒刑的犯罪分子，实际执行十三年以上，如果认真遵守监规，接受教育改造，确有悔改表现，没有再犯罪的危险的，可以假释。如果有特殊情况，经最高人民法院核准，可以不受上述执行刑期的限制。对累犯以及因故意杀人、强奸、抢劫、绑架、放火、爆炸、投放危险物质或者有组织的暴力性犯罪被判处十年以上有期徒刑、无期徒刑的犯罪分子，不得假释。对犯罪分子决定假释时，应当考虑其假释后对所居住社区的影响。"根据法律的规定，假释的审理需要把握下列问题。

一、假释的对象条件

关于"假释的对象条件"的认定第五章第一节已有论述，这里不再重复。

二、假释的时间条件

关于"假释的时间条件"的认定第五章第一节已有论述，这里不再重复。

三、假释的行为条件

我国假释适用的行为条件是：认真遵守监规，接受教育改造，确有悔改表现，没有再犯罪的危险。

（一）确有悔改表现

关于"确有悔改表现"的认定第二章第一节已有论述，这里不再重复。

【案例】罪犯江某因犯寻衅滋事罪、敲诈勒索罪、非法拘禁罪被人民法院于2006年12月25日判处有期徒刑8年，与同案犯共同赔偿受害人经济损失2855元。2009年4月经中级人民法院裁定减刑1年2个月。刑期自2006年3月30日至2013年1月29日止。自减刑后，罪犯江某认罪服法，服从干警的管理与教育，自觉遵守监规纪律。认真参加“三课”学习。劳动积极肯干，服从安排，能吃苦耐劳，较好地完成劳动任务。计分考核中折计大功和小功各一次。监狱因此为江某提请假释。2011年4月13日，中级人民法院依据《刑事诉讼法》第221条第2款和《刑法》第81条第1款之规定，裁定如下：对罪犯江某予以假释，假释考验期限从假释之日起计算，至2013年1月29日止。

从本案中，我们可以看到，人民法院在认定罪犯是否“确有悔改表现”时，也是通过罪犯计分考核的情况来把握“认罪悔罪”；“认真遵守法律法规及监规，接受教育改造”；“积极参加思想、文化、职业技术教育”；“积极参加劳动，努力完成劳动任务”。实践证明，通过计分考核认定罪犯“确有悔改表现”还是被广为接受的。

（二）没有再犯罪的危险

如何判断罪犯是否具有再犯罪的危险？过去的实践实际主要通过罪犯的余刑进行判断，同时用以认定“确有悔改表现”的因素。

【案例】罪犯刘某某因犯容留、介绍卖淫罪被人民法院于2008年1月29日判处有期徒刑5年，并处罚金5000元。刑期自2007年9月12日至2012年9月11日止。罪犯刘某某在服刑期间，认罪服法，服从干警的管理与教育，自觉遵守监规纪律。认真参加“三课”学习。劳动积极肯干，服从安排，能吃苦耐劳，较好地完成劳动任务。计分考核中折计大功和表扬各一次。2010年12月9日中级人民法院依据《刑事诉讼法》第221条第2款和《刑法》第81条第1款之规定，裁定对罪犯刘某某予以假释，假释考验期限从假释之日起计算，至2012年9月11日止。

2012年1月17日最高人民法院《关于办理减刑、假释案件具体应用法律若干问题的规定》规定，对罪犯没有重新犯罪的危险的判断除考虑《刑法》第81条规定的情形外，还应根据犯罪的具体情节、原判刑罚情况，在刑罚执行中的一贯表现，罪犯的年龄、身体状况、性格特征，假释后生活来源以及监管条件等因素综合考虑。无疑，这一规定具有重要意义：其一，使得再犯罪危险判断有了统一性的规定；其二，开创了再犯罪危险判断的法律性先例。但是，由于目前的判断只能是定性的判断，难免缺乏操作性与准确性，因而，关于罪犯再犯罪危险判断需要走定量化道路。

四、假释的社区影响条件

关于“假释的社区影响条件”的认定第五章第一节已有论述，这里不再重复。

五、假释的时间间隔

2012年1月17日根据最高人民法院《关于办理减刑、假释案件具体应用法律若干问题的规定》第22条的规定，罪犯减刑后又假释的间隔时间，一般为1年；对一次减去2年有期徒刑后，决定假释的，间隔时间不能少于2年。罪犯减刑后余刑不足2年，决定假释的，可以适当缩短间隔时间。

第二节　假释的程序

长期以来，我国假释审理工作存在程序规定不足的问题，出现假释审理书面化、形式化等问题。假释程序规定的不足，致使在司法实践中办理的许多假释案件存在“暗箱操作”的现象。为此，2012年1月17日最高人民法院《关于办理减刑、假释案件具体应用法律若干问题的规定》对假释程序作了规定，在一定程度上解决了假释程序规定不足的问题，使假释有了比较完整的程序规定。

一、假释的立案

根据我国法律的规定，罪犯假释由刑罚执行机关提请，而由审判机关审理。假释案件的受理立案是人民法院审理假释案件的第一个环节。

根据2012年1月17日最高人民法院《关于办理减刑、假释案件具体应用法律若十问题的规定》的规定，人民法院受理假释案件后，应当审查执行机关是否移送下列材料：假释建议书；终审法院的裁判文书、执行通知书、历次减刑裁定书的复制件；罪犯确有悔改或者立功、重大立功表现的具体事实的书面证明材料；罪犯评审鉴定表、奖惩审批表等；社区矫正机构完成的罪犯假释后对所居住社区影响的调查评估报告；其他根据案件的审理需要移送的材料，如《罪犯减刑（假释）审核表》；人民检察院对提请假释案件提出的检察意见。经审查，如果材料齐备的，应当立案；材料不齐备的，应当通知提请假释执行机关补送。

二、假释的公示

根据2012年1月17日最高人民法院《关于办理减刑、假释案件具体应用法律若干问题的规定》的规定，人民法院受理假释案件立案后，应当一律予以公示。人民法院关于罪犯假释公示的价值，不同于刑罚执行机关提请假释公示的价值。刑罚执行机关提请假释公示的价值在于帮助刑罚执行机关了解有关假释的公正方面信息，而人民法院关于罪犯假释公示的价值在于使人民法院独立了解有关罪犯假释是否公正的信息。

公示地点为罪犯服刑场所的公共区域。有条件的地方，应面向社会公示，接受社会监督。公示应当包括下列内容：罪犯的姓名；原判认定的罪名和刑期；罪犯历次减刑情况；执行机关的假释建议和依据；公示期限；意见反馈方式等。

人民法院在公示罪犯假释信息后，应当到罪犯所在监狱、接受社区矫正的社区居委会、村委会积极了解情况，可以召集罪犯、公民进行座谈、单独讯问（询问）或通过其他方式听取罪犯、公民对刑罚执行机关报请假释的意见，调查核实提请假释罪犯在执行期间的改造表现。

人民法院也可以通过网络，公示罪犯假释信息，并接受意见反馈信息。

三、假释的审理方式与程序

根据2012年1月17日最高人民法院《关于办理减刑、假释案件具体应用法律若干问题的规定》的规定，人民法院审理假释案件，可以采用书面审理的方式。但是对下列案件应当开庭审理：在社会上有重大影响或社会关注度高的；公示期间收到投诉意见的；人民检察院有异议的；人民法院认为有开庭审理必要的。

2012年1月17日最高人民法院《关于办理减刑、假释案件具体应用法律若干问题的规定》关于应当开庭审理案件的规定与2010年2月最高人民法院《关于贯彻宽严相济刑事政策的若干意见》关于应当开庭审理案件的规定有所不同。最高人民法院《关于贯彻宽严相济刑事政策的若干意见》第43条规定，“对于职务犯罪案件，尤其是原为县处级以上领导干部罪犯的减刑、假释案件，要一律开庭审理。对于故意杀人、抢劫、故意伤害等严重危害社会治安的暴力犯罪分子，有组织犯罪案件中的首要分子和其他主犯以及其他重大、有影响案件罪犯的减刑、假释，原则上也要开庭审理”。是不是可以说2012年1月17日最高人民法院《关于办理减刑、假释案件具体应用法律若干问题的规定》否定，或者说取代了最高人民法院《关于贯彻宽严相济刑事政策的若干意见》的规定？笔者认为，2012年1月17日最高人民法院《关于办理减刑、假释案件具体应用法律若干问题的规定》并未否定最高人民法院《关于贯彻宽严相济刑事政策的若干意见》，最高人民法院《关于贯彻宽严相济刑事政策的若干意见》中的两类开庭审理的案件应当归入2012年1月17日最高人民法院《关于办理减刑、假释案件具体应用法律若干问题的规定》中的“在社会上有重大影响或社会关注度高的”案件类别中。理由如下：第一，由于2012年1月17日最高人民法院《关于办理减刑、假释案件具体应用法律若干问题的规定》规定的“在社会上有重大影响或社会关注度高的”这一表述可以包容最高人民法院《关于贯彻宽严相济刑事政策的若干意见》第43条规定的内容，因此，认为2012年1月17日最高人民法院《关于办理减刑、假释案件具体应用法律若干问题的规定》确认的开庭审理案件范围包容最高人民法院《关于贯彻宽严相济刑事政策的若干意见》确认的开庭审理案件范围，符合法律解释的基本原则。第二，认为2012年1月17日最高人民法院《关于办理减刑、假释案件具体应用法律若干问题的规定》确认的开庭审理案件范围包容最高人民法院《关于贯彻宽严相济刑事政策的若干意见》确认的开庭审理案件范围，符合我国目前的刑事政策。目前，我国已经确立了假释案件开庭审理的制度，正在逐步扩大假释案件的开庭审理范围，从而打压可能滋生司法腐败的空间，将最高人民法院《关于贯彻宽严相济刑事政策的若干意见》第43条规定的开庭审理案件纳入2012年1月17日最高人民法院《关于办理减刑、假释案件具体应用法律若干问题的规定》确认的开庭审理案件范围，符合我国目前的刑事政策走向。

据此，假释案件的审理方式有书面审理与开庭审理两种形式。

（一）书面审理的程序

根据最高人民法院《关于执行〈中华人民共和国刑事诉讼法〉若干问题的解释》第364条的规定，人民法院审理假释案件，应当依法组成合议庭。人民法院受理假释案件立案后，应当依法组成合议庭。合议庭由审判员、助理审判员3人或者审判员、助理审判员、人民陪审员3人组成。

假释案件立案后，审理假释案件的法官应认真阅卷，根据法律规定的条件提出对罪犯是否予以假释的审理意见，并写出书面审理报告。

一般情况下，假释案件由合议庭讨论决定。重大、疑难的假释案件应当报请院长提交审判委员会讨论决定。

合议庭审理假释案件由审判长主持，全体成员平等参与案件的审理、评议、裁定，共同对案件的审理程序、事实认定、适用法律和裁定结果负责。合议庭要严格把握假释的对象条件、时间条件、行为条件，同时要考虑罪犯假释后在社区的影响。具体来说，在合议中，一要严把事实关，罪犯符合假释条件的事实，应当依靠充分、确实的证据支持，审理中所有采信的证据必须真实、合法，有证据能力，对虚假材料要坚决依法排除；二要严把法律关，根据法律规定核准假释。

合议庭评议假释案件应一案制作一份合议笔录。合议笔录除应包括时间、地点、合议庭成员、主审人、记录人等基本内容外，还应包括被提请假释罪犯的基本情况、原判情况、改造表现情况、刑罚执行机关的假释建议情况、主审人审查意见及理由、合议庭其他成员的评议意见、理由和合议庭评议结果等内容。合议笔录应当准确、全面地反映每位合议庭成员的意见，最终形成的合议庭意见要表述规范，理由充分。合议庭成员应认真审阅合议笔录和法律文书并签字。

审理应当在规定的期限内完成。

（二）开庭审理的程序

人民法院开庭审理假释案件，下列人员应当参加庭审：提请假释建议的刑罚执行机关指派的人员；同级人民检察院指派的人员；被提请假释的罪犯；人民法院认为其他应当参与开庭审理的人员。人民法院开庭审理假释案件，应当允许可以邀请人大代表、政协委员、新闻媒体等旁听。人民法院公开开庭审理假释案件，刑罚执行机关可以组织罪犯旁听。

人民法院开庭审理假释案件是否可以允许原审被害人及其家属旁听？随着人们对被害人权利价值的认识程度的提高，随着恢复性司法理念的传播，罪犯假释需要听取被害人意见的观点随之产生。一是罪犯假释中听取被害人意见，是尊重被害人权利的体现；二是罪犯假释中听取被害人意见，也有利于促进罪犯向被害人悔罪。笔者认为，在假释案件审理中可以考虑允许原审被害人及其家属旁听。主要理由如下：第一，假释不同于减刑，被假释的罪犯一旦获得假释，将会重返社会，如果被假释的罪犯不能正确对待、处理与被害人的关系，不能向被害人真诚悔罪，很难说明其“确有悔改表现”、“没有再犯罪的危险”。对被害人的态度是被假释的罪犯不能回避的问题。被假释的罪犯应当在被假释前，向被害人作直接的交代。第二，2012 年 1 月 17 日最高人民法院《关于办理减刑、假释案件具体应用法律若干问题的规定》第 24 条第 2 款规定：“提请假释的，应当附有社区矫正机构关于罪犯假释后对所居住社区影响的调查评估报告。”社区矫正机构完成的关于罪犯假释后对所居住社区影响的调查评估报告，应当包括被害人的意见。这就是说，相关法律解释已经在假释裁决中给被害人的意见留有一席之地。

人民法院应当在开庭前规定若干日前，将开庭的时间、地点、合议庭组成人员通知同级人民检察院、提请假释的刑罚执行机关和其他参加人，并于庭审前在拟开庭场所公告开庭的罪犯姓名、时间和地点。在刑罚执行场所进行庭审的，可以委托刑罚执行机关公告。

1. 法庭调查前的程序。

开庭前，书记员宣布法庭纪律，向审判长报告开庭准备情况。

审判长宣布开庭，传罪犯到庭，核对被提请假释罪犯的基本情况，查明原判认定的罪名、刑罚以及各种量刑情节，询问财产刑及附带民事判决执行情况，查明被提请假释罪犯刑罚执行起始时间及历次减刑情况。

审判长宣布合议庭组成人员和参与庭审的其他人员，告知被提请假释罪犯在审理过程中享有申请回避权、陈述权和对假释建议及证据提出异议的权利，询问罪犯是否申请回避。

2. 法庭调查与辩论。

刑罚执行机关出庭的人员宣读《提请假释建议书》，说明对罪犯进行计分考核和提请假释的程序，出示罪犯悔改的证据，阐明罪犯“没有再犯罪危险”的根据。刑罚执行机关提请假释，可以提供证人出庭作证。

被提请假释罪犯说明对假释建议及出示的证据有无异议，陈述其对犯罪的认识和改造表现。

检察机关出庭的人员可以询问被提请假释罪犯和出庭作证的证人，并发表意见。

刑罚执行机关出庭人员、服刑人员和检察机关出庭人员进行互相质证和答辩。质证和答辩范围包括：有关服刑罪犯定罪量刑的情况和证据，能够证明该罪犯是否属于累犯、毒品犯罪、暴力犯罪或者数罪并罚等情况；服刑罪犯被判处刑罚后送达执行及实际服刑的期限情况和证据，能够证明该罪犯是否符合假释的时间条件；服刑罪犯服刑期间获得表扬、记功、重大立功、改造积极分子以及有无违反监规的情况和证据，能够证明该罪犯是否真诚悔罪、服刑期间的实际表现，以及是否符合假释实质性条件；刑罚执行机关提起假释的程序情况和证据，包括刑罚执行机关内部假释的提起、审查及上级监狱管理部门的审核等，能够证明刑罚执行机关提起假释的程序是否合法；服刑罪犯的年龄、身体情况和证据，能够证明该罪犯是否为老弱病残罪犯、犯罪时是否未成年，是否应当放宽条件，予以假释。另外，对于职务犯罪案件还可以就有关罪犯身份情况的证据进行质证和答辩。

3. 最后陈述。

被提请假释的罪犯针对刑罚执行机关出庭人员的意见和检察机关出庭人员的检察意见作最后陈述。

庭审过程由书记员记录在案，经审判长审阅后，交被提请假释的罪犯阅读或向其宣读。被提请假释的罪犯认为记录有遗漏或者差错的，可以请求补充或者改正。确认无误后，应当签名捺指印。

（三）假释的重审

由于目前我国尚未规定假释是罪犯的权利，因而，我国的法律在罪犯不服假释裁定的情况下，没有规定上诉制度。同理，也没有规定抗诉制度。但是，为了避免、改正假释裁定的不当或者错误，我国法律规定了检察机关纠正制度与法院的重审制度。2012 年 3 月 14 日修订后的《刑事诉讼法》第 263 条规定，人民检察院认为人民法院假释的裁定不当，应当在收到裁定书副本后 20 日以内，向人民法院提出书面纠正意见。人民法院应当在收到纠正意见后 1 个月以内重新组成合议庭进行审理，作出最终裁定。2012 年 1 月 17 日最高人民法院《关于办理减刑、假释案件具体应用法律若干问题的规定》第 29 条规定，人民法院发现本院或者下级人民法院已经生效的假释裁定确有错误，应当依法重新组成合议庭进行审理并作出裁定。这就是说，如果罪犯不服人民法院的裁定，可以向人民检察院申述主张与理由，通过人民检察院启动重新审理，也可以直接向人民法院申述主张与理由，启动重审。如果人民检察院认为人民法院假释的裁定不当，可以直接提出书面纠正意见，启动重审。人民法院发现本院或者下级人民法院已经生效的假释裁定确有错误，可以启动重审。

在开庭审理的假释案件中，律师是否可以出庭向罪犯提供法律援助？目前我国的有关法律、司法解释都没有规定。笔者认为，不宜在假释开庭审理中导入律师出庭机制。首先，因为，假释是对罪犯积极接受改造行为的激励措施，假释的事实根据具有评价的相对性，同样的改造表现，在有的情形下，表现得比较突出，可以被假释，而在有的情形下，表现得不突出，不能够被假释。这也就是说，假释的事实根据具有有限的辩论性，不适合律师参与辩论。其次，由于假释的事实根据主要源于刑罚执行机关的日常考核，律师很难对罪犯的日常考核进行调查，加之，当事人是罪犯，律师出入监管场所不便利，所以，笔者认为不宜在假释开庭审理中导入律师出庭机制。这里需要说明的是，虽然在开庭审理的假释案件中律师不宜出庭，但是，随着律师帮助在刑罚执行过程的推行，未来国家可以考虑在假释工作中引入律师咨询业务，由律师向罪犯提供有关假释的法律咨询。

四、假释的撤回与送达

（一）假释的撤回

如果刑罚执行机关在提请假释后，罪犯在监狱内有重新违法犯罪行为，刑罚执行机关是否可以撤回假释提请建议？

根据2012年1月17日最高人民法院《关于办理减刑、假释案件具体应用法律若干问题的规定》的规定，在人民法院作出假释裁定前，执行机关可以书面提请撤回假释建议。假释建议是否准许撤回，由人民法院决定。

（二）假释的送达

根据2012年1月17日最高人民法院《关于办理减刑、假释案件具体应用法律若干问题的规定》的规定，假释的裁定应当在裁定作出之日起7日内送达有关执行机关、人民检察院以及罪犯本人。

五、适用特殊情况假释的核准程序

《刑法修正案（八）》第16条对《刑法》第81条进行了修改，“被判处有期徒刑的犯罪分子，执行原判刑期二分之一以上，被判处无期徒刑的犯罪分子，实际执行十三年以上，如果认真遵守监规，接受教育改造，确有悔改表现，没有再犯罪的危险的，可以假释。如果有特殊情况，经最高人民法院核准，可以不受上述执行刑期的限制”。

如果出现《刑法》第81条所列的情况，如何核准假释？最高人民法院《关于执行〈中华人民共和国刑事诉讼法〉若干问题的解释》第271条、第272条、

第 273 条对此作了规定。

根据上述规定，报请最高人民法院核准因犯罪分子具有特殊情况，不受执行刑期限制的假释案件，按下列情形分别处理：

第一，中级人民法院依法作出假释裁定后，应报请高级人民法院复核。高级人民法院同意假释的，应当报请最高人民法院核准；高级人民法院不同意假释的，应当裁定撤销中级人民法院的假释裁定。

第二，高级人民法院依法作出假释裁定的，应当报请最高人民法院核准。

报请最高人民法院核准因犯罪分子具有特殊情况，不受执行刑期限制的假释案件，应当报送报请核准假释案件的报告、罪犯具有特殊情况的报告、假释裁定书以及全案卷宗。

最高人民法院对犯罪分子具有特殊情况，不受执行刑期限制的假释案件，予以核准的，作出核准裁定书；不予核准的，应当作出撤销原裁定，不准假释的裁定书。

第三节 几类特殊类型罪犯假释的审理

考虑未成年罪犯、老弱病残罪犯不同于一般罪犯，对这两类罪犯的审理也有不同之处。

一、未成年罪犯假释案件的审理

根据 2012 年 1 月 17 日最高人民法院《关于办理减刑、假释案件具体应用法律若干问题的规定》第 19 条的规定，未成年罪犯的假释，可以比照成年罪犯依法适当从宽。未成年罪犯能认罪悔罪，遵守法律法规及监规，积极参加学习、劳动的，应认定为“确有悔改表现”，以上三点认定应当通过计分考核进行。

关于“没有再犯罪的危险”的认定需要注意的问题第五章第一节已有论述，这里不再重复。

二、老弱病残罪犯假释案件的审理

根据 2012 年 1 月 17 日最高人民法院《关于办理减刑、假释案件具体应用法律若干问题的规定》的规定，基本丧失劳动能力、生活难以自理的老年、身体残疾（不含自伤致残）、患严重疾病罪犯的假释，应当从宽。

关于“基本丧失劳动能力、生活难以自理的老年”罪犯、“身体残疾（不含自伤致残）”罪犯与“患严重疾病”罪犯的认定第五章第三节已有论述，这里不再重复。但是，这里需要注意的是，为防止可能的伪病、诈病或者鉴定结论重复，审判机关对上述罪犯进行司法鉴定时，应当选择的鉴定机构或者鉴定人应不同于刑罚执行机关所作的选择。

审判机关对老弱病残罪犯的假释应当从宽：

第一，“确有悔改表现”的认定从宽。

对下列三类罪犯，包括基本丧失劳动能力、生活难以自理的老年罪犯，身体残疾的罪犯，患严重疾病的罪犯，满足下列条件，即可认定为“确有悔改表现”：能够认真遵守法律法规及监规；接受教育改造。

对自伤致残的罪犯不适用于上面的认定规定。

第二，“没有再犯罪的危险”的认定从宽。

根据 2012 年 1 月 17 日最高人民法院《关于办理减刑、假释案件具体应用法律若干问题的规定》的规定，假释后生活确有着落的，除法律和该解释规定不得假释的情形外，可以依法假释。考虑罪犯老弱病残，这里将罪犯“假释后生活确有着落”认定为“没有再犯罪的危险”。

第四节　假释的撤销

根据《刑法》的规定，对假释的犯罪分子，在假释考验期限内，依法实行社区矫正，如果被假释人员没有违反法律规定的情形，假释考验期满，就认为原判刑罚已经执行完毕，并公开予以宣告。最高人民法院、最高人民检察院、公安部、司法部 2012 年 1 月 10 日印发的《社区矫正实施办法》第 30 条规定，被假释人员矫正期满，司法所应当组织解除社区矫正宣告。宣告由司法所工作人员主持，按照规定程序公开进行。司法所应当针对被假释人员不同情况，通知有关部门、村（居）民委员会、群众代表、被假释人员所在单位、被假释人员的家庭成员或者监护人、保证人参加宣告。宣告事项应当包括：宣读对被假释人员的鉴定意见；宣布社区矫正期限届满，依法解除社区矫正；对裁定假释的，宣布考验期满，原判刑罚执行完毕。县级司法行政机关应当向被假释人员发放解除社区矫正证明书，并书面通知决定机关，同时抄送县级人民检察院和公安机关。如果被裁定假释的人员在假释考验期限内有违反法律规定的情况，人民法院应当撤销被假释人员的假释。由于撤销假释的原因不同，撤销假释的内容也有所不同。

一、因犯新罪而被撤销假释

【案例】 李某某因犯盗窃罪于 2001 年 5 月被人民法院判处有期徒刑 6 年，2006 年 6 月 18 日被假释，假释考验期至 2007 年 5 月。2006 年 10 月 10 日 19 时许，李某某无证驾驶一辆无牌三轮摩托车搭乘被害人邓某回家。在路上与停在公路旁的小型拖拉机尾部相撞，致被害人邓某死亡。经交警大队认定，被告人李某某负主要责任。案发后，李某某外逃。经网上追逃，李某某于 2007 年 11 月 7 日被抓获。人民法院认定李某某无证驾驶无牌机动车辆发生交通事故，致一人死亡，已经构成交通肇事罪，且系交通肇事后逃逸。被告人李某某在假释考验期内重新犯罪，应当撤销假释，实行数罪并罚。

罪犯假释期间重新犯罪，如何处理？《刑法》对此有明确的规定。

根据《刑法》第86条的规定，被假释的犯罪分子，在假释考验期限内犯新罪，人民法院在刑罚裁决中应当撤销假释，依照《刑法》第71条的规定对罪犯所判刑罚与罪犯没有执行完毕的刑罚实行数罪并罚。《刑法》第71条规定："判决宣告以后，刑罚执行完毕以前，被判刑的犯罪分子又犯罪的，应当对新犯的罪作出判决，把前罪没有执行的刑罚和后罪所判处的刑罚，依照本法第六十九条的规定，决定执行的刑罚。"《刑法》第69条第1款规定："判决宣告以前一人犯数罪的，除判处死刑和无期徒刑的以外，应当在总和刑期以下、数刑中最高刑期以上，酌情决定执行的刑期，但是管制最高不能超过三年，拘役最高不能超过一年，有期徒刑总和刑期不满三十五年的，最高不能超过二十年，总和刑期在三十五年以上的，最高不能超过二十五年。"

二、因发现漏罪而被撤销假释

根据《刑法》第86条的规定，在假释考验期限内，发现被假释的犯罪分子在判决宣告以前还有其他罪没有判决的，应当撤销假释，依照《刑法》第70条的规定实行数罪并罚。《刑法》第70条规定："判决宣告以后，刑罚执行完毕以前，发现被判刑的犯罪分子在判决宣告以前还有其他罪没有判决的，应当对新发现的罪作出判决，把前后两个判决所判处的刑罚，依照本法第六十九条的规定，决定执行的刑罚。已经执行的刑期，应当计算在新判决决定的刑期以内。"

三、因严重违反有关规定而被撤销假释

【案例】 2006年12月22日朝某因犯抢劫罪，被判处有期徒刑5年，并处罚金4000元。判决发生法律效力后交付执行。2009年6月4日朝某被假释（假释考验期从2009年6月4日至2011年4月2日止）。裁定发生法律效力后交付执行。在假释考验期间，朝某于2010年5月7日11时许，伙同他人盗窃手机一部，价值712元。朝某被公安干警抓获。公安机关①于2010年5月14日向本院书面建议对罪犯朝某撤销假释，收监执行尚未执行完毕的刑罚。人民法院依法重新组成合议庭进行了审理，裁定如下：撤销对罪犯朝某的假释刑事裁定；将罪犯

① 根据2012年1月10日最高人民法院、最高人民检察院、公安部、司法部印发的《社区矫正实施办法》的规定，假释撤销的提出机关是司法行政机关，但是在《社区矫正实施办法》出台前，假释撤销的提出机关是公安机关。

朝某收监执行未执行完毕的刑罚（刑期自 2010 年 5 月 7 日至 2012 年 3 月 5 日止）。

被假释的罪犯如果违法，但是不构成犯罪，如何处理？《刑法》作出了明确的规定。

《刑法》第 86 条第 3 款规定："被假释的犯罪分子，在假释考验期限内，有违反法律、行政法规或者国务院有关部门关于假释的监督管理规定的行为，尚未构成新的犯罪的，应当依照法定程序撤销假释，收监执行未执行完毕的刑罚。"根据 2012 年 1 月 10 日最高人民法院、最高人民检察院、公安部、司法部印发的《社区矫正实施办法》第 25 条的规定，被假释的人员有下列情形之一的，由居住地同级司法行政机关向原裁判人民法院提出撤销假释建议：未按规定时间报到，超过 1 个月的；接受社区矫正期间脱离监管，超过 1 个月的；因违反监督管理规定受到治安管理处罚，仍不改正的；受到司法行政机关 3 次警告仍不改正的；其他违反有关法律、行政法规和监督管理规定，情节严重的。

根据《社区矫正实施办法》的规定，司法行政机关向原裁判人民法院提出撤销假释建议，需要向人民法院提交《撤销假释建议书》，并附相关证明材料。

人民法院受理司法行政机关提出的假释撤销建议并立案后，根据《社区矫正实施办法》的规定，应当自收到之日起 1 个月内依法作出裁定。

关于人民法院受理假释撤销建议并立案后，人民法院是合议审理，还是独任审理，是书面审理，还是开庭审理，被假释人员是否有辩护权？被假释人员是否有救济权？《社区矫正实施办法》并没有规定。笔者认为，人民法院受理假释撤销建议并立案后，人民法院应当成立合议庭，赋予假释撤销以程序的正义。

在可能的情况下，假释撤销案件的审理应当开庭审理，在审理中，提出假释撤销的司法行政机关，不仅要提出撤销假释的主张，而且要提出撤销假释的事实根据，要出示证据。被假释人员可以在法庭上答辩，发表自己的主张、参加质证。

根据《社区矫正实施办法》第 27 条的规定，人民法院裁定撤销假释的，居住地县级司法行政机关应当及时将罪犯送交监狱，监狱对罪犯收监并执行未执行完毕的刑罚。罪犯收监中，公安机关应当予以协助。如果罪犯因违法被行政拘留，罪犯被撤销假释后如何计算刑期？

【案例】成某因盗窃罪被人民法院判处有期徒刑 8 年。服刑 7 年后被假释出狱。但是在假释考验期限内，成某因吸毒被行政拘留 10 日。有关机关向作出假释的人民法院提出撤销假释的建议书。人民法院对成某作出撤销假释的决定。撤销假释后如何计算刑期？审判机关工作人员有不同意见。第一种意见认为，罪犯的刑期应当是罪犯原判刑罚的余刑，是没有执行的刑罚。第二种意见认为，罪犯的刑期应当是需要考虑罪犯所接受的10天行政拘留，罪犯被撤销假释后所服刑期应当是罪犯原判刑罚的余刑减10天行政拘留。人民法院最后采纳了第一种观点。

笔者认为，人民法院的做法是正确的。罪犯被处10天行政拘留，是公安机关对其吸毒行为的惩罚。假释的撤销是基于罪犯再犯罪危险的显现而实施的，并非因为吸毒。因此，不宜将10天行政拘留折抵罪犯的余刑。

下　篇

减刑、假释监督篇

第七章　减刑、假释工作的法律监督

第一节　对刑罚执行机关的法律监督

减刑、假释工作是刑罚执行机关工作的重要组成部分，也是检察机关监所检察工作的核心内容和重要职责。对减刑、假释的实施行使有效的监督，对于提高监所检察的监督质量和水平，保障刑罚执行机关严格执法，鼓励服刑罪犯加速改造，实现刑罚目的，具有十分重要的意义。

然而，在实践中，减刑、假释的监督工作不尽如人意。一是检察机关对减刑、假释案件一般实行被动的事后监督。检察机关普遍的做法是，接到人民法院减刑、假释裁定副本后进行全面审查。由于监督在后，所以，难免出现“发现有问题，但是减刑、假释裁定已经作出”的现象。二是对执行机关提请减刑、假释活动监督缺乏刚性。检察机关对减刑、假释的监督往往局限于执行机关的通报，缺乏具体的措施。[①] 检察机关对减刑、假释对象表现的真实情况了解掌握的不够准确、全面。虽然近些年减刑、假释出现的滥用问题有很多原因，但检察机关监督的不到位是原因之一。

为了强化对刑罚执行的监督，有关法律不断完善。

一、检察机关的违法纠正权

2012 年 3 月 14 日修订后的《刑事诉讼法》第 265 条规定：“人民检察院对执行机关执行刑罚的活动是否合法实行监督。如果发现有违法的情况，应当通知执行机关纠正。”减刑、假释是刑罚执行的有机组成部分，人民检察院对刑罚执行的监督包括对减刑、假释工作的监督。根据《刑事诉讼法》第 265 条的规定，如果检察机关发现减刑、假释工作有违法情况，有权通知刑罚执行机关纠正。

2008 年 3 月 23 日印发的《人民检察院监狱检察办法》第 14 条规定，检察

① 参见徐盈雁：《监所检察：向同步监督大步迈进》，载《检察日报》2010 年 2 月 15 日。

机关“发现监狱在提请减刑、假释活动中有下列情形的，应当及时提出纠正意见：（一）对没有悔改表现或者立功表现的罪犯，提请减刑的；（二）对没有悔改表现，假释后可能再危害社会的罪犯，提请假释的；（三）对累犯以及因杀人、爆炸、抢劫、强奸、绑架等暴力性犯罪被判处十年以上有期徒刑、无期徒刑的罪犯，提请假释的；（四）对依法应当减刑、假释的罪犯没有提请减刑、假释的；（五）提请对罪犯减刑的起始时间、间隔时间和减刑后又假释的间隔时间不符合有关规定的；（六）被提请减刑、假释的罪犯被减刑后实际执行的刑期或者假释考验期不符合有关规定的；（七）提请减刑、假释没有完备的合法手续的；（八）其他违反提请减刑、假释规定的”。

同理，如果检察机关在社区矫正中发现假释工作有违法情况，有权通知社区矫正机关纠正。《社区矫正实施办法》第37条规定：“人民检察院发现社区矫正执法活动违反法律和本办法规定的，可以区别情况提出口头纠正意见、制发纠正违法通知书或者检察建议书。交付执行机关和执行机关应当及时纠正、整改，并将有关情况告知人民检察院。”

为强化检察机关在减刑、假释提请中违法行为的纠正力度，解决纠正不被采纳的问题，《人民检察院监狱检察办法》第15条规定：“派驻检察机构收到监狱移送的提请减刑材料的，应当及时审查并签署意见。认为提请减刑不当的，应当提出纠正意见，填写《监狱提请减刑不当情况登记表》。所提纠正意见未被采纳的，可以报经本院检察长批准，向受理本案的人民法院的同级人民检察院报送。”

二、检察意见在裁定上的价值

为提高人民检察院对减刑、假释监督的力度，有关规定将检察机关对刑罚执行机关提请减刑、假释的意见作为减刑、假释裁定考虑的根据。2012年1月17日最高人民法院《关于办理减刑、假释案件具体应用法律若干问题的规定》第24条第3款规定：“人民检察院对提请减刑、假释案件提出的检察意见，应当一并移送受理减刑、假释案件的人民法院。”2012年3月14日修订后的《刑事诉讼法》第262条第2款进一步规定：“被判处管制、拘役、有期徒刑或者无期徒刑的罪犯，在执行期间确有悔改或者立功表现，应当依法予以减刑、假释的时候，由执行机关提出建议书，报请人民法院审核裁定，并将建议书副本抄送人民检察院。人民检察院可以向人民法院提出书面意见。”这一规定包含下列含义：第一，刑罚执行机关提请减刑、假释时必须提交人民检察院对减刑、假释的意见；第二，人民检察院关于减刑、假释的意见具有对裁定的影响力；第三，人民检察院就减刑、假释案件提请所提出的检察意见，包括是否赞同或者支持刑罚执行机关的提请主张及其理由。此点表明，检察机关有责任全程、全方位获得减刑、假释提请事实与法律方面的信息，特别是事实方面的信息，而刑罚执行机关有义务为检察机关提供获取减刑、假释提请方面信息的方便与条件。

三、检察机关对刑罚执行机关减刑、假释工作监督的基本要求

减刑、假释的提请需要提名、集体评议、监狱刑罚执行（狱政管理）部门审查、监狱提请减刑假释评审委员会评审等一系列程序，而减刑、假释的实体条件把握不仅依靠“确有悔改表现”、“立功”、“没有再犯罪危险”等要件的定性判断，而且还要依靠计分考核的定量评价。由于减刑、假释提请程序的阶段性及实体条件判断的过程性，因此，检察机关工作人员不可能通过参加几次会议完成到位的法律监督。

为此，《人民检察院监狱检察办法》第 13 条规定，人民检察院对监狱提请减刑、假释活动进行检察监督的方法：第一，查阅被提请减刑、假释罪犯的案卷材料；第二，查阅监区集体评议减刑、假释会议记录，罪犯计分考核原始凭证，刑罚执行（狱政管理）部门审查意见；第三，列席监狱审核拟提请罪犯减刑、假释的会议；第四，向有关人员了解被提请减刑、假释罪犯的表现等情况。

根据《人民检察院监狱检察办法》的规定，人民检察院在刑罚执行中的主要监督活动应当包括：列席监狱提请减刑假释评审委员会的减刑、假释评审会议。可以参加监狱的刑罚执行（狱政管理）部门有关减刑、假释审查的会议，可以参加分监区有关减刑、假释的集体评议会议。参加会议，一是对有关减刑、假释材料制作进行监督，坚决纠正在提请减刑、假释材料上的任何弄虚作假行为，使人民法院能在真实的经得起推敲的材料基础上作出准确、客观、公正的裁定；二是对刑罚执行机关所提请的具体减刑幅度和假释适宜性进行监督，纠正无视罪犯改造实绩大小，随意确定的错误做法；三是监督执行机关就提请事实的表述，防止发生虚报夸大现象。

掌握罪犯的服刑表现情况。对罪犯服刑表现情况的掌握可以通过“五个经常”进行，即经常找罪犯谈话，了解其认罪悔罪态度；经常到罪犯劳动、学习、生活三大场所实地观察，主动发现问题；经常到监管部门考核机构了解罪犯的考核分数，以及奖、扣分情况和重大违规、违纪情况；经常与监管部门联系，了解罪犯奖惩情况；每月与干警座谈一次，了解罪犯表现情况。同时还通过检察官约见制、投诉制等形式全面、准确、客观了解服刑犯的表现。[①] 人民检察院在监狱内设立信箱制度，通过信箱收集有关信息。

人民检察院的工作人员还可以根据发现的问题查阅监区集体评议减刑、假释

---

① 佚名：《如何加强检察机关对减刑假释活动的检察监督》，资料来源：http：//wendang. freekaoyan. com/baijiazhengming/zhengfawuzhuang/20070202/13269. shtml。

会议的记录；罪犯计分考核原始凭证；刑罚执行（狱政管理）部门审查意见。刑罚执行机关应当接受人民检察院的监督，向人民检察院工作人员提供上述文件。

第二节　对裁定机关的法律监督

当人民法院受理刑罚执行机关有关减刑与假释的提请并立案后，减刑、假释进入裁定阶段。如何防止可能的裁定不当？

一、关于裁定过程中的法律监督

根据2012年1月17日最高人民法院《关于办理减刑、假释案件具体应用法律若干问题的规定》的规定，人民法院审理减刑、假释案件，可以采用书面审理的方式，也可以采用开庭审理的方式。根据该解释的规定，人民法院对下列案件应当开庭审理：因罪犯有重大立功表现提请减刑的；提请减刑的起始时间、间隔时间或者减刑幅度不符合一般规定的；在社会上有重大影响或社会关注度高的；公示期间收到投诉意见的；人民检察院有异议的；人民法院认为有开庭审理必要的。

从理论说，在人民法院对罪犯减刑、假释的书面审理过程中，人民检察院也可以进行监督。但是，由于法律规定有事后监督制度，同时法律监督的切入点需要探讨，所以，现在关注的减刑、假释裁定过程中的法律监督主要是开庭审理中的监督。

从有关实践探索看，关于检察机关在减刑、假释案件的开庭审理中的法律监督，主要包括以下内容：第一，派员出庭。第二，庭审过程中，检察机关出庭人员根据对罪犯实际改造表现的掌握情况，进行了提问、质证。第三，检察机关出庭人员根据庭审情况发表了综合的检察监督意见。①

随着减刑、假释开庭审理制度的完善，检察机关关于减刑、假释开庭审理监督制度也应当相应完善。出庭的检察机关工作人员除了通过当庭询问、质证来确认执行机关提请减刑、假释人员的条件是否具备，减刑、假释意见书所列立功或受表扬的事实是否存在，相关证据是否真实有效，对合议庭是否依据事实和法律审核裁定进行监督，还应当就人民法院合议庭组成、回避等程序问题进行监督。

---

① 李松、黄洁、孔一颖：《北京减刑假释案首次入监审理》，资料来源：http：//news. cqnews. net/html/2011 －11/18/content_ 10192787. htm。

二、关于对裁定结果异议的处理

根据2012年1月17日最高人民法院《关于办理减刑、假释案件具体应用法律若干问题的规定》第28条的规定："减刑、假释的裁定，应当在裁定作出之日起七日内送达有关执行机关、人民检察院以及罪犯本人。"

如果人民检察院对于人民法院的裁定有异议，认为人民法院减刑、假释的裁定不当，如何处理？

2012年3月14日修订后的《刑事诉讼法》第263条规定，"人民检察院认为人民法院减刑、假释的裁定不当，应当在收到裁定书副本后二十日以内，向人民法院提出书面纠正意见"。

根据《刑事诉讼法》第263条的规定，人民检察院所提出的书面纠正意见具有引起重新审理的法律效力："人民法院应当在收到纠正意见后一个月以内重新组成合议庭进行审理，作出最终裁定"。

【案例】刘某入监后，虽然能够积极改造，表现较好，但是按计分考核规定，刘某奖励计分尚未达到减刑分值。而监狱则将刘某家属向监狱捐赠的一百多件物品作为该犯减刑条件呈报减刑。在庭审中检察机关工作人员向执行机关及罪犯本人就此问题提出质疑，人民法院审核裁定时仍对刘某裁定减刑11个月，并送达了减刑裁定书。事后检察机关工作人员根据司法部《关于禁止监狱以任何形式接受罪犯及其家属捐赠钱物的通知》第3条"对向监狱捐赠钱物的罪犯给予计分奖励的，在呈报减刑意见时应当扣除因向监狱捐赠钱物所获奖励的分值"的规定，向人民法院提出书面纠正意见。人民法院重新组成合议庭进行审理，作出最终裁定，撤销刘某的减刑裁定书。①

如何看待人民检察院向人民法院所提出的"书面纠正意见"？人民检察院向人民法院所提出的书面纠正意见是否可以理解为人民检察院向人民法院提出的抗诉？

关于人民检察院对人民法院减刑、假释裁定的事后监督规定在1994年《监狱法》中就进行了规定。《监狱法》第34条第2款规定："人民检察院认为人民法院减刑、假释的裁定不当，应当依照刑事诉讼法规定的期间提出抗诉，对于人民检察院抗诉的案件，人民法院应当重新审理。"但是，1996年《刑事诉讼法》与2012年修订后的《刑事诉讼法》却将检察机关行使监督权的方式修改为"提出书面纠正意见"。抗诉与"提出书面纠正意见"有何区别？根据我国《刑事诉

① 朱碧巍：《如何在公开审理减刑、假释案件中履行好法律监督职责》，资料来源：http：//www. huangshi. jcy. gov. cn/Show. asp？ id = 1937。

讼法》的规定，人民检察院对于一审判决结果的抗诉，会引起二审程序，二审人民法院将根据人民法院的抗诉组成合议庭，开庭审理。而人民检察院“提出书面纠正意见”则是引起原审人民法院“在收到纠正意见后一个月以内重新组成合议庭进行审理，作出最终裁定”。通过上述介绍，我们看到，“提出书面纠正意见”还是与抗诉不同的，“提出书面纠正意见”不是抗诉。限于减刑与假释的性质，特别是减刑的奖励性质，在人民检察院认为人民法院减刑、假释的裁定不当的情况下，使用“提出书面纠正意见”进行监督是适宜的。

如果检察机关认为人民法院重新组成合议庭进行审理后作出的最终裁定仍然有错误时如何处理？为了明确这个问题，1998 年 11 月 16 日最高人民检察院《关于如何适用刑事诉讼法第二百二十二条的批复》规定，如果人民法院减刑、假释的最终裁定确实违反法律规定的诉讼程序或者在认定事实、适用法律上确有错误，人民检察院仍然可以向人民法院提出书面纠正意见，提请人民法院按照审判监督程序依法另行组成合议庭重新作出裁定。但 1999 年 1 月 18 日最高人民检察院《人民检察院刑事诉讼规则》第 431 条规定，对最终裁定不符合法律规定的，应当向同级人民法院提出纠正意见。这两条关于人民检察院再次提出书面纠正意见的规定存在以下两个突出问题：一方面，有越权的嫌疑。因为法律并未赋予人民检察院再次提出书面纠正意见的权力；另一方面，再次提出书面纠正意见的性质不太明确。前一规定似乎将其视为类似于依照审判监督程序提出的抗诉，而后一规定则刻意回避对其性质的表态。实践中，诸如同级人民法院在收到人民检察院再次提出的书面纠正意见后是否必须再次审理以及再次审理时按照何种程序进行审理这样的问题，按照这两条规定均无法得到合理的解决。为进一步解决司法实践中检察机关对减刑、假释的监督效果不佳的问题，在未来修改有关规定时，有关机关需要在此作出明确的规定。

第八章　减刑、假释适用中的刑事责任

第一节　徇私舞弊减刑、假释犯罪问题

如何处理减刑、假释提请、裁定中徇私舞弊，滥用权力的行为？

20世纪80年代初期，由于有关法律不完善，对有关机关工作人员的徇私舞弊、滥用减刑权与假释权的行为，通常采用纪律方法惩戒违法者。20世纪80年代后期，随着有关规定的完善，司法机关才根据1986年3月24日最高人民检察院制发的《人民检察院直接受理的法纪检察案件立案标准的规定（试行）》和1989年11月30日最高人民检察院制发的《人民检察院直接受理的侵犯公民民主权利、人身权利和渎职案件立案标准的规定》两个司法解释的规定精神，比照徇私舞弊罪按1979年《刑法》第188条追究其刑事责任。

自20世纪90年代初以来，监管场所发生的腐败案件不断增加，主要集中在为罪犯办理减刑、假释等工作环节。个别司法工作人员出于利益驱动，或者其他私情私利，弄虚作假，故意违背事实和法律的规定，对于不符合法律规定的减刑、假释条件的罪犯，予以减刑、假释、暂予监外执行，甚至有人“拿钱买刑”、“以钱赎刑”，致使一些被违法减刑、假释的罪犯逍遥法外，蔑视法律，继续危害社会。这些行为不仅使犯罪分子得不到应有的制裁，而且破坏了刑罚执行的严肃性，严重影响国家对罪犯改造工作的正常进行，损害法制尊严和司法机关的形象。因此，《刑法》修订过程中不少部门和一些专家学者都指出，司法人员徇私舞弊，对不符合减刑、假释条件的罪犯，予以减刑、假释的行为，必须予以刑事处罚，以维护刑事判决、刑事监管的严肃性，从而使改造罪犯的工作得以顺利进行。立法机关采纳上述建议，在1997年《刑法》第401条中增设了徇私舞弊减刑、假释、暂予监外执行罪。这样，司法机关对在减刑、假释提请、裁定中徇私舞弊，滥用权力的犯罪分子，就可以根据徇私舞弊减刑、假释、暂予监外执行罪追究刑事责任。

根据《刑法》的规定，徇私舞弊减刑、假释、暂予监外执行罪，是指司法工作人员徇私舞弊，对不符合减刑、假释、暂予监外执行条件的罪犯予以减刑、

假释或者暂予监外执行的行为。根据定义，徇私舞弊减刑、假释、暂予监外执行罪的犯罪客体是国家关于减刑、假释与暂予监外执行的正常管理活动。徇私舞弊减刑、假释、暂予监外执行罪在客观方面表现为，徇私舞弊，对不符合减刑、假释、暂予监外执行条件的罪犯予以减刑、假释或者暂予监外执行的行为。所谓徇私舞弊，主要表现为掌握减刑、假释与暂予监外执行提请与裁定权力的有关机关工作人员，明知罪犯不符合减刑、假释或者暂予监外执行的条件，捏造事实、伪造证据，如伪造悔改或立功表现，伪造病历、诊断证明等，制作内容虚假的减刑、假释、暂予监外执行的材料。所谓不符合减刑、假释、暂予监外执行条件的罪犯，是指不符合减刑、假释、暂予监外执行的实质条件的罪犯，以及法律和有关司法解释所规定的不得减刑、假释或者暂予监外执行的罪犯。徇私舞弊减刑、假释、暂予监外执行罪的主体是司法机关工作人员。按照《刑法》的规定，徇私舞弊减刑、假释、暂予监外执行罪的主体可以归纳为两类：一类是具有报请、裁定或者决定减刑、假释、暂予监外执行权的司法机关工作人员；另一类是不具有报请、裁定或者决定减刑、假释、暂予监外执行权的司法机关工作人员。具体指一是监狱、公安机关等执行机关的工作人员明知罪犯不符合减刑、假释或者暂予监外执行的条件，捏造事实，伪造证据，如伪造悔改或立功表现，伪造病历、诊断证明等，制作、报请内容虚假的减刑、假释、暂予监外执行的材料；二是有权决定减刑、假释、暂予监外执行的人民法院、省级监狱管理机关、公安机关的工作人员明知罪犯不符合减刑、假释或者暂予监外执行的条件，而违法地作出减刑、假释的裁定或者暂予监外执行的决定。徇私舞弊减刑、假释、暂予监外执行罪在主观方面表现为故意，即行为人明知罪犯不符合减刑、假释、暂予监外执行的条件，而故意对其予以减刑、假释、暂予监外执行。实践中，行为人实施徇私舞弊减刑、假释、暂予监外执行罪一般都是出于徇私的动机，因此，《刑法》明确规定徇私舞弊减刑、假释、暂予监外执行罪的“徇私”动机。如何理解“徇私”？一般认为，所谓徇私是指为了私利、私情。最高人民检察院 1996 年 5 月《关于办理徇私舞弊犯罪案件适用法律若干问题的解释》曾经规定，《刑法》中的徇私是指贪图钱财、袒护朋友、泄愤报复或者其他私情私利。虽然该解释现已废止，但是，该解释对“徇私”的解释还是合理的，在文义解释的范围。

一、徇私舞弊减刑、假释犯罪案件的立案

根据《刑法》与 2006 年 7 月 26 日最高人民检察院《关于渎职侵权犯罪案件立案标准的规定》的规定，在减刑、假释工作中涉嫌下列情形之一的，应予立案：

1. 刑罚执行机关的工作人员对不符合减刑、假释、暂予监外执行条件的罪

犯，捏造事实，伪造材料，违法报请减刑、假释、暂予监外执行的。“捏造事实”、“伪造材料”可以表现为：捏造、伪造“确有悔改表现”的事实与材料；捏造、伪造“立功”表现的事实与材料；捏造、伪造“立大功”表现的事实与材料；捏造、伪造“没有再犯罪的危险”的事实与材料；捏造、伪造计分考核材料，等等。

【案例】1993 年开始，广西某监狱就存在“以钱抵刑”的问题。只要罪犯及其家属愿意向罪犯所在的大、中队缴纳 3000 元的“赞助款”或“集资款”，便可以获减刑 1 年；缴纳 4000 元可获保外就医；缴纳 1 万元可获假释。在收受贿赂之后，监管干部对罪犯的表现情况，不好的说好，不够分的加分，从中队、大队到监狱，捏造事实，伪造各种材料，以使罪犯“合法”地被减刑、假释或暂予监外执行。例如，被判刑 8 年的马某凭借一份近乎完美的“个人鉴定”——“三课学习成绩优良，协助干部做后进罪犯思想转化工作 33 人次，效果好，制止违规行为 21 起，账目日清月结，无差错，为职工、罪犯治病 300 多例，做好事 37 件，有悔改表现……”在服刑不足 1 年的情况下就得以假释出狱。

本案中广西某监狱监管干部对不符合减刑、假释、暂予监外执行条件的罪犯捏造事实，伪造材料，违法报请减刑、假释、暂予监外执行，符合最高人民检察院《关于渎职侵权犯罪案件立案标准的规定》中立案标准。

刑罚执行机关的工作人员对不符合减刑、假释、暂予监外执行条件的罪犯，捏造事实，伪造材料，违法报请减刑、假释、暂予监外执行，当然符合最高人民检察院《关于渎职侵权犯罪案件立案标准的规定》中立案标准。而刑罚执行机关的工作人员指使他人对不符合减刑、假释、暂予监外执行条件的罪犯，捏造事实，伪造材料，违法报请减刑、假释、暂予监外执行，也符合最高人民检察院《关于渎职侵权犯罪案件立案标准的规定》中立案标准。

【案例】河北省某监狱狱政科刘某利用职务之便，给监狱计分考核负责人写条子让给服刑罪犯张某某补记 3 个功。张某某减刑 1 年后出狱。出狱后张某某不思悔改又因琐事杀人。在责任倒查中，刘某为张某某补记 3 个功一事案发。根据有关规定，刘某被追究了刑事责任。

2. 审判人员对不符合减刑、假释条件的罪犯，徇私舞弊，违法裁定减刑、假释的。徇私舞弊，违法裁定减刑、假释，是指故意违背事实与法律，对不符合条件，或者不完全符合条件的罪犯，即不符合或者不完全符合“确有悔改表现”、“立功”、“立大功”、“没有再犯罪的危险”条件的罪犯，徇私舞弊，违法裁定减刑、假释。

【案例】2002 年王某在审理罪犯邓某、刘某减刑提请案中，收取罪犯亲属

26000元后，故意违背事实和法律，虚假向合议庭汇报监狱提出的减刑、假释意见，并私自涂改合议庭记录，致使两罪犯被假释。①

如果罪犯虽然符合减刑的“入门”条件，但是，不满足减除幅度更大刑罚的条件，而审判人员徇私舞弊，仍然为罪犯减除幅度大的刑罚，是否属于“徇私舞弊，违法裁定减刑、假释”？例如，根据有关规定，有期徒刑罪犯确有悔改表现，或者有立功表现的，一次减刑一般不超过1年有期徒刑，但是审判人员却违法规定，一次给罪犯减除2年的刑罚。答案应当是肯定的。

【案例】1998年3月，监狱给罪犯胡某呈报减刑1年，4月2日刑二庭合议庭讨论决定给胡某减刑10个月。哲某在收受胡某罪犯家属2万元贿赂后，擅自将减刑裁定改为假释，并将合议庭的讨论时间改为5月6日（正好胡某刑期过半），最后在涂改的司法文书上加盖自己的私人印章。哲某的行为即构成了本罪。

3. 不具有报请、裁定减刑、假释的司法工作人员利用职务上的便利，伪造有关材料，导致不符合减刑、假释条件的罪犯被减刑、假释的。

4. 其他徇私舞弊减刑、假释应予追究刑事责任的情形。

二、徇私舞弊减刑、假释犯罪案件认定中的问题

（一）徇私舞弊减刑、假释、暂予监外执行罪与其他犯罪的界限

1. 徇私舞弊减刑、假释、暂予监外执行罪与私放在押人员罪的界限。

两罪的区别在于：（1）行为对象不同。本罪的行为对象是不符合减刑、假释、暂予监外执行条件的罪犯；私放在押人员罪的对象则是在押的犯罪嫌疑人、被告人或者罪犯。（2）客观方面的表现不同。本罪在客观方面表现为徇私舞弊，对不符合减刑、假释、暂予监外执行条件的罪犯，违法予以减刑、假释、暂予监外执行的行为；而私放在押人员罪在客观方面则表现为私放在押的犯罪嫌疑人、被告人或者罪犯，以使其脱离监所或羁押的行为。（3）主体有所不同。本罪的主体不仅指刑罚执行机关的司法工作人员，而且也包括人民法院、监狱管理机关的司法工作人员；私放在押人员罪的主体则是指负有监管、看守、押解职责的司法工作人员。（4）主观方面的要求不同。本罪在主观方面明确规定了“徇私”的动机；而私放在押人员罪在主观方面并无此要求，即行为人是否出于徇私的动机，并不影响私放在押人员罪的成立。

---

① 张东旭：《从二起案例谈对减刑、假释监督的思考》，资料来源：http://www.jtjcy.com/main.asp?ptype=%D2%D4%B0%B8%CA%CD%B7%A8&id=53。

2. 徇私舞弊减刑、假释、暂予监外执行罪与徇私枉法罪的界限。

两罪在主观方面都是为徇私情而故意犯罪。两罪容易混淆的是，当人民法院工作人员徇私舞弊，违背事实和法律，对不符合减刑、假释条件的罪犯作出减刑、假释的裁定时，对其行为是按徇私舞弊减刑、假释、暂予监外执行罪论处，还是按徇私枉法罪定罪处罚呢？两罪的主要区别在于：（1）侵犯的客体不同。本罪侵犯的客体是国家关于减刑、假释与暂予监外执行的正常管理活动，其犯罪对象是已决的罪犯；徇私枉法罪侵犯的客体是国家的司法公正，其犯罪对象包括未决的犯罪嫌疑人和无辜者。（2）客观方面不同。本罪在客观方面表现为徇私舞弊，对不符合减刑、假释、暂予监外执行条件的罪犯，予以减刑、假释、暂予监外执行的行为，犯罪时间发生在判决生效之后；徇私枉法罪在客观方面表现为对明知是无罪的人而使其被追诉、对明知是有罪的人而故意包庇不使其受追诉，或者在刑事审判活动中故意违背事实和法律作枉法裁判的行为，犯罪时间发生在判决生效之前。（3）主体不尽相同。两罪的主体虽然都是司法工作人员，但本罪的主体除了公安机关和审判机关的司法工作人员外，还包括监狱部门的司法工作人员；而徇私枉法罪的主体不包括监狱部门的司法工作人员。

（二）徇私舞弊减刑、假释、暂予监外执行罪的特殊形态认定

1. 关于司法机关工作人员收受贿赂，又实施本罪的罪数问题。

《刑法》对司法机关工作人员收受贿赂，徇私舞弊减刑、假释、暂予监外执行的行为如何处理没有作出规定。根据最高人民检察院 1996 年 5 月《关于办理徇私舞弊犯罪案件适用法律若干问题的解释》第 6 条的规定：“犯徇私舞弊罪并有受贿、刑讯逼供等行为构成犯罪的，应当依法按数罪并罚原则追究刑事责任。”笔者认为，上述行为应具体分析：如果司法机关工作人员收受贿赂的数额不满 5000 元，徇私舞弊减刑、假释、暂予监外执行的行为已构成犯罪的，应以徇私舞弊减刑、假释、暂予监外执行罪一罪论处；如果司法机关工作人员收受贿赂的数额达 5000 元以上，徇私舞弊减刑、假释、暂予监外执行的行为也已构成犯罪的，属于手段行为（徇私舞弊减刑、假释、暂予监外执行）与目的行为（收受贿赂）的牵连犯，由于《刑法》对此没有作出明确规定，因此应按照牵连犯的处断原则即从一重论处。根据《刑法》第 386 条关于受贿罪的规定，个人受贿数额在 10 万元以上的，处 10 年以上有期徒刑或者无期徒刑，可以并处没收财产；情节特别严重的，处死刑，并处没收财产；个人受贿数额在 5 万元以上不满 10 万元的，处 5 年以上有期徒刑，可以并处没收财产；情节特别严重的，处无期徒刑，并处没收财产。个人受贿数额在 5000 元以上不满 5 万元的，处 1 年以上 7 年以下有期徒刑；情节严重的，处 7 年以上 10 年以下有期徒刑。个人受贿数额在 5000 元以上不满 1 万元，犯罪后有悔改表现、积极退赃的，可以减轻处罚或者免予刑事处罚，由其所在单位或者上级主管机关给予行政处分。5000

元在认定受贿行为是否构成犯罪上具有重要意义。

2. 关于本罪的共同犯罪问题。

本罪既有可能由行为人单独实施，也可能和有关人员一起在减刑、假释、暂予监外执行的建议阶段、决定阶段甚至监督阶段，徇私舞弊实施减刑、假释、暂予监外执行行为。因此，本罪往往表现为司法机关工作人员的共同犯罪行为。本罪的共同犯罪一般表现为监狱等执行机关工作人员捏造证明罪犯符合减刑、假释、暂予监外执行条件的材料，并报请有决定权的机关裁定或者决定。在此过程中，如果监狱等执行机关工作人员与有决定权的机关的工作人员有共同的犯罪故意，也就是说，他们是在共同的犯罪故意下实施了本罪的实行行为，那么他们当然可以构成本罪的共同犯，应当依法以本罪的共同犯罪论处。如果有权决定减刑、假释、暂予监外执行的人员与监狱等执行机关工作人员没有犯意联络，也即没有共同犯罪的故意，那么只能认定监狱等执行机关工作人员单独构成徇私舞弊减刑、假释、暂予监外执行罪；至于那些负有决定减刑、假释、暂予监外执行的人员则可根据案件的具体情况认定为工作失误或玩忽职守。

另外一种共同犯罪的情况是没有减刑、假释、暂予监外执行建议权、决定权和监督权的有关工作人员与有权者通谋，共同实施违法的减刑、假释、暂予监外执行的行为，这如上文所言，显然可以构成本罪的共犯。

三、徇私舞弊减刑、假释犯罪可能被判处的刑罚

根据《刑法》第401条的规定，行为人因为徇私舞弊减刑、假释而构成徇私舞弊减刑、假释、暂予监外执行罪，处3年以下有期徒刑或者拘役；情节严重的，处3年以上7年以下有期徒刑。“情节严重”，一般是指对罪行严重的罪犯减刑、假释的；被违法减刑、假释的罪犯继续犯罪，危害社会的；违法减刑、假释、暂予监外执行造成恶劣的社会影响的；收受罪犯及其家属的财物而违法办理减刑、假释、暂予监外执行的，等等。

第二节 受贿犯罪问题

【案例】 罪犯刘某某在服刑期间为了能减刑，于2002年6月7日给自己的亲属写信，要自己的亲属拿3000元为其办理减刑，并把干警王某联系方式告诉自己的亲属。刘某某的亲属往王某提供的银行卡中存了3000元现金。虽然王某收到了钱，但由于刘某某的条件不够，当次未能减刑。刘某某于是又对王某提出等其条件符合时，再拿些钱给王某为其办理假释，王某表示一定尽力。2003年3月24日，刘某某让自己的亲属往王某提供的银行卡中又存了4000元现金。同年7月17日王某主持召开四监区会议时建议对刘某某假释并填表呈报监狱审批。

2003年11月18日中级人民法院裁定，对罪犯刘某某予以假释。

通过本案，我们看到，在减刑、假释领域受贿行为也是有很大空间的。那么，哪些行为可以认定为受贿罪？

一、受贿犯罪案件的立案

受贿罪，是指国家工作人员利用职务上的便利，索取他人财物的，或者非法收受他人财物，为他人谋取利益的行为。

受贿罪侵犯的客体是国家工作人员的职务廉洁性。受贿罪的犯罪对象是贿赂。受贿罪在客观方面表现为利用职务上的便利，索取他人财物，或者非法收受他人财物，为他人谋取利益的行为。受贿行为包括两种不同的基本形式：一是利用职务之便，索取他人财物。二是利用职务之便，非法收受他人财物，为他人谋取利益。除上述受贿行为的基本形式之外，我国《刑法》还对经济往来中的受贿行为以及斡旋受贿行为作出了专门规定。《刑法》第385条第2款规定，国家工作人员在经济往来中，违反国家规定，收受各种名义的回扣、手续费，归个人所有的，以受贿论处。《刑法》第388条规定，国家工作人员利用本人职权或者地位形成的便利条件，通过其他国家工作人员职务上的行为，为请托人谋取不正当利益，索取请托人财物或者收受请托人财物的，以受贿论处。受贿罪的犯罪主体是特殊主体，即国家工作人员。受贿罪的主观方面是故意。首先，行为人认识到自己索取、收受贿赂的行为是在与对方进行权钱交易，认识到自己的行为会侵害职务行为的廉洁性。其次，行为人对受贿行为本身的危害后果，即对职务行为廉洁性的侵犯，持希望或者放任的态度。

根据1999年9月16日最高人民检察院《关于人民检察院直接受理立案侦查案件立案标准的规定（试行）》的规定，涉嫌下列情形之一的，应予立案：个人受贿数额在5000元以上的；个人受贿数额不满5000元，但具有下列情形之一的：因受贿行为而使国家或者社会利益遭受重大损失的；故意刁难、要挟有关单位、个人，造成恶劣影响的；强行索取财物的。

上述案例中，王某身为国家工作人员，利用职务便利，帮助罪犯办理减刑、假释，为他人谋取利益，非法收受他人财物金额达到7000元。根据最高人民检察院《关于人民检察院直接受理立案侦查案件立案标准的规定（试行）》的规定应当立案。

【案例】罪犯杨某为了能减刑，找到监狱监区长张某表示愿花1500元减刑。张某将储蓄卡账号告诉杨某，杨某叫其父往该卡存入1500元。2003年3月27日，张某召开监区会议时建议对杨某减刑1年并填表呈报给监狱审批。2003年6月30日经中级人民法院裁定，对罪犯杨某减去有期徒刑8个月。

在本案中，虽然张某收受贿赂，但是不满5000元，而又没有因受贿行为而使国家或者社会利益遭受重大损失的；故意刁难、要挟有关单位、个人，造成恶劣影响的；强行索取财物的情节，因而，不宜立案。

二、受贿犯罪案件认定中的问题

（一）关于“利用职务上的便利”的理解

如何理解“利用职务上的便利”？学界有不同的观点，有的认为“利用职务上的便利”包括利用自己的职务，也包括利用他人的职务；有的认为“利用职务上的便利”不仅包括利用现在的职务，还包括利用过去的职务。[①] 司法解释对此也有不同解释。根据1999年9月16日最高人民检察院《关于人民检察院直接受理立案侦查案件立案标准的规定（试行）》的规定，“利用职务上的便利”，是指利用本人职务范围内的权力，即自己职务上主管、负责或者承办某项公共事务的职权及其所形成的便利条件。根据2003年11月13日最高人民法院《全国法院审理经济犯罪案件工作座谈会纪要》的规定，“利用职务上的便利”，既包括利用本人职务上主管、负责、承办某项公共事务的职权，也包括利用职务上有隶属、制约关系的其他国家工作人员的职权。担任单位领导职务的国家工作人员通过不属自己主管的下级部门的国家工作人员的职务为他人谋取利益的，应当认定为“利用职务上的便利”为他人谋取利益。按照新解释优于旧解释的原则，同时考虑最高人民法院《全国法院审理经济犯罪案件工作座谈会纪要》的解释更符合受贿罪立法精神，因而，后者被普遍接受。

根据最高人民法院《全国法院审理经济犯罪案件工作座谈会纪要》的解释，在减刑、假释工作中，不仅具体经办案件的工作人员“利用职务上的便利”收受贿赂，可以构成受贿罪，而且其他工作人员，如与经办工作人员有隶属关系、制约关系的其他国家工作人员，也可以认定为“利用职务上的便利”。

（二）关于“为他人谋取利益”的理解

在“非法收受”型受贿罪中，“为他人谋取利益”是犯罪构成的要件。如何理解“为他人谋取利益”？根据最高人民法院《全国法院审理经济犯罪案件工作座谈会纪要》的规定，“为他人谋取利益”包括承诺、实施和实现三个阶段的行为。只要具有其中一个阶段的行为，如国家工作人员收受他人财物时，根据他人提出的具体请托事项，承诺为他人谋取利益的，就具备了为他人谋取利益的要件。明知他人有具体请托事项而收受其财物的，视为承诺为他人谋取利益。据此，不能将“为他人谋取利益”简单地理解为已经为他人谋取到了利益。一般

---

① 王作富主编：《刑法分则实务研究》（下），中国方正出版社2007年版，第1796页。

而言，“为他人谋取利益”包括四种情况：一是已经许诺，包括明示与默许为他人谋取利益，但尚未实际进行；二是已经着手为他人谋取利益，但尚未谋取到利益；三是已经着手为他人谋取利益，但尚未完全实现；四是为他人谋取利益，已经完全实现。在前述案例中王某接受刘某某亲属3000元，虽然未给刘某某办成减刑，但是，已经“着手为他人谋取利益”，因而，属于“为他人谋取利益”。

（三）关于“斡旋受贿”的理解

《刑法》第388条规定，国家工作人员利用本人职权或者地位形成的便利条件，通过其他国家工作人员职务上的行为，为请托人谋取不正当利益，索取请托人财物或者收受请托人财物的，以受贿论处。关于“斡旋受贿”可以作如下理解：第一，必须利用本人职权或者地位形成的便利条件。根据2003年11月13日最高人民法院《全国法院审理经济犯罪案件工作座谈会纪要》的规定，“利用本人职权或者地位形成的便利条件”，是指行为人与被其利用的国家工作人员之间在职务上虽然没有隶属、制约关系，但是行为人利用了本人职权或者地位产生的影响和一定的工作联系，如单位内不同部门的国家工作人员之间、上下级单位没有职务上隶属、制约关系的国家工作人员之间、有工作联系的不同单位的国家工作人员之间等。第二，接受他人请托，通过其他国家工作人员职务上的行为，为请托人谋取不正当利益。何为“不正当利益”？学界有的认为“不正当利益”是非法利益，有的认为是正当途径所获得利益。[①] 1999年3月4日最高人民法院、最高人民检察院《关于在办理受贿犯罪大要案的同时要严肃查处严重行贿犯罪分子的通知》规定，“谋取不正当利益”，是指谋取违反法律、法规、国家政策和国务院各部门规章规定的利益，以及要求国家工作人员或者有关单位提供违反法律、法规、国家政策和国务院各部门规章规定的帮助或者方便条件。第三，必须索取请托人财物或者收受请托人财物。

【案例】某中院民庭工作人员赵某收受罪犯肖某家属8000元现金后找中院审判监督庭庭长马某，让马某帮助将肖某假释。监狱已经向中院提请对肖某假释，而肖某不符合假释条件。

根据上述对“斡旋受贿”的解释，赵某的行为属于斡旋受贿。

（四）受贿罪与利用影响力受贿罪的界限

利用影响力受贿罪，是指国家工作人员的近亲属或者其他与该国家工作人员关系密切的人，通过该国家工作人员职务上的行为，或者利用该国家工作人员职权或者地位形成的便利条件，以及离职的国家工作人员或者其近亲属以及其他与

---

① 王作富主编：《刑法分则实务研究》（下），中国方正出版社2007年版，第1805页。

其关系密切的人，利用该离职的国家工作人员原职权或者地位形成的便利条件，通过其他国家工作人员职务上的行为，为请托人谋取不正当利益，索取请托人财物或者收受请托人财物，数额较大或者有其他较重情节的行为。受贿罪与利用影响力受贿罪的主要区别点在于犯罪主体不同。受贿罪的主体是特殊主体，即在职的国家工作人员，而利用影响力受贿罪的主体是与国家工作人员（以及离职的国家工作人员）关系密切的非国家工作人员，包括国家工作人员的近亲属或者其他与该国家工作人员关系密切的人，以及离职的国家工作人员或者其近亲属以及其他与其关系密切的人。近亲属主要是指夫、妻、父、母、子、女、同胞兄弟姊妹、祖父母、外祖父母、孙子女、外孙子女。其他与其关系密切的人，是指除近亲属之外的其他关系亲近、可以间接或无形的方式对国家工作人员的行为、决定施加影响的人。离职的国家工作人员，是指曾经是国家工作人员，但由于离休、退休、辞职、辞退等原因已离开了国家工作岗位的人。受贿罪与利用影响力受贿罪的客观方面也有所不同。特定非国家工作人员利用在职或现职国家工作人员职务上的行为，为请托人谋取不正当利益，索取请托人财物或者收受请托人财物，数额较大或者有其他较重情节的，构成利用影响力受贿罪。

根据法律规定，如果国家工作人员的近亲属或者其他与该国家工作人员关系密切的人，通过该国家工作人员职务上的行为，或者利用该国家工作人员职权或者地位形成的便利条件，以及离职的国家工作人员或者其近亲属以及其他与其关系密切的人，利用该离职的国家工作人员原职权或者地位形成的便利条件，通过其他国家工作人员职务上的行为，为请托人谋取不正当利益，帮助罪犯减刑、假释，索取请托人财物或者收受请托人财物，数额较大或者有其他较重情节的，构成利用影响力受贿罪，而不构成受贿罪。

（五）受贿罪与敲诈勒索罪的界限

受贿罪与敲诈勒索罪的界限可以从以下几方面进行区别：其一，受贿罪侵犯的客体是单一客体，敲诈勒索罪侵犯的客体是复杂客体。其二，受贿罪的主体必须是国家工作人员，敲诈勒索罪的主体是一般主体。其三，受贿罪必须利用职务上的便利，敲诈勒索罪没有利用职务上的便利。其中，区分两罪的关键是行为人是否利用职务上的便利。在他人有求于国家工作人员的事项必须利用职务上的便利才能实现的条件下，行为人索取财物或者非法收受他人财物的，属于受贿行为，构成受贿罪的，依法追究其刑事责任。

三、受贿犯罪可能被判处的刑罚

《刑法》第386条规定：“对犯受贿罪的，根据受贿所得数额及情节，依照本法第三百八十三条的规定处罚。索贿的从重处罚。”《刑法》第383条是关于贪污罪的处罚的规定。

据此，受贿罪的具体处罚标准是：

（1）个人受贿数额在10万元以上的，处10年以上有期徒刑或者无期徒刑，可以并处没收财产；情节特别严重的，处死刑，并处没收财产。

（2）个人受贿数额在5万元以上不满10万元的，处5年以上有期徒刑，可以并处没收财产；情节特别严重的，处无期徒刑，并处没收财产。

（3）个人受贿数额在5000元以上不满5万元的，处1年以上7年以下有期徒刑；情节严重的，处7年以上10年以下有期徒刑。个人受贿数额在5000元以上不满1万元，犯罪后有悔改表现、积极退赃的，可以减轻处罚或者免予刑事处罚，由其所在单位或者上级主管机关给予行政处分。

（4）个人受贿数额不满5000元，情节较重的，处2年以下有期徒刑或者拘役；情节较轻的，由其所在单位或者上级主管机关酌情给予行政处分。

此外，对多次受贿未经处理的，按照累计受贿数额处罚。索贿的从重处罚。

附　　录

中华人民共和国刑法（节录）

(1979年7月1日第五届全国人民代表大会第二次会议通过　1997年3月14日第八届全国人民代表大会第五次会议修订通过　1997年3月14日中华人民共和国主席令第83号公布　自1997年10月1日起施行)

第三章　刑　　罚

第一节　刑罚的种类

第三十二条　刑罚分为主刑和附加刑。

第三十三条　主刑的种类如下：

（一）管制；

（二）拘役；

（三）有期徒刑；

（四）无期徒刑；

（五）死刑。

第三十四条　附加刑的种类如下：

（一）罚金；

（二）剥夺政治权利；

（三）没收财产。

附加刑也可以独立适用。

第三十五条　对于犯罪的外国人，可以独立适用或者附加适用驱逐出境。

第三十六条　由于犯罪行为而使被害人遭受经济损失的，对犯罪分子除依法给予刑事处罚外，并应根据情况判处赔偿经济损失。

承担民事赔偿责任的犯罪分子，同时被判处罚金，其财产不足以全部支付的，或者被判处没收财产的，应当先承担对被害人的民事赔偿责任。

第三十七条　对于犯罪情节轻微不需要判处刑罚的，可以免予刑事处罚，但是可以根据案件的不同情况，予以训诫或者责令具结悔过、赔礼道歉、赔偿损失，或者由主管部门予以行政处罚或者行政处分。

第二节 管 制

第三十八条 管制的期限，为三个月以上二年以下。

判处管制，可以根据犯罪情况，同时禁止犯罪分子在执行期间从事特定活动，进入特定区域、场所，接触特定的人。①

对判处管制的犯罪分子，依法实行社区矫正。

违反第二款规定的禁止令的，由公安机关依照《中华人民共和国治安管理处罚法》的规定处罚。②

第三十九条 被判处管制的犯罪分子，在执行期间，应当遵守下列规定：

（一）遵守法律、行政法规，服从监督；

（二）未经执行机关批准，不得行使言论、出版、集会、结社、游行、示威自由的权利；

（三）按照执行机关规定报告自己的活动情况；

（四）遵守执行机关关于会客的规定；

（五）离开所居住的市、县或者迁居，应当报经执行机关批准。

对于被判处管制的犯罪分子，在劳动中应当同工同酬。

第四十条 被判处管制的犯罪分子，管制期满，执行机关应即向本人和其所在单位或者居住地的群众宣布解除管制。

第四十一条 管制的刑期，从判决执行之日起计算；判决执行以前先行羁押的，羁押一日折抵刑期二日。

第三节 拘 役

第四十二条 拘役的期限，为一个月以上六个月以下。

第四十三条 被判处拘役的犯罪分子，由公安机关就近执行。

在执行期间，被判处拘役的犯罪分子每月可以回家一天至两天；参加劳动的，可以酌量发给报酬。

第四十四条 拘役的刑期，从判决执行之日起计算；判决执行以前先行羁押的，羁押一日折抵刑期一日。

---

① 本款为2011年2月25日中华人民共和国主席令第41号公布的《中华人民共和国刑法修正案（八）》所增加。——编者注

② 本款为2011年2月25日中华人民共和国主席令第41号公布的《中华人民共和国刑法修正案（八）》所增加。——编者注

第四节 有期徒刑、无期徒刑

第四十五条 有期徒刑的期限，除本法第五十条、第六十九条规定外，为六个月以上十五年以下。

第四十六条 被判处有期徒刑、无期徒刑的犯罪分子，在监狱或者其他执行场所执行；凡有劳动能力的，都应当参加劳动，接受教育和改造。

第四十七条 有期徒刑的刑期，从判决执行之日起计算；判决执行以前先行羁押的，羁押一日折抵刑期一日。

第五节 死 刑

第四十八条 死刑只适用于罪行极其严重的犯罪分子。对于应当判处死刑的犯罪分子，如果不是必须立即执行的，可以判处死刑同时宣告缓期二年执行。

死刑除依法由最高人民法院判决的以外，都应当报请最高人民法院核准。死刑缓期执行的，可以由高级人民法院判决或者核准。①

第四十九条 犯罪的时候不满十八周岁的人和审判的时候怀孕的妇女，不适用死刑。

审判的时候已满七十五周岁的人，不适用死刑，但以特别残忍手段致人死亡的除外。

第五十条② 判处死刑缓期执行的，在死刑缓期执行期间，如果没有故意犯罪，二年期满以后，减为无期徒刑；如果确有重大立功表现，二年期满以后，减为二十五年有期徒刑；如果故意犯罪，查证属实的，由最高人民法院核准，执行死刑。

对被判处死刑缓期执行的累犯以及因故意杀人、强奸、抢劫、绑架、放火、爆炸、投放危险物质或者有组织的暴力性犯罪被判处死刑缓期执行的犯罪分子，人民法院根据犯罪情节等情况可以同时决定对其限制减刑。

第五十一条 死刑缓期执行的期间，从判决确定之日起计算。死刑缓期执行减为有期徒刑的刑期，从死刑缓期执行期满之日起计算。

第六节 罚 金

第五十二条 判处罚金，应当根据犯罪情节决定罚金数额。

---

① 本款为2011年2月25日中华人民共和国主席令第41号公布的《中华人民共和国刑法修正案（八）》所增加。——编者注

② 本款为2011年2月25日中华人民共和国主席令第41号公布的《中华人民共和国刑法修正案（八）》所修改。——编者注

第五十三条 罚金在判决指定的期限内一次或者分期缴纳。期满不缴纳的，强制缴纳。对于不能全部缴纳罚金的，人民法院在任何时候发现被执行人有可以执行的财产，应当随时追缴。如果由于遭遇不能抗拒的灾祸缴纳确实有困难的，可以酌情减少或者免除。

第七节 剥夺政治权利

第五十四条 剥夺政治权利是剥夺下列权利：

（一）选举权和被选举权；

（二）言论、出版、集会、结社、游行、示威自由的权利；

（三）担任国家机关职务的权利；

（四）担任国有公司、企业、事业单位和人民团体领导职务的权利。

第五十五条 剥夺政治权利的期限，除本法第五十七条规定外，为一年以上五年以下。

判处管制附加剥夺政治权利的，剥夺政治权利的期限与管制的期限相等，同时执行。

第五十六条 对于危害国家安全的犯罪分子应当附加剥夺政治权利；对于故意杀人、强奸、放火、爆炸、投毒、抢劫等严重破坏社会秩序的犯罪分子，可以附加剥夺政治权利。

独立适用剥夺政治权利的，依照本法分则的规定。

第五十七条 对于被判处死刑、无期徒刑的犯罪分子，应当剥夺政治权利终身。

在死刑缓期执行减为有期徒刑或者无期徒刑减为有期徒刑的时候，应当把附加剥夺政治权利的期限改为三年以上十年以下。

第五十八条 附加剥夺政治权利的刑期，从徒刑、拘役执行完毕之日或者从假释之日起计算；剥夺政治权利的效力当然施用于主刑执行期间。

被剥夺政治权利的犯罪分子，在执行期间，应当遵守法律、行政法规和国务院公安部门有关监督管理的规定，服从监督；不得行使本法第五十四条规定的各项权利。

第八节 没收财产

第五十九条 没收财产是没收犯罪分子个人所有财产的一部或者全部。没收全部财产的，应当对犯罪分子个人及其扶养的家属保留必需的生活费用。

在判处没收财产的时候，不得没收属于犯罪分子家属所有或者应有的财产。

第六十条 没收财产以前犯罪分子所负的正当债务，需要以没收的财产偿还的，经债权人请求，应当偿还。

第四章　刑罚的具体运用

第一节　量　　刑

第六十一条　对于犯罪分子决定刑罚的时候，应当根据犯罪的事实、犯罪的性质、情节和对于社会的危害程度，依照本法的有关规定判处。

第六十二条　犯罪分子具有本法规定的从重处罚、从轻处罚情节的，应当在法定刑的限度以内判处刑罚。

第六十三条　犯罪分子具有本法规定的减轻处罚情节的，应当在法定刑以下判处刑罚；本法规定有数个量刑幅度的，应当在法定量刑幅度的下一个量刑幅度内判处刑罚。①

犯罪分子虽然不具有本法规定的减轻处罚情节，但是根据案件的特殊情况，经最高人民法院核准，也可以在法定刑以下判处刑罚。

第六十四条　犯罪分子违法所得的一切财物，应当予以追缴或者责令退赔；对被害人的合法财产，应当及时返还；违禁品和供犯罪所用的本人财物，应当予以没收。没收的财物和罚金，一律上缴国库，不得挪用和自行处理。

第二节　累　　犯

第六十五条　被判处有期徒刑以上刑罚的犯罪分子，刑罚执行完毕或者赦免以后，在五年以内再犯应当判处有期徒刑以上刑罚之罪的，是累犯，应当从重处罚，但是过失犯罪和不满十八周岁的人犯罪的除外。②

前款规定的期限，对于被假释的犯罪分子，从假释期满之日起计算。

第六十六条③　危害国家安全犯罪、恐怖活动犯罪、黑社会性质的组织犯罪的犯罪分子，在刑罚执行完毕或者赦免以后，在任何时候再犯上述任一类罪的，都以累犯论处。

第三节　自首和立功

第六十七条　犯罪以后自动投案，如实供述自己的罪行的，是自首。对于自首的犯罪分子，可以从轻或者减轻处罚。其中，犯罪较轻的，可以免除处罚。

---

①　本款为2011年2月25日中华人民共和国主席令第41号公布的《中华人民共和国刑法修正案（八）》所修改。——编者注

②　本款为2011年2月25日中华人民共和国主席令第41号公布的《中华人民共和国刑法修正案（八）》所修改。——编者注

③　本款为2011年2月25日中华人民共和国主席令第41号公布的《中华人民共和国刑法修正案（八）》所修改。——编者注

被采取强制措施的犯罪嫌疑人、被告人和正在服刑的罪犯，如实供述司法机关还未掌握的本人其他罪行的，以自首论。

犯罪嫌疑人虽不具有前两款规定的自首情节，但是如实供述自己罪行的，可以从轻处罚；因其如实供述自己罪行，避免特别严重后果发生的，可以减轻处罚。[①]

第六十八条[②]　犯罪分子有揭发他人犯罪行为，查证属实的，或者提供重要线索，从而得以侦破其他案件等立功表现的，可以从轻或者减轻处罚；有重大立功表现的，可以减轻或者免除处罚。

第四节　数罪并罚

第六十九条条[③]　判决宣告以前一人犯数罪的，除判处死刑和无期徒刑的以外，应当在总和刑期以下、数刑中最高刑期以上，酌情决定执行的刑期，但是管制最高不能超过三年，拘役最高不能超过一年，有期徒刑总和刑期不满三十五年的，最高不能超过二十年，总和刑期在三十五年以上的，最高不能超过二十五年。

数罪中有判处附加刑的，附加刑仍须执行，其中附加刑种类相同的，合并执行，种类不同的，分别执行。

第七十条　判决宣告以后，刑罚执行完毕以前，发现被判刑的犯罪分子在判决宣告以前还有其他罪没有判决的，应当对新发现的罪作出判决，把前后两个判决所判处的刑罚，依照本法第六十九条的规定，决定执行的刑罚。已经执行的刑期，应当计算在新判决决定的刑期以内。

第七十一条　判决宣告以后，刑罚执行完毕以前，被判刑的犯罪分子又犯罪的，应当对新犯的罪作出判决，把前罪没有执行的刑罚和后罪所判处的刑罚，依照本法第六十九条的规定，决定执行的刑罚。

第五节　缓　　刑

第七十二条[④]　对于被判处拘役、三年以下有期徒刑的犯罪分子，同时符合

---

① 本款为2011年2月25日中华人民共和国主席令第41号公布的《中华人民共和国刑法修正案（八）》所增加。——编者注

② 本条原第二款为2011年2月25日中华人民共和国主席令第41号公布的《中华人民共和国刑法修正案（八）》所删除。——编者注

③ 本款为2011年2月25日中华人民共和国主席令第41号公布的《中华人民共和国刑法修正案（八）》所修改。——编者注

④ 本款为2011年2月25日中华人民共和国主席令第41号公布的《中华人民共和国刑法修正案（八）》所修改。——编者注

下列条件的，可以宣告缓刑，对其中不满十八周岁的人、怀孕的妇女和已满七十五周岁的人，应当宣告缓刑：

（一）犯罪情节较轻；

（二）有悔罪表现；

（三）没有再犯罪的危险；

（四）宣告缓刑对所居住社区没有重大不良影响。

宣告缓刑，可以根据犯罪情况，同时禁止犯罪分子在缓刑考验期限内从事特定活动，进入特定区域、场所，接触特定的人。

被宣告缓刑的犯罪分子，如果被判处附加刑，附加刑仍须执行。

第七十三条　拘役的缓刑考验期限为原判刑期以上一年以下，但是不能少于二个月。

有期徒刑的缓刑考验期限为原判刑期以上五年以下，但是不能少于一年。

缓刑考验期限，从判决确定之日起计算。

第七十四条[①]　对于累犯和犯罪集团的首要分子，不适用缓刑。

第七十五条　被宣告缓刑的犯罪分子，应当遵守下列规定：

（一）遵守法律、行政法规，服从监督；

（二）按照考察机关的规定报告自己的活动情况；

（三）遵守考察机关关于会客的规定；

（四）离开所居住的市、县或者迁居，应当报经考察机关批准。

第七十六条[②]　对宣告缓刑的犯罪分子，在缓刑考验期限内，依法实行社区矫正，如果没有本法第七十七条规定的情形，缓刑考验期满，原判的刑罚就不再执行，并公开予以宣告。

第七十七条　被宣告缓刑的犯罪分子，在缓刑考验期限内犯新罪或者发现判决宣告以前还有其他罪没有判决的，应当撤销缓刑，对新犯的罪或者新发现的罪作出判决，把前罪和后罪所判处的刑罚，依照本法第六十九条的规定，决定执行的刑罚。

被宣告缓刑的犯罪分子，在缓刑考验期限内，违反法律、行政法规或者国务院有关部门关于缓刑的监督管理规定，或者违反人民法院判决中的禁止令，情节

---

① 本款为2011年2月25日中华人民共和国主席令第41号公布的《中华人民共和国刑法修正案（八）》所修改。——编者注

② 本款为2011年2月25日中华人民共和国主席令第41号公布的《中华人民共和国刑法修正案（八）》所修改。——编者注

严重的，应当撤销缓刑，执行原判刑罚。[①]

第六节　减　　刑

第七十八条　被判处管制、拘役、有期徒刑、无期徒刑的犯罪分子，在执行期间，如果认真遵守监规，接受教育改造，确有悔改表现的，或者有立功表现的，可以减刑；有下列重大立功表现之一的，应当减刑：

（一）阻止他人重大犯罪活动的；

（二）检举监狱内外重大犯罪活动，经查证属实的；

（三）有发明创造或者重大技术革新的；

（四）在日常生产、生活中舍己救人的；

（五）在抗御自然灾害或者排除重大事故中，有突出表现的；

（六）对国家和社会有其他重大贡献的。

减刑以后实际执行的刑期不能少于下列期限：

（一）判处管制、拘役、有期徒刑的，不能少于原判刑期的二分之一；

（二）判处无期徒刑的，不能少于十三年；

（三）人民法院依照本法第五十条第二款规定限制减刑的死刑缓期执行的犯罪分子，缓期执行期满后依法减为无期徒刑的，不能少于二十五年，缓期执行期满后依法减为二十五年有期徒刑的，不能少于二十年。[②]

第七十九条　对于犯罪分子的减刑，由执行机关向中级以上人民法院提出减刑建议书。人民法院应当组成合议庭进行审理，对确有悔改或者立功事实的，裁定予以减刑。非经法定程序不得减刑。

第八十条　无期徒刑减为有期徒刑的刑期，从裁定减刑之日起计算。

第七节　假　　释

第八十一条[③]　被判处有期徒刑的犯罪分子，执行原判刑期二分之一以上，被判处无期徒刑的犯罪分子，实际执行十三年以上，如果认真遵守监规，接受教育改造，确有悔改表现，没有再犯罪的危险的，可以假释。如果有特殊情况，经最高人民法院核准，可以不受上述执行刑期的限制。

---

① 本款为2011年2月25日中华人民共和国主席令第41号公布的《中华人民共和国刑法修正案（八）》所修改。——编者注

② 本款为2011年2月25日中华人民共和国主席令第41号公布的《中华人民共和国刑法修正案（八）》所修改。——编者注

③ 本款为2011年2月25日中华人民共和国主席令第41号公布的《中华人民共和国刑法修正案（八）》所修改。——编者注

对累犯以及因故意杀人、强奸、抢劫、绑架、放火、爆炸、投放危险物质或者有组织的暴力性犯罪被判处十年以上有期徒刑、无期徒刑的犯罪分子，不得假释。

对犯罪分子决定假释时，应当考虑其假释后对所居住社区的影响。

第八十二条　对于犯罪分子的假释，依照本法第七十九条规定的程序进行。非经法定程序不得假释。

第八十三条　有期徒刑的假释考验期限，为没有执行完毕的刑期；无期徒刑的假释考验期限为十年。

假释考验期限，从假释之日起计算。

第八十四条　被宣告假释的犯罪分子，应当遵守下列规定：

（一）遵守法律、行政法规，服从监督；

（二）按照监督机关的规定报告自己的活动情况；

（三）遵守监督机关关于会客的规定；

（四）离开所居住的市、县或者迁居，应当报经监督机关批准。

第八十五条①　对假释的犯罪分子，在假释考验期限内，依法实行社区矫正，如果没有本法第八十六条规定的情形，假释考验期满，就认为原判刑罚已经执行完毕，并公开予以宣告。

第八十六条　被假释的犯罪分子，在假释考验期限内犯新罪，应当撤销假释，依照本法第七十一条的规定实行数罪并罚。

在假释考验期限内，发现被假释的犯罪分子在判决宣告以前还有其他罪没有判决的，应当撤销假释，依照本法第七十条的规定实行数罪并罚。

被假释的犯罪分子，在假释考验期限内，有违反法律、行政法规或者国务院有关部门关于假释的监督管理规定的行为，尚未构成新的犯罪的，应当依照法定程序撤销假释，收监执行未执行完毕的刑罚。②

第八节　时　　效

第八十七条　犯罪经过下列期限不再追诉：

（一）法定最高刑为不满五年有期徒刑的，经过五年；

（二）法定最高刑为五年以上不满十年有期徒刑的，经过十年；

（三）法定最高刑为十年以上有期徒刑的，经过十五年；

---

① 本款为2011年2月25日中华人民共和国主席令第41号公布的《中华人民共和国刑法修正案（八）》所修改。——编者注

② 本款为2011年2月25日中华人民共和国主席令第41号公布的《中华人民共和国刑法修正案（八）》所修改。——编者注

（四）法定最高刑为无期徒刑、死刑的，经过二十年。如果二十年以后认为必须追诉的，须报请最高人民检察院核准。

第八十八条　在人民检察院、公安机关、国家安全机关立案侦查或者在人民法院受理案件以后，逃避侦查或者审判的，不受追诉期限的限制。

被害人在追诉期限内提出控告，人民法院、人民检察院、公安机关应当立案而不予立案的，不受追诉期限的限制。

第八十九条　追诉期限从犯罪之日起计算；犯罪行为有连续或者继续状态的，从犯罪行为终了之日起计算。

在追诉期限以内又犯罪的，前罪追诉的期限从犯后罪之日起计算。

中华人民共和国刑事诉讼法（节录）

（1979年7月1日第五届全国人民代表大会第二次会议通过　1979年7月7日中华人民共和国全国人民代表大会常务委员会委员长令第6号公布自1980年1月1日起施行　根据1996年3月17日第八届全国人民代表大会第四次会议《关于修改〈中华人民共和国刑事诉讼法〉的决定》第一次修正　根据2012年3月14日第十一届全国人民代表大会第五次会议《关于修改〈中华人民共和国刑事诉讼法〉的决定》第二次修正）

第四编　执　　行

第二百四十八条　判决和裁定在发生法律效力后执行。

下列判决和裁定是发生法律效力的判决和裁定：

（一）已过法定期限没有上诉、抗诉的判决和裁定；

（二）终审的判决和裁定；

（三）最高人民法院核准的死刑的判决和高级人民法院核准的死刑缓期二年执行的判决。

第二百四十九条　第一审人民法院判决被告人无罪、免除刑事处罚的，如果被告人在押，在宣判后应当立即释放。

第二百五十条　最高人民法院判处和核准的死刑立即执行的判决，应当由最高人民法院院长签发执行死刑的命令。

被判处死刑缓期二年执行的罪犯，在死刑缓期执行期间，如果没有故意犯罪，死刑缓期执行期满，应当予以减刑，由执行机关提出书面意见，报请高级人民法院裁定；如果故意犯罪，查证属实，应当执行死刑，由高级人民法院报请最高人民法院核准。

第二百五十一条 下级人民法院接到最高人民法院执行死刑的命令后，应当在七日以内交付执行。但是发现有下列情形之一的，应当停止执行，并且立即报告最高人民法院，由最高人民法院作出裁定：

（一）在执行前发现判决可能有错误的；

（二）在执行前罪犯揭发重大犯罪事实或者有其他重大立功表现，可能需要改判的；

（三）罪犯正在怀孕。

前款第一项、第二项停止执行的原因消失后，必须报请最高人民法院院长再签发执行死刑的命令才能执行；由于前款第三项原因停止执行的，应当报请最高人民法院依法改判。

第二百五十二条 人民法院在交付执行死刑前，应当通知同级人民检察院派员临场监督。

死刑采用枪决或者注射等方法执行。

死刑可以在刑场或者指定的羁押场所内执行。

指挥执行的审判人员，对罪犯应当验明正身，讯问有无遗言、信札，然后交付执行人员执行死刑。在执行前，如果发现可能有错误，应当暂停执行，报请最高人民法院裁定。

执行死刑应当公布，不应示众。

执行死刑后，在场书记员应当写成笔录。交付执行的人民法院应当将执行死刑情况报告最高人民法院。

执行死刑后，交付执行的人民法院应当通知罪犯家属。

第二百五十三条 罪犯被交付执行刑罚的时候，应当由交付执行的人民法院在判决生效后十日以内将有关的法律文书送达公安机关、监狱或者其他执行机关。

对被判处死刑缓期二年执行、无期徒刑、有期徒刑的罪犯，由公安机关依法将该罪犯送交监狱执行刑罚。对被判处有期徒刑的罪犯，在被交付执行刑罚前，剩余刑期在三个月以下的，由看守所代为执行。对被判处拘役的罪犯，由公安机关执行。

对未成年犯应当在未成年犯管教所执行刑罚。

执行机关应当将罪犯及时收押，并且通知罪犯家属。

判处有期徒刑、拘役的罪犯，执行期满，应当由执行机关发给释放证明书。

第二百五十四条 对被判处有期徒刑或者拘役的罪犯，有下列情形之一的，可以暂予监外执行：

（一）有严重疾病需要保外就医的；

（二）怀孕或者正在哺乳自己婴儿的妇女；

（三）生活不能自理，适用暂予监外执行不致危害社会的。

对被判处无期徒刑的罪犯，有前款第二项规定情形的，可以暂予监外执行。

对适用保外就医可能有社会危险性的罪犯，或者自伤自残的罪犯，不得保外就医。

对罪犯确有严重疾病，必须保外就医的，由省级人民政府指定的医院诊断并开具证明文件。

在交付执行前，暂予监外执行由交付执行的人民法院决定；在交付执行后，暂予监外执行由监狱或者看守所提出书面意见，报省级以上监狱管理机关或者设区的市一级以上公安机关批准。

第二百五十五条　监狱、看守所提出暂予监外执行的书面意见的，应当将书面意见的副本抄送人民检察院。人民检察院可以向决定或者批准机关提出书面意见。

第二百五十六条　决定或者批准暂予监外执行的机关应当将暂予监外执行决定抄送人民检察院。人民检察院认为暂予监外执行不当的，应当自接到通知之日起一个月以内将书面意见送交决定或者批准暂予监外执行的机关，决定或者批准暂予监外执行的机关接到人民检察院的书面意见后，应当立即对该决定进行重新核查。

第二百五十七条　对暂予监外执行的罪犯，有下列情形之一的，应当及时收监：

（一）发现不符合暂予监外执行条件的；

（二）严重违反有关暂予监外执行监督管理规定的；

（三）暂予监外执行的情形消失后，罪犯刑期未满的。

对于人民法院决定暂予监外执行的罪犯应当予以收监的，由人民法院作出决定，将有关的法律文书送达公安机关、监狱或者其他执行机关。

不符合暂予监外执行条件的罪犯通过贿赂等非法手段被暂予监外执行的，在监外执行的期间不计入执行刑期。罪犯在暂予监外执行期间脱逃的，脱逃的期间不计入执行刑期。

罪犯在暂予监外执行期间死亡的，执行机关应当及时通知监狱或者看守所。

第二百五十八条　对被判处管制、宣告缓刑、假释或者暂予监外执行的罪犯，依法实行社区矫正，由社区矫正机构负责执行。

第二百五十九条　对被判处剥夺政治权利的罪犯，由公安机关执行。执行期满，应当由执行机关书面通知本人及其所在单位、居住地基层组织。

第二百六十条　被判处罚金的罪犯，期满不缴纳的，人民法院应当强制缴纳；如果由于遭遇不能抗拒的灾祸缴纳确实有困难的，可以裁定减少或者免除。

第二百六十一条　没收财产的判决，无论附加适用或者独立适用，都由人民法院执行；在必要的时候，可以会同公安机关执行。

第二百六十二条 罪犯在服刑期间又犯罪的，或者发现了判决的时候所没有发现的罪行，由执行机关移送人民检察院处理。

被判处管制、拘役、有期徒刑或者无期徒刑的罪犯，在执行期间确有悔改或者立功表现，应当依法予以减刑、假释的时候，由执行机关提出建议书，报请人民法院审核裁定，并将建议书副本抄送人民检察院。人民检察院可以向人民法院提出书面意见。

第二百六十三条 人民检察院认为人民法院减刑、假释的裁定不当，应当在收到裁定书副本后二十日以内，向人民法院提出书面纠正意见。人民法院应当在收到纠正意见后一个月以内重新组成合议庭进行审理，作出最终裁定。

第二百六十四条 监狱和其他执行机关在刑罚执行中，如果认为判决有错误或者罪犯提出申诉，应当转请人民检察院或者原判人民法院处理。

第二百六十五条 人民检察院对执行机关执行刑罚的活动是否合法实行监督。如果发现有违法的情况，应当通知执行机关纠正。

第五编　特别程序

第一章　未成年人刑事案件诉讼程序

第二百六十六条 对犯罪的未成年人实行教育、感化、挽救的方针，坚持教育为主、惩罚为辅的原则。

人民法院、人民检察院和公安机关办理未成年人刑事案件，应当保障未成年人行使其诉讼权利，保障未成年人得到法律帮助，并由熟悉未成年人身心特点的审判人员、检察人员、侦查人员承办。

第二百六十七条 未成年犯罪嫌疑人、被告人没有委托辩护人的，人民法院、人民检察院、公安机关应当通知法律援助机构指派律师为其提供辩护。

第二百六十八条 公安机关、人民检察院、人民法院办理未成年人刑事案件，根据情况可以对未成年犯罪嫌疑人、被告人的成长经历、犯罪原因、监护教育等情况进行调查。

第二百六十九条 对未成年犯罪嫌疑人、被告人应当严格限制适用逮捕措施。人民检察院审查批准逮捕和人民法院决定逮捕，应当讯问未成年犯罪嫌疑人、被告人，听取辩护律师的意见。

对被拘留、逮捕和执行刑罚的未成年人与成年人应当分别关押、分别管理、分别教育。

第二百七十条 对于未成年人刑事案件，在讯问和审判的时候，应当通知未成年犯罪嫌疑人、被告人的法定代理人到场。无法通知、法定代理人不能到场或者法定代理人是共犯的，也可以通知未成年犯罪嫌疑人、被告人的其他成年亲属，所在学校、单位、居住地基层组织或者未成年人保护组织的代表到场，并将有关情况记录在案。到场的法定代理人可以代为行使未成年犯罪嫌疑人、被告人的诉讼权利。

到场的法定代理人或者其他人员认为办案人员在讯问、审判中侵犯未成年人合法权益的，可以提出意见。讯问笔录、法庭笔录应当交给到场的法定代理人或者其他人员阅读或者向他宣读。

讯问女性未成年犯罪嫌疑人，应当有女工作人员在场。

审判未成年人刑事案件，未成年被告人最后陈述后，其法定代理人可以进行补充陈述。

询问未成年被害人、证人，适用第一款、第二款、第三款的规定。

第二百七十一条 对于未成年人涉嫌刑法分则第四章、第五章、第六章规定的犯罪，可能判处一年有期徒刑以下刑罚，符合起诉条件，但有悔罪表现的，人民检察院可以作出附条件不起诉的决定。人民检察院在作出附条件不起诉的决定以前，应当听取公安机关、被害人的意见。

对附条件不起诉的决定，公安机关要求复议、提请复核或者被害人申诉的，适用本法第一百七十五条、第一百七十六条的规定。

未成年犯罪嫌疑人及其法定代理人对人民检察院决定附条件不起诉有异议的，人民检察院应当作出起诉的决定。

第二百七十二条 在附条件不起诉的考验期内，由人民检察院对被附条件不起诉的未成年犯罪嫌疑人进行监督考察。未成年犯罪嫌疑人的监护人，应当对未成年犯罪嫌疑人加强管教，配合人民检察院做好监督考察工作。

附条件不起诉的考验期为六个月以上一年以下，从人民检察院作出附条件不起诉的决定之日起计算。

被附条件不起诉的未成年犯罪嫌疑人，应当遵守下列规定：

（一）遵守法律法规，服从监督；

（二）按照考察机关的规定报告自己的活动情况；

（三）离开所居住的市、县或者迁居，应当报经考察机关批准；

（四）按照考察机关的要求接受矫治和教育。

第二百七十三条 被附条件不起诉的未成年犯罪嫌疑人，在考验期内有下列情形之一的，人民检察院应当撤销附条件不起诉的决定，提起公诉：

（一）实施新的犯罪或者发现决定附条件不起诉以前还有其他犯罪需要追诉的；

（二）违反治安管理规定或者考察机关有关附条件不起诉的监督管理规定，情节严重的。

被附条件不起诉的未成年犯罪嫌疑人，在考验期内没有上述情形，考验期满的，人民检察院应当作出不起诉的决定。

第二百七十四条　审判的时候被告人不满十八周岁的案件，不公开审理。但是，经未成年被告人及其法定代理人同意，未成年被告人所在学校和未成年人保护组织可以派代表到场。

第二百七十五条　犯罪的时候不满十八周岁，被判处五年有期徒刑以下刑罚的，应当对相关犯罪记录予以封存。

犯罪记录被封存的，不得向任何单位和个人提供，但司法机关为办案需要或者有关单位根据国家规定进行查询的除外。依法进行查询的单位，应当对被封存的犯罪记录的情况予以保密。

第二百七十六条　办理未成年人刑事案件，除本章已有规定的以外，按照本法的其他规定进行。

中华人民共和国监狱法

（1994年12月29日第八届全国人民代表大会常务委员会第十一次会议通过　1994年12月29日中华人民共和国主席令第35号公布施行）

目　录

第一章　总　则

第一条　为了正确执行刑罚，惩罚和改造罪犯，预防和减少犯罪，根据宪法，制定本法。

第二条　监狱是国家的刑罚执行机关。

依照刑法和刑事诉讼法的规定，被判处死刑缓期二年执行、无期徒刑、有期徒刑的罪犯，在监狱内执行刑罚。

第三条　监狱对罪犯实行惩罚和改造相结合、教育和劳动相结合的原则，将罪犯改造成为守法公民。

第四条　监狱对罪犯应当依法监管，根据改造罪犯的需要，组织罪犯从事生产劳动，对罪犯进行思想教育、文化教育、技术教育。

第五条　监狱的人民警察依法管理监狱、执行刑罚、对罪犯进行教育改造等活动，受法律保护。

第六条　人民检察院对监狱执行刑罚的活动是否合法，依法实行监督。

第七条　罪犯的人格不受侮辱，其人身安全、合法财产和辩护、申诉、控告、检举以及其他未被依法剥夺或者限制的权利不受侵犯。

罪犯必须严格遵守法律、法规和监规纪律，服从管理，接受教育，参加劳动。

第八条　国家保障监狱改造罪犯所需经费。监狱的人民警察经费、罪犯改造经费、罪犯生活费、狱政设施经费及其他专项经费，列入国家预算。

国家提供罪犯劳动必需的生产设施和生产经费。

第九条　监狱依法使用的土地、矿产资源和其他自然资源以及监狱的财产，受法律保护，任何组织或者个人不得侵占、破坏。

第十条　国务院司法行政部门主管全国的监狱工作。

第二章　监　狱

第十一条　监狱的设置、撤销、迁移，由国务院司法行政部门批准。

第十二条　监狱设监狱长一人、副监狱长若干人，并根据实际需要设置必要的工作机构和配备其他监狱管理人员。

监狱的管理人员是人民警察。

第十三条　监狱的人民警察应当严格遵守宪法和法律，忠于职守，秉公执法，严守纪律，清正廉洁。

第十四条　监狱的人民警察不得有下列行为：

（一）索要、收受、侵占罪犯及其亲属的财物；

（二）私放罪犯或者玩忽职守造成罪犯脱逃；

（三）刑讯逼供或者体罚、虐待罪犯；

（四）侮辱罪犯的人格；

（五）殴打或者纵容他人殴打罪犯；

（六）为谋取私利，利用罪犯提供劳务；

（七）违反规定，私自为罪犯传递信件或者物品；

（八）非法将监管罪犯的职权交予他人行使；

（九）其他违法行为。

监狱的人民警察有前款所列行为，构成犯罪的，依法追究刑事责任；尚未构成犯罪的，应当予以行政处分。

第三章　刑罚的执行

第一节　收　　监

第十五条　人民法院对被判处死刑缓期二年执行、无期徒刑、有期徒刑的罪犯，应当将执行通知书、判决书送达羁押该罪犯的公安机关，公安机关应当自收到执行通知书、判决书之日起一个月内将该罪犯送交监狱执行刑罚。

罪犯在被交付执行刑罚前，剩余刑期在一年以下的，由看守所代为执行。

第十六条　罪犯被交付执行刑罚时，交付执行的人民法院应当将人民检察院的起诉书副本、人民法院的判决书、执行通知书、结案登记表同时送达监狱。监狱没有收到上述文件的，不得收监；上述文件不齐全或者记载有误的，作出生效判决的人民法院应当及时补充齐全或者作出更正；对其中可能导致错误收监的，不予收监。

第十七条　监狱应当对交付执行刑罚的罪犯进行身体检查。经检查，被判处无期徒刑、有期徒刑的罪犯有下列情形之一的，可以暂不收监：

（一）有严重疾病需要保外就医的；

（二）怀孕或者正在哺乳自己婴儿的妇女。

对前款所列暂不收监的罪犯，应当由交付执行的人民法院决定暂予监外执行。对其中暂予监外执行有社会危险性的，应当收监。暂予监外执行的罪犯，由居住地公安机关执行刑罚。前款所列暂不收监的情形消失后，原判刑期尚未执行完毕的罪犯，由公安机关送交监狱收监。

第十八条　罪犯收监，应当严格检查其人身和所携带的物品。非生活必需品，由监狱代为保管或者征得罪犯同意退回其家属，违禁品予以没收。

女犯由女性人民警察检查。

第十九条　罪犯不得携带子女在监内服刑。

第二十条　罪犯收监后，监狱应当通知罪犯家属。通知书应当自收监之日起五日内发出。

第二节　对罪犯提出的申诉、控告、检举的处理

第二十一条　罪犯对生效的判决不服的，可以提出申诉。

对于罪犯的申诉，人民检察院或者人民法院应当及时处理。

第二十二条　对罪犯提出的控告、检举材料，监狱应当及时处理或者转送公安机关或者人民检察院处理，公安机关或者人民检察院应当将处理结果通知监狱。

第二十三条　罪犯的申诉、控告、检举材料，监狱应当及时转递，不得扣压。

第二十四条　监狱在执行刑罚过程中，根据罪犯的申诉，认为判决可能有错误的，应当提请人民检察院或者人民法院处理，人民检察院或者人民法院应当自收到监狱提请处理意见书之日起六个月内将处理结果通知监狱。

第三节　监外执行

第二十五条　对于被判处无期徒刑、有期徒刑在监内服刑的罪犯，符合刑事诉讼法规定的监外执行条件的，可以暂予监外执行。

第二十六条　暂予监外执行，由监狱提出书面意见，报省、自治区、直辖市监狱管理机关批准。批准机关应当将批准的暂予监外执行决定通知公安机关和原判人民法院，并抄送人民检察院。

人民检察院认为对罪犯适用暂予监外执行不当的，应当自接到通知之日起一个月内将书面意见送交批准暂予监外执行的机关，批准暂予监外执行的机关接到人民检察院的书面意见后，应当立即对该决定进行重新核查。

第二十七条　暂予监外执行的罪犯，由居住地公安机关执行。原关押监狱应当及时将罪犯在监内改造情况通报负责执行的公安机关。

第二十八条　暂予监外执行的情形消失后，刑期未满的，负责执行的公安机关应当及时通知监狱收监；刑期届满的，由原关押监狱办理释放手续。罪犯在暂予监外执行期间死亡的，公安机关应当及时通知原关押监狱。

第四节　减刑、假释

第二十九条　被判处无期徒刑、有期徒刑的罪犯，在服刑期间确有悔改或者立功表现的，根据监狱考核的结果，可以减刑。有下列重大立功表现之一的，应当减刑：

（一）阻止他人重大犯罪活动的；

（二）检举监狱内外重大犯罪活动，经查证属实的；

（三）有发明创造或者重大技术革新的；

（四）在日常生产、生活中舍己救人的；

（五）在抗御自然灾害或者排除重大事故中，有突出表现的；

（六）对国家和社会有其他重大贡献的。

第三十条　减刑建议由监狱向人民法院提出，人民法院应当自收到减刑建议书之日起一个月内予以审核裁定；案情复杂或者情况特殊的，可以延长一个月。减刑裁定的副本应当抄送人民检察院。

第三十一条　被判处死刑缓期二年执行的罪犯，在死刑缓期执行期间，符合法律规定的减为无期徒刑、有期徒刑条件的，二年期满时，所在监狱应当及时提出减刑建议，报经省、自治区、直辖市监狱管理机关审核后，提请高级人民法院裁定。

第三十二条　被判处无期徒刑、有期徒刑的罪犯，符合法律规定的假释条件的，由监狱根据考核结果向人民法院提出假释建议，人民法院应当自收到假释建议书之日起一个月内予以审核裁定；案情复杂或者情况特殊的，可以延长一个月。假释裁定的副本应当抄送人民检察院。

第三十三条　人民法院裁定假释的，监狱应当按期假释并发给假释证明书。

被假释的罪犯由公安机关予以监督。被假释的罪犯，在假释期间有违反法律、行政法规和国务院公安部门有关假释的监督管理规定的行为，尚未构成新的犯罪的，公安机关可以向人民法院提出撤销假释的建议，人民法院应当自收到撤销假释建议书之日起一个月内予以审核裁定。人民法院裁定撤销假释的，由公安机关将罪犯送交监狱收监。

第三十四条　对不符合法律规定的减刑、假释条件的罪犯，不得以任何理由将其减刑、假释。

人民检察院认为人民法院减刑、假释的裁定不当，应当依照刑事诉讼法规定的期间提出抗诉，对于人民检察院抗诉的案件，人民法院应当重新审理。

第五节　释放和安置

第三十五条　罪犯服刑期满，监狱应当按期释放并发给释放证明书。

第三十六条　罪犯释放后，公安机关凭释放证明书办理户籍登记。

第三十七条　对刑满释放人员，当地人民政府帮助其安置生活。

刑满释放人员丧失劳动能力又无法定赡养人、扶养人和基本生活来源的，由当地人民政府予以救济。

第三十八条　刑满释放人员依法享有与其他公民平等的权利。

第四章　狱政管理

第一节　分押分管

第三十九条　监狱对成年男犯、女犯和未成年犯实行分开关押和管理，对未成年犯和女犯的改造，应当照顾其生理、心理特点。

监狱根据罪犯的犯罪类型、刑罚种类、刑期、改造表现等情况，对罪犯实行分别关押，采取不同方式管理。

第四十条　女犯由女性人民警察直接管理。

第二节　警　　戒

第四十一条　监狱的武装警戒由人民武装警察部队负责，具体办法由国务院、中央军事委员会规定。

第四十二条　监狱发现在押罪犯脱逃，应当即时将其抓获，不能即时抓获的，应当立即通知公安机关，由公安机关负责追捕，监狱密切配合。

第四十三条　监狱根据监管需要，设立警戒设施。监狱周围设警戒隔离带，未经准许，任何人不得进入。

第四十四条　监区、作业区周围的机关、团体、企业事业单位和基层组织，应当协助监狱做好安全警戒工作。

第三节　戒具和武器的使用

第四十五条　监狱遇有下列情形之一的，可以使用戒具：

（一）罪犯有脱逃行为的；

（二）罪犯有使用暴力行为的；

（三）罪犯正在押解途中的；

（四）罪犯有其他危险行为需要采取防范措施的。

前款所列情形消失后，应当停止使用戒具。

第四十六条　人民警察和人民武装警察部队的执勤人员遇有下列情形之一，非使用武器不能制止的，按照国家有关规定，可以使用武器：

（一）罪犯聚众骚乱、暴乱的；

（二）罪犯脱逃或者拒捕的；

（三）罪犯持有凶器或者其他危险物，正在行凶或者破坏，危及他人生命、财产安全的；

（四）劫夺罪犯的；

（五）罪犯抢夺武器的。

使用武器的人员，应当按照国家有关规定报告情况。

第四节　通信、会见

第四十七条　罪犯在服刑期间可以与他人通信，但是来往信件应当经过监狱检查。监狱发现有碍罪犯改造内容的信件，可以扣留。罪犯写给监狱的上级机关和司法机关的信件，不受检查。

第四十八条　罪犯在监狱服刑期间，按照规定，可以会见亲属、监护人。

第四十九条　罪犯收受物品和钱款，应当经监狱批准、检查。

第五节　生活、卫生

第五十条　罪犯的生活标准按实物量计算，由国家规定。

第五十一条　罪犯的被服由监狱统一配发。

第五十二条　对少数民族罪犯的特殊生活习惯，应当予以照顾。

第五十三条　罪犯居住的监舍应当坚固、通风、透光、清洁、保暖。

第五十四条　监狱应当设立医疗机构和生活、卫生设施，建立罪犯生活、卫生制度。罪犯的医疗保健列入监狱所在地区的卫生、防疫计划。

第五十五条　罪犯在服刑期间死亡的，监狱应当立即通知罪犯家属和人民检察院、人民法院。罪犯因病死亡的，由监狱作出医疗鉴定。人民检察院对监狱的医疗鉴定有疑义的，可以重新对死亡原因作出鉴定。罪犯家属有疑义的，可以向人民检察院提出。罪犯非正常死亡的，人民检察院应当立即检验，对死亡原因作出鉴定。

第六节　奖　　惩

第五十六条　监狱应当建立罪犯的日常考核制度，考核的结果作为对罪犯奖励和处罚的依据。

第五十七条　罪犯有下列情形之一的，监狱可以给予表扬、物质奖励或者记功：

（一）遵守监规纪律，努力学习，积极劳动，有认罪服法表现的；

（二）阻止违法犯罪活动的；

（三）超额完成生产任务的；

（四）节约原材料或者爱护公物，有成绩的；

（五）进行技术革新或者传授生产技术，有一定成效的；

（六）在防止或者消除灾害事故中作出一定贡献的；

（七）对国家和社会有其他贡献的。

被判处有期徒刑的罪犯有前款所列情形之一，执行原判刑期二分之一以上，在服刑期间一贯表现好，离开监狱不致再危害社会的，监狱可以根据情况准其离监探亲。

第五十八条　罪犯有下列破坏监管秩序情形之一的，监狱可以给予警告、记过或者禁闭：

（一）聚众哄闹监狱，扰乱正常秩序的；

（二）辱骂或者殴打人民警察的；

（三）欺压其他罪犯的；

（四）偷窃、赌博、打架斗殴、寻衅滋事的；

（五）有劳动能力拒不参加劳动或者消极怠工，经教育不改的；

（六）以自伤、自残手段逃避劳动的；

（七）在生产劳动中故意违反操作规程，或者有意损坏生产工具的；

（八）有违反监规纪律的其他行为的。

依照前款规定对罪犯实行禁闭的期限为七天至十五天。

罪犯在服刑期间有第一款所列行为，构成犯罪的，依法追究刑事责任。

第七节　对罪犯服刑期间犯罪的处理

第五十九条　罪犯在服刑期间故意犯罪的，依法从重处罚。

第六十条　对罪犯在监狱内犯罪的案件，由监狱进行侦查。侦查终结后，写出起诉意见书或者免予起诉意见书，连同案卷材料、证据一并移送人民检察院。

第五章　对罪犯的教育改造

第六十一条　教育改造罪犯，实行因人施教、分类教育、以理服人的原则，采取集体教育与个别教育相结合、狱内教育与社会教育相结合的方法。

第六十二条　监狱应当对罪犯进行法制、道德、形势、政策、前途等内容的思想教育。

第六十三条　监狱应当根据不同情况，对罪犯进行扫盲教育、初等教育和初级中等教育，经考试合格的，由教育部门发给相应的学业证书。

第六十四条　监狱应当根据监狱生产和罪犯释放后就业的需要，对罪犯进行职业技术教育，经考核合格的，由劳动部门发给相应的技术等级证书。

第六十五条　监狱鼓励罪犯自学，经考试合格的，由有关部门发给相应的证书。

第六十六条　罪犯的文化和职业技术教育，应当列入所在地区教育规划。监狱应当设立教室、图书阅览室等必要的教育设施。

第六十七条　监狱应当组织罪犯开展适当的体育活动和文化娱乐活动。

第六十八条　国家机关、社会团体、部队、企业事业单位和社会各界人士以及罪犯的亲属，应当协助监狱做好对罪犯的教育改造工作。

第六十九条　有劳动能力的罪犯，必须参加劳动。

第七十条　监狱根据罪犯的个人情况，合理组织劳动，使其矫正恶习，养成劳动习惯，学会生产技能，并为释放后就业创造条件。

第七十一条　监狱对罪犯的劳动时间，参照国家有关劳动工时的规定执行；在季节性生产等特殊情况下，可以调整劳动时间。

罪犯有在法定节日和休息日休息的权利。

第七十二条　监狱对参加劳动的罪犯，应当按照有关规定给予报酬并执行国家有关劳动保护的规定。

第七十三条　罪犯在劳动中致伤、致残或者死亡的，由监狱参照国家劳动保险的有关规定处理。

第六章　对未成年犯的教育改造

第七十四条　对未成年犯应当在未成年犯管教所执行刑罚。

第七十五条　对未成年犯执行刑罚应当以教育改造为主。未成年犯的劳动，应当符合未成年人的特点，以学习文化和生产技能为主。

监狱应当配合国家、社会、学校等教育机构，为未成年犯接受义务教育提供必要的条件。

第七十六条　未成年犯年满十八周岁时，剩余刑期不超过二年的，仍可以留在未成年犯管教所执行剩余刑期。

第七十七条　对未成年犯的管理和教育改造，本章未作规定的，适用本法的有关规定。

第七章　附　　则

第七十八条　本法自公布之日起施行。

最高人民法院关于办理减刑、假释案件具体应用法律若干问题的规定

（2011 年 11 月 21 日最高人民法院审判委员会第 1532 次会议通过　2012年1月17日最高人民法院公告公布　自 2012 年 7 月 1 日起施行　法释〔2012〕2 号）

为正确适用刑法、刑事诉讼法，依法办理减刑、假释案件，根据刑法、刑事诉讼法和有关法律的规定，制定本规定。

第一条　根据刑法第七十八条第一款的规定，被判处管制、拘役、有期徒刑、无期徒刑的犯罪分子，在执行期间，认真遵守监规，接受教育改造，确有悔改表现的，或者有立功表现的，可以减刑；有重大立功表现的，应当减刑。

第二条　“确有悔改表现”是指同时具备以下四个方面情形：认罪悔罪；认真遵守法律法规及监规，接受教育改造；积极参加思想、文化、职业技术教育；积极参加劳动，努力完成劳动任务。

对罪犯在刑罚执行期间提出申诉的，要依法保护其申诉权利，对罪犯申诉不应不加分析地认为是不认罪悔罪。

罪犯积极执行财产刑和履行附带民事赔偿义务的，可视为有认罪悔罪表现，在减刑、假释时可以从宽掌握；确有执行、履行能力而不执行、不履行的，在减刑、假释时应当从严掌握。

第三条　具有下列情形之一的，应当认定为有“立功表现”：

（一）阻止他人实施犯罪活动的；

（二）检举、揭发监狱内外犯罪活动，或者提供重要的破案线索，经查证属实的；

（三）协助司法机关抓捕其他犯罪嫌疑人（包括同案犯）的；

（四）在生产、科研中进行技术革新，成绩突出的；

（五）在抢险救灾或者排除重大事故中表现突出的；

（六）对国家和社会有其他贡献的。

第四条　具有下列情形之一的，应当认定为有“重大立功表现”：

（一）阻止他人实施重大犯罪活动的；

（二）检举监狱内外重大犯罪活动，经查证属实的；

（三）协助司法机关抓捕其他重大犯罪嫌疑人（包括同案犯）的；

（四）有发明创造或者重大技术革新的；

（五）在日常生产、生活中舍己救人的；

（六）在抗御自然灾害或者排除重大事故中，有特别突出表现的；

（七）对国家和社会有其他重大贡献的。

第五条　有期徒刑罪犯在刑罚执行期间，符合减刑条件的，减刑幅度为：确有悔改表现，或者有立功表现的，一次减刑一般不超过一年有期徒刑；确有悔改表现并有立功表现，或者有重大立功表现的，一次减刑一般不超过二年有期徒刑。

第六条　有期徒刑罪犯的减刑起始时间和间隔时间为：被判处五年以上有期徒刑的罪犯，一般在执行一年六个月以上方可减刑，两次减刑之间一般应当间隔一年以上。被判处不满五年有期徒刑的罪犯，可以比照上述规定，适当缩短起始和间隔时间。

确有重大立功表现的，可以不受上述减刑起始和间隔时间的限制。

有期徒刑的减刑起始时间自判决执行之日起计算。

第七条　无期徒刑罪犯在刑罚执行期间，确有悔改表现，或者有立功表现的，服刑二年以后，可以减刑。减刑幅度为：确有悔改表现，或者有立功表现的，一般可以减为二十年以上二十二年以下有期徒刑；有重大立功表现的，可以减为十五年以上二十年以下有期徒刑。

第八条　无期徒刑罪犯经过一次或几次减刑后，其实际执行的刑期不能少于十三年，起始时间应当自无期徒刑判决确定之日起计算。

第九条　死刑缓期执行罪犯减为无期徒刑后，确有悔改表现，或者有立功表现的，服刑二年以后可以减为二十五年有期徒刑；有重大立功表现的，服刑二年以后可以减为二十三年有期徒刑。

死刑缓期执行罪犯经过一次或几次减刑后，其实际执行的刑期不能少于十五年，死刑缓期执行期间不包括在内。

死刑缓期执行罪犯在缓期执行期间抗拒改造，尚未构成犯罪的，此后减刑时可以适当从严。

第十条　被限制减刑的死刑缓期执行罪犯，缓期执行期满后依法被减为无期徒刑的，或者因有重大立功表现被减为二十五年有期徒刑的，应当比照未被限制减刑的死刑缓期执行罪犯在减刑的起始时间、间隔时间和减刑幅度上从严掌握。

第十一条　判处管制、拘役的罪犯，以及判决生效后剩余刑期不满一年有期徒刑的罪犯，符合减刑条件的，可以酌情减刑，其实际执行的刑期不能少于原判刑期的二分之一。

第十二条　有期徒刑罪犯减刑时，对附加剥夺政治权利的期限可以酌减。酌减后剥夺政治权利的期限，不能少于一年。

第十三条　判处拘役或者三年以下有期徒刑并宣告缓刑的罪犯，一般不适用减刑。

前款规定的罪犯在缓刑考验期限内有重大立功表现的，可以参照刑法第七十八条的规定，予以减刑，同时应依法缩减其缓刑考验期限。拘役的缓刑考验期限不能少于二个月，有期徒刑的缓刑考验期限不能少于一年。

第十四条　被判处十年以上有期徒刑、无期徒刑的罪犯在刑罚执行期间又犯罪，被判处有期徒刑以下刑罚的，自新罪判决确定之日起二年内一般不予减刑；新罪被判处无期徒刑的，自新罪判决确定之日起三年内一般不予减刑。

第十五条　办理假释案件，判断“没有再犯罪的危险”，除符合刑法第八十一条规定的情形外，还应根据犯罪的具体情节、原判刑罚情况，在刑罚执行中的一贯表现，罪犯的年龄、身体状况、性格特征，假释后生活来源以及监管条件等因素综合考虑。

第十六条　有期徒刑罪犯假释，执行原判刑期二分之一以上的起始时间，应当从判决执行之日起计算，判决执行以前先行羁押的，羁押一日折抵刑期一日。

第十七条　刑法第八十一条第一款规定的“特殊情况”，是指与国家、社会利益有重要关系的情况。

第十八条　对累犯以及因故意杀人、强奸、抢劫、绑架、放火、爆炸、投放危险物质或者有组织的暴力性犯罪被判处十年以上有期徒刑、无期徒刑的罪犯，不得假释。

因前款情形和犯罪被判处死刑缓期执行的罪犯，被减为无期徒刑、有期徒刑后，也不得假释。

第十九条　未成年罪犯的减刑、假释，可以比照成年罪犯依法适当从宽。

未成年罪犯能认罪悔罪，遵守法律法规及监规，积极参加学习、劳动的，应视为确有悔改表现，减刑的幅度可以适当放宽，起始时间、间隔时间可以相应缩短。符合刑法第八十一条第一款规定的，可以假释。

前两款所称未成年罪犯，是指减刑时不满十八周岁的罪犯。

第二十条　老年、身体残疾（不含自伤致残）、患严重疾病罪犯的减刑、假释，应当主要注重悔罪的实际表现。

基本丧失劳动能力、生活难以自理的老年、身体残疾、患严重疾病的罪犯，能够认真遵守法律法规及监规，接受教育改造，应视为确有悔改表现，减刑的幅度可以适当放宽，起始时间、间隔时间可以相应缩短。假释后生活确有着落的，除法律和本解释规定不得假释的情形外，可以依法假释。

对身体残疾罪犯和患严重疾病罪犯进行减刑、假释，其残疾、疾病程度应由法定鉴定机构依法作出认定。

第二十一条　对死刑缓期执行罪犯减为无期徒刑或者有期徒刑后，符合刑法第八十一条第一款和本规定第九条第二款、第十八条规定的，可以假释。

第二十二条　罪犯减刑后又假释的间隔时间，一般为一年；对一次减去二年有期徒刑后，决定假释的，间隔时间不能少于二年。

罪犯减刑后余刑不足二年，决定假释的，可以适当缩短间隔时间。

第二十三条　人民法院按照审判监督程序重新审理的案件，维持原判决、裁定的，原减刑、假释裁定效力不变；改变原判决、裁定的，应由刑罚执行机关依照再审裁判情况和原减刑、假释情况，提请有管辖权的人民法院重新作出减刑、假释裁定。

第二十四条　人民法院受理减刑、假释案件，应当审查执行机关是否移送下列材料：

（一）减刑或者假释建议书；

（二）终审法院的裁判文书、执行通知书、历次减刑裁定书的复制件；

（三）罪犯确有悔改或者立功、重大立功表现的具体事实的书面证明材料；

（四）罪犯评审鉴定表、奖惩审批表等；

（五）其他根据案件的审理需要移送的材料。

提请假释的，应当附有社区矫正机构关于罪犯假释后对所居住社区影响的调查评估报告。

人民检察院对提请减刑、假释案件提出的检察意见，应当一并移送受理减刑、假释案件的人民法院。

经审查，如果前三款规定的材料齐备的，应当立案；材料不齐备的，应当通知提请减刑、假释的执行机关补送。

第二十五条　人民法院审理减刑、假释案件，应当一律予以公示。公示地点为罪犯服刑场所的公共区域。有条件的地方，应面向社会公示，接受社会监督。公示应当包括下列内容：

（一）罪犯的姓名；

（二）原判认定的罪名和刑期；

（三）罪犯历次减刑情况；

（四）执行机关的减刑、假释建议和依据；

（五）公示期限；

（六）意见反馈方式等。

第二十六条　人民法院审理减刑、假释案件，可以采用书面审理的方式。但下列案件，应当开庭审理：

（一）因罪犯有重大立功表现提请减刑的；

（二）提请减刑的起始时间、间隔时间或者减刑幅度不符合一般规定的；

（三）在社会上有重大影响或社会关注度高的；

（四）公示期间收到投诉意见的；

（五）人民检察院有异议的；

（六）人民法院认为有开庭审理必要的。

第二十七条　在人民法院作出减刑、假释裁定前，执行机关书面提请撤回减刑、假释建议的，是否准许，由人民法院决定。

第二十八条　减刑、假释的裁定，应当在裁定作出之日起七日内送达有关执行机关、人民检察院以及罪犯本人。

第二十九条　人民法院发现本院或者下级人民法院已经生效的减刑、假释裁定确有错误，应当依法重新组成合议庭进行审理并作出裁定。

最高人民法院关于审理未成年人刑事案件具体应用法律若干问题的解释（节录）

（2005年12月12日最高人民法院审判委员会第1373次会议通过　2006年1月11日最高人民法院公告公布　自2006年1月23日起施行　法释〔2006〕1号）

第十八条　对未成年罪犯的减刑、假释，在掌握标准上可以比照成年罪犯依法适度放宽。

未成年罪犯能认罪服法，遵守监规，积极参加学习、劳动的，即可视为“确有悔改表现”予以减刑，其减刑的幅度可以适当放宽，间隔的时间可以相应缩短。符合刑法第八十一条第一款规定的，可以假释。

未成年罪犯在服刑期间已经成年的，对其减刑、假释可以适用上述规定。

第十九条　刑事附带民事案件的未成年被告人有个人财产的，应当由本人承担民事赔偿责任，不足部分由监护人予以赔偿，但单位担任监护人的除外。

被告人对被害人物质损失的赔偿情况，可以作为量刑情节予以考虑。

最高人民法院印发《关于贯彻宽严相济刑事政策的若干意见》的通知

（2010年2月8日　法发〔2010〕9号）

各省、自治区、直辖市高级人民法院，解放军军事法院，新疆维吾尔自治区高级人民法院生产建设兵团分院：

宽严相济刑事政策，是党中央在构建社会主义和谐社会新形势下提出的一项重要政策，是我国的基本刑事政策。它对于最大限度地预防和减少犯罪、化解社会矛盾、维护社会和谐稳定，具有特别重要的意义。最高人民法院在深入调查研究、广泛征求各方面意见的基础上，制定了《最高人民法院关于贯彻宽严相济刑事政策的若干意见》（以下简称《意见》），对人民法院在刑事审判工作中如何更好地贯彻落实宽严相济的刑事政策，提出了具体、明确的要求。

各级人民法院要认真组织学习，充分认识《意见》对于刑事审判工作的重要指导作用。要深刻领会《意见》精神，切实增强贯彻执行宽严相济刑事政策的自觉性，将这一政策的基本要求落实到刑事审判工作的每一个环节中去，切实做到该宽则宽，当严则严，宽严相济，罚当其罪，确保裁判法律效果和社会效果的高度统一。

现将《最高人民法院关于贯彻宽严相济刑事政策的若干意见》印发给你们，请结合落实好今年政法工作的“三项重点工作”，认真贯彻执行。执行中的具体问题，请及时层报我院。

最高人民法院关于贯彻宽严相济刑事政策的若干意见

宽严相济刑事政策是我国的基本刑事政策，贯穿于刑事立法、刑事司法和刑罚执行的全过程，是惩办与宽大相结合政策在新时期的继承、发展和完善，是司法机关惩罚犯罪，预防犯罪，保护人民，保障人权，正确实施国家法律的指南。为了在刑事审判工作中切实贯彻执行这一政策，特制定本意见。

一、贯彻宽严相济刑事政策的总体要求

1. 贯彻宽严相济刑事政策，要根据犯罪的具体情况，实行区别对待，做到该宽则宽，当严则严，宽严相济，罚当其罪，打击和孤立极少数，教育、感化和挽救大多数，最大限度地减少社会对立面，促进社会和谐稳定，维护国家长治久安。

2. 要正确把握宽与严的关系，切实做到宽严并用。既要注意克服重刑主义思想影响，防止片面从严，也要避免受轻刑化思想影响，一味从宽。

3. 贯彻宽严相济刑事政策，必须坚持严格依法办案，切实贯彻落实罪刑法定原则、罪刑相适应原则和法律面前人人平等原则，依照法律规定准确定罪量刑。从宽和从严都必须依照法律规定进行，做到宽严有据，罚当其罪。

4. 要根据经济社会的发展和治安形势的变化，尤其要根据犯罪情况的变化，在法律规定的范围内，适时调整从宽和从严的对象、范围和力度。要全面、客观把握不同时期不同地区的经济社会状况和社会治安形势，充分考虑人民群众的安全感以及惩治犯罪的实际需要，注重从严打击严重危害国家安全、社会治安和人民群众利益的犯罪。对于犯罪性质尚不严重，情节较轻和社会危害性较小的犯罪，以及被告人认罪、悔罪，从宽处罚更有利于社会和谐稳定的，依法可以从宽处理。

5. 贯彻宽严相济刑事政策，必须严格依法进行，维护法律的统一和权威，确保良好的法律效果。同时，必须充分考虑案件的处理是否有利于赢得广大人民群众的支持和社会稳定，是否有利于瓦解犯罪，化解矛盾，是否有利于罪犯的教育改造和回归社会，是否有利于减少社会对抗，促进社会和谐，争取更好的社会效果。要注意在裁判文书中充分说明裁判理由，尤其是从宽或从严的理由，促使被告人认罪服法，注重教育群众，实现案件裁判法律效果和社会效果的有机统一。

二、准确把握和正确适用依法从“严”的政策要求

6. 宽严相济刑事政策中的从“严”，主要是指对于罪行十分严重、社会危害性极大，依法应当判处重刑或死刑的，要坚决地判处重刑或死刑；对于社会危害大或者具有法定、酌定从重处罚情节，以及主观恶性深、人身危险性大的被告人，要依法从严惩处。在审判活动中通过体现依法从“严”的政策要求，有效震慑犯罪分子和社会不稳定分子，达到有效遏制犯罪、预防犯罪的目的。

7. 贯彻宽严相济刑事政策，必须毫不动摇地坚持依法严惩严重刑事犯罪的方针。对于危害国家安全犯罪、恐怖组织犯罪、邪教组织犯罪、黑社会性质组织犯罪、恶势力犯罪、故意危害公共安全犯罪等严重危害国家政权稳固和社会治安的犯罪，故意杀人、故意伤害致人死亡、强奸、绑架、拐卖妇女儿童、抢劫、重大抢夺、重大盗窃等严重暴力犯罪和严重影响人民群众安全感的犯罪，走私、贩卖、运输、制造毒品等毒害人民健康的犯罪，要作为严惩的重点，依法从重处罚。尤其对于极端仇视国家和社会，以不特定人为侵害对象，所犯罪行特别严重的犯罪分子，该重判的要坚决依法重判，该判处死刑的要坚决依法判处死刑。

8. 对于国家工作人员贪污贿赂、滥用职权、失职渎职的严重犯罪，黑恶势力犯罪、重大安全责任事故、制售伪劣食品药品所涉及的国家工作人员职务犯罪，发生在社会保障、征地拆迁、灾后重建、企业改制、医疗、教育、就业等领域严重损害群众利益、社会影响恶劣、群众反映强烈的国家工作人员职务犯罪，发生在经济社会建设重点领域、重点行业的严重商业贿赂犯罪等，要依法从严惩处。

对于国家工作人员职务犯罪和商业贿赂犯罪中性质恶劣、情节严重、涉案范围广、影响面大的，或者案发后隐瞒犯罪事实、毁灭证据、订立攻守同盟、负案潜逃等拒不认罪悔罪的，要坚决依法从严惩处。

对于被告人犯罪所得数额不大，但对国家财产和人民群众利益造成重大损失、社会影响极其恶劣的职务犯罪和商业贿赂犯罪案件，也应依法从严惩处。

要严格掌握职务犯罪法定减轻处罚情节的认定标准与减轻处罚的幅度，严格控制依法减轻处罚后判处三年以下有期徒刑适用缓刑的范围，切实规范职务犯罪缓刑、免予刑事处罚的适用。

9. 当前和今后一段时期，对于集资诈骗、贷款诈骗、制贩假币以及扰乱、操纵证券、期货市场等严重危害金融秩序的犯罪，生产、销售假药、劣药、有毒有害食品等严重危害食品药品安全的犯罪，走私等严重侵害国家经济利益的犯罪，造成严重后果的重大安全责任事故犯罪，重大环境污染、非法采矿、盗伐林木等各种严重破坏环境资源的犯罪等，要依法从严惩处，维护国家的经济秩序，保护广大人民群众的生命健康安全。

10. 严惩严重刑事犯罪，必须充分考虑被告人的主观恶性和人身危险性。对于事先精心预谋、策划犯罪的被告人，具有惯犯、职业犯等情节的被告人，或者因故意犯罪受过刑事处罚、在缓刑、假释考验期内又犯罪的被告人，要依法严惩，以实现刑罚特殊预防的功能。

11. 要依法从严惩处累犯和毒品再犯。凡是依法构成累犯和毒品再犯的，即使犯罪情节较轻，也要体现从严惩处的精神。尤其是对于前罪为暴力犯罪或被判处重刑的累犯，更要依法从严惩处。

12. 要注重综合运用多种刑罚手段，特别是要重视依法适用财产刑，有效惩治犯罪。对于法律规定有附加财产刑的，要依法适用。对于侵财型和贪利型犯罪，更要注重通过依法适用财产刑使犯罪分子受到经济上的惩罚，剥夺其重新犯罪的能力和条件。要切实加大财产刑的执行力度，确保刑罚的严厉性和惩罚功能得以实现。被告人非法占有、处置被害人财产不能退赃的，在决定刑罚时，应作为重要情节予以考虑，体现从严处罚的精神。

13. 对于刑事案件被告人，要严格依法追究刑事责任，切实做到不枉不纵。

要在确保司法公正的前提下，努力提高司法效率。特别是对于那些严重危害社会治安，引起社会关注的刑事案件，要在确保案件质量的前提下，抓紧审理，及时宣判。

三、准确把握和正确适用依法从“宽”的政策要求

14. 宽严相济刑事政策中的从“宽”，主要是指对于情节较轻、社会危害性较小的犯罪，或者罪行虽然严重，但具有法定、酌定从宽处罚情节，以及主观恶性相对较小、人身危险性不大的被告人，可以依法从轻、减轻或者免除处罚；对于具有一定社会危害性，但情节显著轻微危害不大的行为，不作为犯罪处理；对于依法可不监禁的，尽量适用缓刑或者判处管制、单处罚金等非监禁刑。

15. 被告人的行为已经构成犯罪，但犯罪情节轻微，或者未成年人、在校学生实施的较轻犯罪，或者被告人具有犯罪预备、犯罪中止、从犯、胁从犯、防卫过当、避险过当等情节，依法不需要判处刑罚的，可以免予刑事处罚。对免予刑事处罚的，应当根据刑法第三十七条规定，做好善后、帮教工作或者交由有关部门进行处理，争取更好的社会效果。

16. 对于所犯罪行不重、主观恶性不深、人身危险性较小、有悔改表现、不致再危害社会的犯罪分子，要依法从宽处理。对于其中具备条件的，应当依法适用缓刑或者管制、单处罚金等非监禁刑。同时配合做好社区矫正，加强教育、感化、帮教、挽救工作。

17. 对于自首的被告人，除了罪行极其严重、主观恶性极深、人身危险性极大，或者恶意地利用自首规避法律制裁者以外，一般均应当依法从宽处罚。

对于亲属以不同形式送被告人归案或协助司法机关抓获被告人而认定为自首的，原则上都应当依法从宽处罚；有的虽然不能认定为自首，但考虑到被告人亲属支持司法机关工作，促使被告人到案、认罪、悔罪，在决定对被告人具体处罚时，也应当予以充分考虑。

18. 对于被告人检举揭发他人犯罪构成立功的，一般均应当依法从宽处罚。对于犯罪情节不是十分恶劣，犯罪后果不是十分严重的被告人立功的，从宽处罚的幅度应当更大。

19. 对于较轻犯罪的初犯、偶犯，应当综合考虑其犯罪的动机、手段、情节、后果和犯罪时的主观状态，酌情予以从宽处罚。对于犯罪情节轻微的初犯、偶犯，可以免予刑事处罚；依法应当予以刑事处罚的，也应当尽量适用缓刑或者判处管制、单处罚金等非监禁刑。

20. 对于未成年人犯罪，在具体考虑其实施犯罪的动机和目的、犯罪性质、情节和社会危害程度的同时，还要充分考虑其是否属于初犯，归案后是否悔罪，以及个人成长经历和一贯表现等因素，坚持“教育为主、惩罚为辅”的原则和“教育、感化、挽救”的方针进行处理。对于偶尔盗窃、抢夺、诈骗，数额刚达到较大的标准，案发后能如实交代并积极退赃的，可以认定为情节显著轻微，不作为犯罪处理。对于罪行较轻的，可以依法适当多适用缓刑或者判处管制、单处罚金等非监禁刑；依法可免予刑事处罚的，应当免予刑事处罚。对于犯罪情节严重的未成年人，也应当依照刑法第十七条第三款的规定予以从轻或者减轻处罚。对于已满十四周岁不满十六周岁的未成年犯罪人，一般不判处无期徒刑。

21. 对于老年人犯罪，要充分考虑其犯罪的动机、目的、情节、后果以及悔罪表现等，并结合其人身危险性和再犯可能性，酌情予以从宽处罚。

22. 对于因恋爱、婚姻、家庭、邻里纠纷等民间矛盾激化引发的犯罪，因劳动纠纷、管理失当等原因引发、犯罪动机不属恶劣的犯罪，因被害方过错或者基于义愤引发的或者具有防卫因素的突发性犯罪，应酌情从宽处罚。

23. 被告人案发后对被害人积极进行赔偿，并认罪、悔罪的，依法可以作为酌定量刑情节予以考虑。因婚姻家庭等民间纠纷激化引发的犯罪，被害人及其家属对被告人表示谅解的，应当作为酌定量刑情节予以考虑。犯罪情节轻微，取得被害人谅解的，可以依法从宽处理，不需判处刑罚的，可以免予刑事处罚。

24. 对于刑事被告人，如果采取取保候审、监视居住等非羁押性强制措施足以防止发生社会危险性，且不影响刑事诉讼正常进行的，一般可不采取羁押措施。对人民检察院提起公诉而被告人未被采取逮捕措施的，除存在被告人逃跑、串供、重新犯罪等具有人身危险性或者可能影响刑事诉讼正常进行的情形外，人民法院一般可不决定逮捕被告人。

四、准确把握和正确适用宽严“相济”的政策要求

25. 宽严相济刑事政策中的“相济”，主要是指在对各类犯罪依法处罚时，要善于综合运用宽和严两种手段，对不同的犯罪和犯罪分子区别对待，做到严中有宽、宽以济严；宽中有严、严以济宽。

26. 在对严重刑事犯罪依法从严惩处的同时，对被告人具有自首、立功、从犯等法定或酌定从宽处罚情节的，还要注意宽以济严，根据犯罪的具体情况，依法应当或可以从宽的，都应当在量刑上予以充分考虑。

27. 在对较轻刑事犯罪依法从轻处罚的同时，要注意严以济宽，充分考虑被告人是否具有屡教不改、严重滋扰社会、群众反映强烈等酌定从严处罚的情况，对于不从严不足以有效惩戒者，也应当在量刑上有所体现，做到济之以严，使犯罪分子受到应有处罚，切实增强改造效果。

28. 对于被告人同时具有法定、酌定从严和法定、酌定从宽处罚情节的案件，要在全面考察犯罪的事实、性质、情节和对社会危害程度的基础上，结合被告人的主观恶性、人身危险性、社会治安状况等因素，综合作出分析判断，总体从严，或者总体从宽。

29. 要准确理解和严格执行“保留死刑，严格控制和慎重适用死刑”的政策。对于罪行极其严重的犯罪分子，论罪应当判处死刑的，要坚决依法判处死刑。要依法严格控制死刑的适用，统一死刑案件的裁判标准，确保死刑只适用于极少数罪行极其严重的犯罪分子。拟判处死刑的具体案件定罪或者量刑的证据必须确实、充分，得出唯一结论。对于罪行极其严重，但只要是依法可不立即执行的，就不应当判处死刑立即执行。

30. 对于恐怖组织犯罪、邪教组织犯罪、黑社会性质组织犯罪和进行走私、诈骗、贩毒等犯罪活动的犯罪集团，在处理时要分别情况，区别对待：对犯罪组织或集团中的为首组织、指挥、策划者和骨干分子，要依法从严惩处，该判处重刑或死刑的要坚决判处重刑或死刑；对受欺骗、胁迫参加犯罪组织、犯罪集团或只是一般参加者，在犯罪中起次要、辅助作用的从犯，依法应当从轻或减轻处罚，符合缓刑条件的，可以适用缓刑。

对于群体性事件中发生的杀人、放火、抢劫、伤害等犯罪案件，要注意重点打击其中的组织、指挥、策划者和直接实施犯罪行为的积极参与者；对因被煽动、欺骗、裹胁而参加，情节较轻，经教育确有悔改表现的，应当依法从宽处理。

31. 对于一般共同犯罪案件，应当充分考虑各被告人在共同犯罪中的地位和作用，以及在主观恶性和人身危险性方面的不同，根据事实和证据能分清主从犯的，都应当认定主从犯。有多名主犯的，应在主犯中进一步区分出罪行最为严重者。对于多名被告人共同致死一名被害人的案件，要进一步分清各被告人的作用，准确确定各被告人的罪责，以做到区别对待；不能以分不清主次为由，简单地一律判处重刑。

32. 对于过失犯罪，如安全责任事故犯罪等，主要应当根据犯罪造成危害后果的严重程度、被告人主观罪过的大小以及被告人案发后的表现等，综合掌握处罚的宽严尺度。对于过失犯罪后积极抢救、挽回损失或者有效防止损失进一步扩大的，要依法从宽。对于造成的危害后果虽然不是特别严重，但情节特别恶劣或案发后故意隐瞒案情，甚至逃逸，给及时查明事故原因和迅速组织抢救造成贻误的，则要依法从重处罚。

33. 在共同犯罪案件中，对于主犯或首要分子检举、揭发同案地位、作用较次犯罪分子构成立功的，从轻或者减轻处罚应当从严掌握，如果从轻处罚可能导致全案量刑失衡的，一般不予从轻处罚；如果检举、揭发的是其他犯罪案件中罪行同样严重的犯罪分子，或者协助抓获的是同案中的其他主犯、首要分子的，原则上应予依法从轻或者减轻处罚。对于从犯或犯罪集团中的一般成员立功，特别是协助抓获主犯、首要分子的，应当充分体现政策，依法从轻、减轻或者免除处罚。

34. 对于危害国家安全犯罪、故意危害公共安全犯罪、严重暴力犯罪、涉众型经济犯罪等严重犯罪；恐怖组织犯罪、邪教组织犯罪、黑恶势力犯罪等有组织犯罪的领导者、组织者和骨干分子；毒品犯罪再犯的严重犯罪者；确有执行能力而拒不依法积极主动缴付财产执行财产刑或确有履行能力而不积极主动履行附带民事赔偿责任的，在依法减刑、假释时，应当从严掌握。对累犯减刑时，应当从严掌握。拒不交代真实身份或对减刑、假释材料弄虚作假，不符合减刑、假释条件的，不得减刑、假释。

对于因犯故意杀人、爆炸、抢劫、强奸、绑架等暴力犯罪，致人死亡或严重残疾而被判处死刑缓期二年执行或无期徒刑的罪犯，要严格控制减刑的频度和每次减刑的幅度，要保证其相对较长的实际服刑期限，维护公平正义，确保改造效果。

对于未成年犯、老年犯、残疾罪犯、过失犯、中止犯、胁从犯、积极主动缴付财产执行财产刑或履行民事赔偿责任的罪犯、因防卫过当或避险过当而判处徒刑的罪犯以及其他主观恶性不深、人身危险性不大的罪犯，在依法减刑、假释时，应当根据悔改表现予以从宽掌握。对认罪服法，遵守监规，积极参加学习、劳动，确有悔改表现的，依法予以减刑，减刑的幅度可以适当放宽，间隔的时间可以相应缩短。符合刑法第八十一条第一款规定的假释条件的，应当依法多适用假释。

五、完善贯彻宽严相济刑事政策的工作机制

35. 要注意总结审判经验，积极稳妥地推进量刑规范化工作。要规范法官的自由裁量权，逐步把量刑纳入法庭审理程序，增强量刑的公开性和透明度，充分实现量刑的公正和均衡，不断提高审理刑事案件的质量和效率。

36. 最高人民法院将继续通过总结审判经验，制发典型案例，加强审判指导，并制定关于案例指导制度的规范性文件，推进对贯彻宽严相济刑事政策案例指导制度的不断健全和完善。

37. 要积极探索人民法庭受理轻微刑事案件的工作机制，充分发挥人民法庭便民、利民和受案、审理快捷的优势，进一步促进轻微刑事案件及时审判，确保法律效果和社会效果的有机统一。

38. 要充分发挥刑事简易程序节约司法资源、提高审判效率、促进司法公正的功能，进一步强化简易程序的适用。对于被告人对被指控的基本犯罪事实无异议，并自愿认罪的第一审公诉案件，要依法进一步强化普通程序简化审的适用力度，以保障符合条件的案件都能得到及时高效的审理。

39. 要建立健全符合未成年人特点的刑事案件审理机制，寓教于审，惩教结合，通过科学、人性化的审理方式，更好地实现“教育、感化、挽救”的目的，促使未成年犯罪人早日回归社会。要积极推动有利于未成年犯罪人改造和管理的各项制度建设。对公安部门针对未成年人在缓刑、假释期间违法犯罪情况报送的拟撤销未成年犯罪人的缓刑或假释的报告，要及时审查，并在法定期限内及时做出决定，以真正形成合力，共同做好未成年人犯罪的惩戒和预防工作。

40. 对于刑事自诉案件，要尽可能多做化解矛盾的调解工作，促进双方自行和解。对于经过司法机关做工作，被告人认罪悔过，愿意赔偿被害人损失，取得被害人谅解，从而达成和解协议的，可以由自诉人撤回起诉，或者对被告人依法从轻或免予刑事处罚。对于可公诉、也可自诉的刑事案件，检察机关提起公诉的，人民法院应当依法进行审理，依法定罪处罚。对民间纠纷引发的轻伤害等轻微刑事案件，诉至法院后当事人自行和解的，应当予以准许并记录在案。人民法院也可以在不违反法律规定的前提下，对此类案件尝试做一些促进和解的工作。

41. 要尽可能把握一切有利于附带民事诉讼调解结案的积极因素，多做促进当事人双方和解的辨法析理工作，以更好地落实宽严相济刑事政策，努力做到案结事了。要充分发挥被告人、被害人所在单位、社区基层组织、辩护人、诉讼代理人和近亲属在附带民事诉讼调解工作中的积极作用，协调各方共同做好促进调解工作，尽可能通过调解达成民事赔偿协议并以此取得被害人及其家属对被告人的谅解，化解矛盾，促进社会和谐。

42. 对于因受到犯罪行为侵害、无法及时获得有效赔偿、存在特殊生活困难的被害人及其亲属，由有关方面给予适当的资金救助，有利于化解矛盾纠纷，促进社会和谐稳定。各地法院要结合当地实际，在党委、政府的统筹协调和具体指导下，落实好、执行好刑事被害人救助制度，确保此项工作顺利开展，取得实效。

43. 对减刑、假释案件，要采取开庭审理与书面审理相结合的方式。对于职务犯罪案件，尤其是原为县处级以上领导干部罪犯的减刑、假释案件，要一律开庭审理。对于故意杀人、抢劫、故意伤害等严重危害社会治安的暴力犯罪分子，有组织犯罪案件中的首要分子和其他主犯以及其他重大、有影响案件罪犯的减刑、假释，原则上也要开庭审理。书面审理的案件，拟裁定减刑、假释的，要在羁押场所公示拟减刑、假释人员名单，接受其他在押罪犯的广泛监督。

44. 要完善对刑事审判人员贯彻宽严相济刑事政策的监督机制，防止宽严失当、枉法裁判、以权谋私。要改进审判考核考评指标体系，完善错案认定标准和错案责任追究制度，完善法官考核机制。要切实改变单纯以改判率、发回重审率的高低来衡量刑事审判工作质量和法官业绩的做法。要探索建立既能体现审判规律、符合法官职业特点，又能准确反映法官综合素质和司法能力的考评体制，对法官审理刑事案件质量，落实宽严相济刑事政策，实现刑事审判法律效果和社会效果有机统一进行全面、科学的考核。

45. 各级人民法院要加强与公安机关、国家安全机关、人民检察院、司法行政机关等部门的联系和协调，建立经常性的工作协调机制，共同研究贯彻宽严相济刑事政策的工作措施，及时解决工作中出现的具体问题。要根据“分工负责、相互配合、相互制约”的法律原则，加强与公安机关、人民检察院的工作联系，既各司其职，又进一步形成合力，不断提高司法公信，维护司法权威。要在律师辩护代理、法律援助、监狱提请减刑假释、开展社区矫正等方面加强与司法行政机关的沟通和协调，促进宽严相济刑事政策的有效实施。

人民检察院监狱检察办法

（2008 年 3 月 23 日最高人民检察院　高检发监字〔2008〕1 号印发）

第一章　总　　则

第一条　为规范监狱检察工作，根据《中华人民共和国刑事诉讼法》、《中华人民共和国监狱法》等法律规定，结合监狱检察工作实际，制定本办法。

第二条　人民检察院监狱检察的任务是：保证国家法律法规在刑罚执行活动中的正确实施，维护罪犯合法权益，维护监狱监管秩序稳定，保障惩罚与改造罪犯工作的顺利进行。

第三条　人民检察院监狱检察的职责是：

（一）对监狱执行刑罚活动是否合法实行监督；

（二）对人民法院裁定减刑、假释活动是否合法实行监督；

（三）对监狱管理机关批准暂予监外执行活动是否合法实行监督；

（四）对刑罚执行和监管活动中发生的职务犯罪案件进行侦查，开展职务犯罪预防工作；

（五）对监狱侦查的罪犯又犯罪案件审查逮捕、审查起诉和出庭支持公诉，对监狱的立案、侦查活动和人民法院的审判活动是否合法实行监督；

（六）受理罪犯及其法定代理人、近亲属的控告、举报和申诉；

（七）其他依法应当行使的监督职责。

第四条　人民检察院在监狱检察工作中，应当依法独立行使检察权，应当以事实为根据、以法律为准绳。

监狱检察人员履行法律监督职责，应当严格遵守法律，恪守检察职业道德，忠于职守，清正廉洁；应当坚持原则，讲究方法，注重实效。

第二章　收监、出监检察

第一节　收监检察

第五条　收监检察的内容：

（一）监狱对罪犯的收监管理活动是否符合有关法律规定。

（二）监狱收押罪犯有无相关凭证：

1. 收监交付执行的罪犯，是否具备人民检察院的起诉书副本和人民法院的刑事判决（裁定）书、执行通知书、结案登记表；

2. 收监监外执行的罪犯，是否具备撤销假释裁定书、撤销缓刑裁定书或者撤销暂予监外执行的收监执行决定书；

3. 从其他监狱调入罪犯，是否具备审批手续。

（三）监狱是否收押了依法不应当收押的人员。

第六条　收监检察的方法：

（一）对个别收监罪犯，实行逐人检察；

（二）对集体收监罪犯，实行重点检察；

（三）对新收罪犯监区，实行巡视检察。

第七条　发现监狱在收监管理活动中有下列情形的，应当及时提出纠正意见：

（一）没有收监凭证或者收监凭证不齐全而收监的；

（二）收监罪犯与收监凭证不符的；

（三）应当收监而拒绝收监的；

（四）不应当收监而收监的；

（五）罪犯收监后未按时通知其家属的；

（六）其他违反收监规定的。

第二节　出监检察

第八条　出监检察的内容：

（一）监狱对罪犯的出监管理活动是否符合有关法律规定。

（二）罪犯出监有无相关凭证：

1. 刑满释放罪犯，是否具备刑满释放证明书；

2. 假释罪犯，是否具备假释裁定书、执行通知书、假释证明书；

3. 暂予监外执行罪犯，是否具备暂予监外执行审批表、暂予监外执行决定书；

4. 离监探亲和特许离监罪犯，是否具备离监探亲审批表、离监探亲证明；

5. 临时离监罪犯，是否具备临时离监解回再审的审批手续；

6. 调监罪犯，是否具备调监的审批手续。

第九条　出监检察的方法：

（一）查阅罪犯出监登记和出监凭证；

（二）与出监罪犯进行个别谈话，了解情况。

第十条　发现监狱在出监管理活动中有下列情形的，应当及时提出纠正意见：

（一）没有出监凭证或者出监凭证不齐全而出监的；

（二）出监罪犯与出监凭证不符的；

（三）应当释放而没有释放或者不应当释放而释放的；

（四）罪犯没有监狱人民警察或者办案人员押解而特许离监、临时离监或者调监的；

（五）没有派员押送暂予监外执行罪犯到达执行地公安机关的；

（六）没有向假释罪犯、暂予监外执行罪犯、刑满释放仍需执行附加剥夺政治权利罪犯的执行地公安机关送达有关法律文书的；

（七）没有向刑满释放人员居住地公安机关送达释放通知书的；

（八）其他违反出监规定的。

第十一条　假释罪犯、暂予监外执行罪犯、刑满释放仍需执行附加剥夺政治权利罪犯出监时，派驻检察机构应当填写《监外执行罪犯出监告知表》，寄送执行地人民检察院监所检察部门。

第三章　刑罚变更执行检察

第一节　减刑、假释检察

第十二条　对监狱提请减刑、假释活动检察的内容：

（一）提请减刑、假释罪犯是否符合法律规定条件；

（二）提请减刑、假释的程序是否符合法律和有关规定；

（三）对依法应当减刑、假释的罪犯，监狱是否提请减刑、假释。

第十三条　对监狱提请减刑、假释活动检察的方法：

（一）查阅被提请减刑、假释罪犯的案卷材料；

（二）查阅监区集体评议减刑、假释会议记录，罪犯计分考核原始凭证，刑罚执行（狱政管理）部门审查意见；

（三）列席监狱审核拟提请罪犯减刑、假释的会议；

（四）向有关人员了解被提请减刑、假释罪犯的表现等情况。

第十四条　发现监狱在提请减刑、假释活动中有下列情形的，应当及时提出纠正意见：

（一）对没有悔改表现或者立功表现的罪犯，提请减刑的；

（二）对没有悔改表现，假释后可能再危害社会的罪犯，提请假释的；

（三）对累犯以及因杀人、爆炸、抢劫、强奸、绑架等暴力性犯罪被判处十年以上有期徒刑、无期徒刑的罪犯，提请假释的；

（四）对依法应当减刑、假释的罪犯没有提请减刑、假释的；

（五）提请对罪犯减刑的起始时间、间隔时间和减刑后又假释的间隔时间不符合有关规定的；

（六）被提请减刑、假释的罪犯被减刑后实际执行的刑期或者假释考验期不符合有关规定的；

（七）提请减刑、假释没有完备的合法手续的；

（八）其他违反提请减刑、假释规定的。

第十五条　派驻检察机构收到监狱移送的提请减刑材料的，应当及时审查并签署意见。认为提请减刑不当的，应当提出纠正意见，填写《监狱提请减刑不当情况登记表》。所提纠正意见未被采纳的，可以报经本院检察长批准，向受理本案的人民法院的同级人民检察院报送。

第十六条　派驻检察机构收到监狱移送的提请假释材料的，应当及时审查并签署意见，填写《监狱提请假释情况登记表》，向受理本案的人民法院的同级人民检察院报送。认为提请假释不当的，应当提出纠正意见，将意见以及监狱采纳情况一并填入《监狱提请假释情况登记表》。

第十七条　人民检察院收到人民法院减刑、假释裁定书副本后，应当及时审查。认为减刑、假释裁定不当的，应当在收到裁定书副本后二十日内，向作出减刑、假释裁定的人民法院提出书面纠正意见。

第十八条　人民检察院对人民法院减刑、假释的裁定提出纠正意见后，应当监督人民法院是否在收到纠正意见后一个月内重新组成合议庭进行审理。

第十九条　对人民法院减刑、假释裁定的纠正意见，由作出减刑、假释裁定的人民法院的同级人民检察院书面提出。

下级人民检察院发现人民法院减刑、假释裁定不当的，应当立即向作出减刑、假释裁定的人民法院的同级人民检察院报告。

第二十条　对人民法院采取听证或者庭审方式审理减刑、假释案件的，同级人民检察院应当派员参加，发表检察意见并对听证或者庭审过程是否合法进行监督。

第二节　暂予监外执行检察

第二十一条　对监狱呈报暂予监外执行活动检察的内容：

（一）呈报暂予监外执行罪犯是否符合法律规定条件；

（二）呈报暂予监外执行的程序是否符合法律和有关规定。

第二十二条　对监狱呈报暂予监外执行活动检察的方法：

（一）审查被呈报暂予监外执行罪犯的病残鉴定和病历资料；

（二）列席监狱审核拟呈报罪犯暂予监外执行的会议；

（三）向有关人员了解被呈报暂予监外执行罪犯的患病及表现等情况。

第二十三条　发现监狱在呈报暂予监外执行活动中有下列情形的，应当及时提出纠正意见：

（一）呈报保外就医罪犯所患疾病不属于《罪犯保外就医疾病伤残范围》的；

（二）呈报保外就医罪犯属于因患严重慢性疾病长期医治无效情形，执行原判刑期未达三分之一以上的；

（三）呈报保外就医罪犯属于自伤自残的；

（四）呈报保外就医罪犯没有省级人民政府指定医院开具的相关证明文件的；

（五）对适用暂予监外执行可能有社会危险性的罪犯呈报暂予监外执行的；

（六）对罪犯呈报暂予监外执行没有完备的合法手续的；

（七）其他违反暂予监外执行规定的。

第二十四条　派驻检察机构收到监狱抄送的呈报罪犯暂予监外执行的材料后，应当及时审查并签署意见。认为呈报暂予监外执行不当的，应当提出纠正意见。审查情况应当填入《监狱呈报暂予监外执行情况登记表》，层报省级人民检察院监所检察部门。

省级人民检察院监所检察部门审查认为监狱呈报暂予监外执行不当的，应当及时将审查意见告知省级监狱管理机关。

第二十五条　省级人民检察院收到省级监狱管理机关批准暂予监外执行的通知后，应当及时审查。认为暂予监外执行不当的，应当自接到通知之日起一个月内向省级监狱管理机关提出书面纠正意见。

省级人民检察院应当监督省级监狱管理机关是否在收到书面纠正意见后一个月内进行重新核查和核查决定是否符合法律规定。

第二十六条　下级人民检察院发现暂予监外执行不当的，应当立即层报省级人民检察院。

第四章　监管活动检察

第一节　禁闭检察

第二十七条　禁闭检察的内容：

（一）适用禁闭是否符合规定条件；

（二）适用禁闭的程序是否符合有关规定；

（三）执行禁闭是否符合有关规定。

第二十八条　禁闭检察的方法：

（一）对禁闭室进行现场检察；

（二）查阅禁闭登记和审批手续；

（三）听取被禁闭人和有关人员的意见。

第二十九条　发现监狱在适用禁闭活动中有下列情形的，应当及时提出纠正意见：

（一）对罪犯适用禁闭不符合规定条件的；

（二）禁闭的审批手续不完备的；

（三）超期限禁闭的；

（四）使用戒具不符合有关规定的；

（五）其他违反禁闭规定的。

第二节　事故检察

第三十条　事故检察的内容：

（一）罪犯脱逃；

（二）罪犯破坏监管秩序；

（三）罪犯群体病疫；

（四）罪犯伤残；

（五）罪犯非正常死亡；

（六）其他事故。

第三十一条　事故检察的方法：

（一）派驻检察机构接到监狱关于罪犯脱逃、破坏监管秩序、群体病疫、伤残、死亡等事故报告，应当立即派员赴现场了解情况，并及时报告本院检察长；

（二）认为可能存在违法犯罪问题的，派驻检察人员应当深入事故现场，调查取证；

（三）派驻检察机构与监狱共同剖析事故原因，研究对策，完善监管措施。

第三十二条　罪犯在服刑期间因病死亡，其家属对监狱提供的医疗鉴定有疑义向人民检察院提出的，人民检察院应当受理。经审查认为医疗鉴定有错误的，可以重新对死亡原因作出鉴定。

罪犯非正常死亡的，人民检察院接到监狱通知后，原则上应在二十四小时内对尸体进行检验，对死亡原因进行鉴定，并根据鉴定结论依法及时处理。

第三十三条　对于监狱发生的重大事故，派驻检察机构应当及时填写《重大事故登记表》，报送上一级人民检察院，同时对监狱是否存在执法过错责任进行检察。

辖区内监狱发生重大事故的，省级人民检察院应当检查派驻检察机构是否存在不履行或者不认真履行监督职责的问题。

第三节　狱政管理、教育改造活动检察

第三十四条　狱政管理、教育改造活动检察的内容：

（一）监狱的狱政管理、教育改造活动是否符合有关法律规定；

（二）罪犯的合法权益是否得到保障。

第三十五条　狱政管理、教育改造活动检察的方法：

（一）对罪犯生活、学习、劳动现场和会见室进行实地检察和巡视检察；

（二）查阅罪犯名册、伙食账簿、会见登记和会见手续；

（三）向罪犯及其亲属和监狱人民警察了解情况，听取意见；

（四）在法定节日、重大活动之前或者期间，督促监狱进行安全防范和生活卫生检查。

第三十六条　发现监狱在狱政管理、教育改造活动中有下列情形的，应当及时提出纠正意见：

（一）监狱人民警察体罚、虐待或者变相体罚、虐待罪犯的；

（二）没有按照规定对罪犯进行分押分管的；

（三）监狱人民警察没有对罪犯实行直接管理的；

（四）安全防范警戒设施不完备的；

（五）监狱人民警察违法使用戒具的；

（六）没有按照规定安排罪犯与其亲属会见的；

（七）对伤病罪犯没有及时治疗的；

（八）没有执行罪犯生活标准规定的；

（九）没有按照规定时间安排罪犯劳动，存在罪犯超时间、超体力劳动情况的；

（十）其他违反狱政管理、教育改造规定的。

第三十七条　派驻检察机构参加监狱狱情分析会，应当针对罪犯思想动态、监管秩序等方面存在的问题，提出意见和建议，与监狱共同研究对策，制定措施。

第三十八条　派驻检察机构应当与监狱建立联席会议制度，及时了解监狱发生的重大情况，共同分析监管执法和检察监督中存在的问题，研究改进工作的措施。联席会议每半年召开一次，必要时可以随时召开。

第三十九条　派驻检察机构每半年协助监狱对罪犯进行一次集体法制宣传教育。

派驻检察人员应当每周至少选择一名罪犯进行个别谈话，并及时与要求约见的罪犯谈话，听取情况反映，提供法律咨询，接收递交的材料等。

第五章 办理罪犯又犯罪案件

第四十条 人民检察院监所检察部门负责监狱侦查的罪犯又犯罪案件的审查逮捕、审查起诉和出庭支持公诉，以及立案监督、侦查监督、审判监督、死刑临场监督等工作。

第四十一条 办理罪犯又犯罪案件期间该罪犯原判刑期届满的，在侦查阶段由监狱提请人民检察院审查批准逮捕，在审查起诉阶段由人民检察院决定逮捕。

第四十二条 发现罪犯在判决宣告前还有其他罪行没有判决的，应当分别情形作出处理：

（一）适宜于服刑地人民法院审理的，依照本办法第四十条、第四十一条的规定办理；

（二）适宜于原审地或者犯罪地人民法院审理的，转交当地人民检察院办理；

（三）属于职务犯罪的，交由原提起公诉的人民检察院办理。

第六章 受理控告、举报和申诉

第四十三条 派驻检察机构应当受理罪犯及其法定代理人、近亲属向检察机关提出的控告、举报和申诉，根据罪犯反映的情况，及时审查处理，并填写《控告、举报和申诉登记表》。

第四十四条 派驻检察机构应当在监区或者分监区设立检察官信箱，接收罪犯控告、举报和申诉材料。信箱应当每周开启。

派驻检察人员应当每月定期接待罪犯近亲属、监护人来访，受理控告、举报和申诉，提供法律咨询。

第四十五条 派驻检察机构对罪犯向检察机关提交的自首、检举和揭发犯罪线索等材料，依照本办法第四十三条的规定办理，并检察兑现政策情况。

第四十六条 派驻检察机构办理控告、举报案件，对控告人、举报人要求回复处理结果的，应当将调查核实情况反馈控告人、举报人。

第四十七条 人民检察院监所检察部门审查刑事申诉，认为原判决、裁定正确、申诉理由不成立的，应当将审查结果答复申诉人并做好息诉工作；认为原判决、裁定有错误可能，需要立案复查的，应当移送刑事申诉检察部门办理。

第七章 纠正违法和检察建议

第四十八条 纠正违法的程序：

（一）派驻检察人员发现轻微违法情况，可以当场提出口头纠正意见，并及时向派驻检察机构负责人报告，填写《检察纠正违法情况登记表》；

（二）派驻检察机构发现严重违法情况，或者在提出口头纠正意见后被监督单位七日内未予纠正且不说明理由的，应当报经本院检察长批准，及时发出《纠正违法通知书》；

（三）人民检察院发出《纠正违法通知书》后十五日内，被监督单位仍未纠正或者回复意见的，应当及时向上一级人民检察院报告。

对严重违法情况，派驻检察机构应当填写《严重违法情况登记表》，向上一级人民检察院监所检察部门报送并续报检察纠正情况。

第四十九条　被监督单位对人民检察院的纠正违法意见书面提出异议的，人民检察院应当复议。被监督单位对于复议结论仍然提出异议的，由上一级人民检察院复核。

第五十条　发现刑罚执行活动中存在执法不规范等可能导致执法不公和重大事故等苗头性、倾向性问题的，应当报经本院检察长批准，向有关单位提出检察建议。

第八章　其他规定

第五十一条　派驻检察人员每月派驻监狱检察时间不得少于十六个工作日，遇有突发事件时应当及时检察。

派驻检察人员应当将罪犯每日变动情况、开展检察工作情况和其他有关情况，全面、及时、准确地填入《监狱检察日志》。

第五十二条　派驻检察机构应当实行检务公开。对收监交付执行的罪犯，应当及时告知其权利和义务。

第五十三条　派驻检察人员在工作中，故意违反法律和有关规定，或者严重不负责任，造成严重后果的，应当追究法律责任、纪律责任。

第五十四条　人民检察院监狱检察工作实行“一志八表”的检察业务登记制度。“一志八表”是指《监狱检察日志》、《监外执行罪犯出监告知表》、《监狱提请减刑不当情况登记表》、《监狱提请假释情况登记表》、《监狱呈报暂予监外执行情况登记表》、《重大事故登记表》、《控告、举报和申诉登记表》、《检察纠正违法情况登记表》和《严重违法情况登记表》。

派驻检察机构登记“一志八表”，应当按照“微机联网、动态监督”的要求，实行办公自动化管理。

第九章　附　　则

第五十五条　本办法与《人民检察院监狱检察工作图示》配套使用。

第五十六条　本办法由最高人民检察院负责解释。

第五十七条　本办法自印发之日起施行。1994 年 11 月 25 日最高人民检察院监所检察厅印发的《监狱检察工作一志十一表（式样）》停止使用。

附件：《人民检察院监狱检察工作图示》和“一志八表”的印制式样（略）

看守所留所执行刑罚罪犯管理办法

（2008年2月29日公安部令第98号发布
自2008年7月1日起施行）

第一章　总　　则

第一条　为了规范看守所对留所执行刑罚罪犯的管理，做好罪犯改造工作，根据《中华人民共和国刑事诉讼法》、《中华人民共和国监狱法》、《中华人民共和国看守所条例》等有关法律、法规，结合看守所执行刑罚的实际，制定本办法。

第二条　被判处有期徒刑的罪犯，在被交付执行前，剩余刑期在一年以下的，由看守所代为执行刑罚。

被判处拘役的罪犯，由看守所执行刑罚。

未成年犯，由未成年犯管教所执行刑罚。

第三条　看守所应当设置专门监区或者监室监管罪犯。监区和监室应当设在看守所警戒围墙内。

第四条　看守所管理罪犯应当坚持惩罚与改造相结合、教育和劳动相结合的原则，将罪犯改造为守法公民。

第五条　罪犯的人格不受侮辱，人身安全和合法财产不受侵犯，罪犯享有辩护、申诉、控告、检举以及其他未被依法剥夺或者限制的权利。

罪犯应当遵守法律、法规和看守所管理规定，服从管理，接受教育，按照规定参加劳动。

第六条　看守所应当保障罪犯的合法权益，为罪犯行使权利提供必要的条件。

第七条　看守所对罪犯执行刑罚的活动依法接受人民检察院的法律监督。

第二章　刑罚的执行

第一节　收　　押

第八条　看守所在收到交付执行的人民法院送达的人民检察院起诉书副本和

人民法院判决书、裁定书、执行通知书、结案登记表的当日，应当办理罪犯收押手续，填写收押登记表，载明罪犯基本情况、收押日期等，并由民警签字后，将罪犯转入罪犯监区或者监室。

第九条　对于判决前未被羁押，判决后需要羁押执行刑罚的罪犯，看守所应当凭本办法第八条所列文书收押，并采集罪犯十指指纹信息。

对于发现余罪的罪犯，需要将其羁押到立案地看守所的，立案地看守所凭拘留证、逮捕证收押。

对于人民法院异地再审开庭，需要将罪犯临时羁押在异地看守所的，异地看守所凭提起刑事再审的诉讼文书、提审手续收押。

第十条　按照本办法第九条收押罪犯时，看守所应当进行健康和人身、物品安全检查。对罪犯的非生活必需品，应当登记，代为保管；对违禁品，应当予以没收。

对女性罪犯的人身检查，由女性人民警察进行。

第十一条　办理罪犯收押手续时应当建立罪犯档案。罪犯档案一人一档，分为正档和副档。正档包括收押凭证、暂予监外执行决定书、减刑、假释裁定书、释放证明书等法律文书；副档包括收押登记、谈话教育、罪犯考核、奖惩、疾病治疗、财物保管登记等管理记录。

第十二条　收押罪犯后，看守所应当在五日内向罪犯家属或者监护人发出罪犯执行刑罚地点通知书。对收押的外国籍罪犯，应当在二十四小时内报告所属公安机关。

第二节　对罪犯申诉、控告、检举的处理

第十三条　罪犯对已经发生法律效力的判决、裁定不服，提出申诉的，看守所应当及时将申诉材料转递给人民检察院和作出生效判决的人民法院。罪犯也可以委托其亲属或者律师提出申诉。

第十四条　罪犯有权控告、检举违法犯罪行为。

看守所应当设置控告、检举信箱，接受罪犯的控告、检举材料。罪犯也可以直接向民警控告、检举。

第十五条　对罪犯向看守所提交的控告、检举材料，看守所应当自收到材料之日起十五日内作出处理；对罪犯向人民法院、人民检察院提交的控告、检举材料，看守所应当自收到材料之日起五日内予以转送。

看守所对控告、检举作出处理或者转送有关部门处理的，应当及时将有关情况或者处理结果通知具名控告、检举的罪犯。

第十六条　看守所在执行刑罚过程中，发现判决可能有错误的，应当提请人民检察院或者人民法院处理。

第三节 暂予监外执行

第十七条 罪犯符合刑事诉讼法规定的暂予监外执行条件的，本人或者其家属可以向看守所提出书面申请，管教民警或者看守所医生也可以提出书面意见。

第十八条 看守所接到暂予监外执行申请或者意见后，应当召开所务会研究，初审同意后根据不同情形对罪犯进行病情鉴定、生活不能自理鉴定或者妊娠检查，未通过初审的，应当告知原因。

所务会应当有书面记录，并由与会人员签名。

第十九条 对暂予监外执行罪犯的病情鉴定，应当到省级人民政府指定的医院进行；妊娠检查，应当到医院进行；生活不能自理鉴定，由看守所分管所领导、管教民警、看守所医生、驻所检察人员等组成鉴定小组进行；对正在哺乳自己婴儿的妇女，看守所应当通知罪犯户籍所在地或者居住地的公安机关出具相关证明。

生活不能自理，是指因病、伤残或者年老体弱致使日常生活中起床、用餐、行走、如厕等不能自行进行，必须在他人协助下才能完成。

对于自伤自残的罪犯，不得暂予监外执行。

第二十条 罪犯需要保外就医的，应当由罪犯或者罪犯家属提出保证人。保证人由看守所审查确定。

第二十一条 保证人应当具备下列条件：

（一）愿意承担保证人义务，具有完全民事行为能力；

（二）人身自由未受到限制，享有政治权利；

（三）有固定的住所和收入，有条件履行保证人义务；

（四）与被保证人共同居住或者居住在同一县级公安机关辖区。

第二十二条 保证人应当签署保外就医保证书。

第二十三条 罪犯保外就医期间，保证人应当履行下列义务：

（一）监督被保证人遵守法律和有关规定；

（二）发现被保证人擅自离开居住区域或者有违法犯罪行为的，立即向执行机关报告；

（三）为被保证人的治疗、护理、复查以及正常生活提供必要的条件和保障；

（四）督促和协助被保证人按照规定履行定期复查病情和向执行机关报告；

（五）被保证人保外就医情形消失，或者被保证人死亡的，立即向执行机关报告。

第二十四条 对需要暂予监外执行的罪犯，看守所应当填写暂予监外执行审批表，并附病情鉴定或者妊娠检查证明，或者生活不能自理鉴定，或者哺乳自己婴儿证明；需要保外就医的，应当同时附保外就医保证书。县级看守所应当将有关材料报经所属公安机关审核同意后，报地市级公安机关审批；地市级以上看守所应当将有关材料报所属公安机关审批。

看守所在报送审批材料的同时，应当将暂予监外执行审批表副本、病情鉴定或者妊娠检查诊断证明、生活不能自理鉴定、哺乳自己婴儿证明、保外就医保证书等有关材料的复印件抄送人民检察院驻所检察机构。

第二十五条　看守所收到批准机关暂予监外执行决定书后，应当办理罪犯出所手续，发给暂予监外执行通知书，并告知罪犯应当遵守的规定。

第二十六条　看守所应当将暂予监外执行的罪犯送交负责执行的县级公安机关。

第二十七条　暂予监外执行罪犯服刑地和居住地不在同一省级或者地市级公安机关辖区，需要回居住地暂予监外执行的，服刑地的省级公安机关监管部门或者地市级公安机关监管部门应当书面通知居住地的同级公安机关监管部门，由居住地的公安机关监管部门指定看守所接收罪犯档案、负责办理收监或者刑满释放等手续。

第二十八条　看守所收到执行地公安机关关于暂予监外执行罪犯的收监执行通知书后，应当立即将罪犯收监。

第二十九条　罪犯在暂予监外执行期间刑期届满的，看守所应当为其办理刑满释放手续。

第三十条　罪犯暂予监外执行期间死亡的，看守所应当将执行地公安机关的书面通知归入罪犯档案，并在登记表中注明。

第四节　减刑、假释的提请

第三十一条　罪犯符合减刑、假释条件的，由管教民警提出建议，报看守所所务会研究决定。所务会应当有书面记录，并由与会人员签名。

第三十二条　看守所所务会研究同意后，应当将拟提请减刑、假释的罪犯名单以及减刑、假释意见在看守所内公示。公示期限为七个工作日。公示期内，如有民警或者罪犯对公示内容提出异议，看守所应当重新召开所务会复核，并告知复核结果。

第三十三条　公示完毕，看守所所长应当在罪犯减刑、假释审批表上签署意见，加盖看守所公章，制作提请减刑、假释建议书，经所属公安机关审核后，连同有关材料一起提请所在地中级人民法院裁定。

第三十四条　执行地公安机关向看守所提出暂予监外执行罪犯减刑、假释建议的，应当提供暂予监外执行罪犯确有悔改或者立功、重大立功表现的事实材料。看守所接到相关建议和材料后，应当召开所务会研究，报经所属公安机关审核后，提请所在地中级人民法院裁定。

第三十五条　看守所提请人民法院审理减刑、假释案件时，应当送交下列材料：

（一）提请减刑、假释建议书；

（二）终审人民法院的判决书、裁定书、历次减刑裁定书的复印件；

（三）罪犯确有悔改或者立功、重大立功表现的证明材料；

（四）罪犯评审鉴定表、奖惩审批表等有关材料。

第三十六条　在人民法院作出减刑、假释裁定前，看守所发现罪犯不符合减刑、假释条件的，应当书面撤回减刑、假释建议书；在减刑、假释裁定生效后，看守所发现罪犯不符合减刑、假释条件的，应当书面向作出裁定的人民法院提出撤销裁定建议。

第三十七条　看守所收到人民法院假释裁定书后，应当办理罪犯出所手续，发给假释证明书，并于三日内将罪犯的有关材料寄送罪犯居住地的县级公安机关。

第三十八条　被假释的罪犯被人民法院裁定撤销假释的，看守所应当在收到撤销假释裁定后将罪犯收监。

第三十九条　罪犯在假释期间未违反相关规定的，假释考验期满时，看守所应当为罪犯办理刑满释放手续。罪犯在假释期间死亡的，看守所应当将执行地公安机关的书面通知归入罪犯档案，并在登记表中注明。

第五节　释　　放

第四十条　看守所应当在罪犯服刑期满三十日前，将拟释放的罪犯通知罪犯原户籍所在地的县级公安机关和司法行政部门。

第四十一条　罪犯服刑期满，看守所应当按期释放，发给刑满释放证明书，并告知其在规定期限内，持刑满释放证明书到原户籍所在地的公安派出所办理户籍登记手续；有代管钱物的，看守所应当如数发还。

刑满释放人员患有重病的，看守所应当通知其家属接回。

第四十二条　外国籍罪犯被判处附加驱逐出境的，看守所应当在罪犯服刑期满前十日通知所属公安机关出入境管理部门。

第三章　管　　理

第一节　分押分管

第四十三条　看守所应当根据罪犯的犯罪类型、刑罚种类、性格特征、心理状况、健康状况、改造表现等，对罪犯实行分别关押和管理。罪犯数量少的，可以集中关押。

第四十四条　看守所应当根据罪犯的改造表现，对罪犯实行宽严有别的分级处遇。对罪犯适用分级处遇，按照有关规定，依据对罪犯改造表现的考核结果确定，并应当根据情况变化适时调整。

对不同处遇等级的罪犯，看守所应当在其活动范围、会见通讯、接收物品、文体活动、奖励等方面，分别实施相应的处遇。

第二节　会见、通讯、临时出所

第四十五条　罪犯可以与其亲属或者监护人每月会见一至二次，每次不超过一小时。每次前来会见罪犯的人员不超过三人。因特殊情况需要延长会见时间，增加会见人数，或者其亲属、监护人以外的人要求会见的，应当经看守所领导批准。

第四十六条　罪犯与受委托的律师会见，由律师向看守所提出申请，看守所应当查验授权委托书、律师事务所介绍信和律师执业证，并在四十八小时内予以安排。

第四十七条　依据我国参加的国际公约和缔结的领事条约的有关规定，外国驻华使（领）馆官员要求探视其本国籍罪犯，或者外国籍罪犯亲属、监护人首次要求会见的，应当向省级公安机关提出书面申请。看守所根据省级公安机关的书面通知予以安排。外国籍罪犯亲属或者监护人再次要求会见的，可以直接向看守所提出申请。

外国籍罪犯拒绝其所属国驻华使（领）馆官员或者其亲属、监护人探视的，看守所不予安排，但罪犯应当出具本人签名的书面声明。

第四十八条　经看守所领导批准，罪犯可以用指定的固定电话与其亲友、监护人通话；外国籍罪犯还可以与其所属国驻华使（领）馆通话。通话费用由罪犯本人承担。

第四十九条　少数民族罪犯可以使用其本民族语言文字会见、通讯；外国籍罪犯可以使用其本国语言文字会见、通讯。

第五十条　会见应当在看守所会见室进行。

第五十一条　会见、通讯应当遵守看守所的有关规定。对违反规定的，看守所可以中止会见、通讯。

第五十二条　罪犯可以与其亲友或者监护人通信。看守所应当对罪犯的来往信件进行检查，发现有碍罪犯改造内容的信件可以扣留。

罪犯写给看守所的上级机关和司法机关的信件，不受检查。

第五十三条　办案机关因办案需要向罪犯了解有关情况的，应当出具办案机关证明和办案人员工作证，并经看守所领导批准后在看守所内进行。

第五十四条　因起赃、辨认、出庭作证、接受审判等需要将罪犯提出看守所的，由办案机关出具公函，经看守所领导批准后提出，并当日送回。

侦查机关因办理其他案件需要将罪犯临时寄押到异地看守所取证，并持有侦查机关所在的地市级以上公安机关公函的，看守所应当允许提出，并办理相关手续。

人民法院因再审开庭需要将罪犯提出看守所，并持有人民法院刑事再审决定书或者刑事裁定书，或者人民检察院抗诉书的，看守所应当允许提出，并办理相关手续。

第五十五条　被判处拘役的罪犯每月可以回家一至二日，由罪犯本人提出申请，管教民警签署意见，经看守所所长审核后，报所属公安机关批准。

第五十六条　被判处拘役的外国籍罪犯提出探亲申请的，看守所应当报地市级以上公安机关审批。地市级以上公安机关作出批准决定的，应当报上一级公安机关备案。

被判处拘役的外国籍罪犯探亲时，不得出境。

第五十七条　对于准许回家的拘役罪犯，看守所应当发给回家证明，并告知应当遵守的相关规定。

罪犯回家时间不能集中使用，不得将刑期末期作为回家时间，变相提前释放罪犯。

第五十八条　罪犯需要办理婚姻登记等必须由本人实施的民事法律行为的，应当向看守所提出书面申请，经看守所领导批准后出所办理，由二名以上民警押解。

第五十九条　罪犯进行民事诉讼需要出庭时，应当委托诉讼代理人代为出庭。对于涉及人身关系的诉讼等必须由罪犯本人出庭的，凭人民法院出庭通知书办理临时离所手续，由人民法院司法警察负责押解看管，并于当日返回。

罪犯因特殊情况不宜离所出庭的，看守所可以与人民法院协商，根据《中华人民共和国民事诉讼法》第一百二十一条的规定，由人民法院到看守所开庭审理。

第六十条　罪犯遇有配偶、父母、子女病危或者死亡，确需本人回家处理的，由当地公安派出所出具证明，经看守所所属公安机关领导批准，可以暂时离所，由二名以上民警押解，并于当日返回。

第三节　生活、卫生

第六十一条　罪犯伙食按照国务院财政部门、公安部门制定的实物量标准执行。

第六十二条　罪犯应当着囚服。

第六十三条　对少数民族罪犯，应当尊重其生活、饮食习惯。罪犯患病治疗期间，看守所应当适当提高伙食标准。

第六十四条　看守所对罪犯收受的物品应当进行检查，非日常生活用品由看守所登记保管。罪犯收受的钱款，由看守所代为保管，并开具记账卡交与罪犯。

看守所检查、接收送给罪犯的物品、钱款后，应当开具回执交与送物人、送款人。

罪犯可以依照有关规定使用物品和支出钱款。罪犯刑满释放时，钱款余额和本人物品由其本人领回。

第六十五条　对患病的罪犯，看守所应当及时治疗；对患有传染病需要隔离治疗的，应当及时隔离治疗。

第六十六条　罪犯在服刑期间死亡的，看守所应当立即报告所属公安机关，并通知罪犯家属和人民检察院、原判人民法院。外国籍罪犯死亡的，应当立即层报至省级公安机关。

罪犯死亡的，由看守所所属公安机关或者医院对死亡原因作出鉴定。罪犯家属有异议的，可以向人民检察院提出。

第四节　考核、奖惩

第六十七条　看守所应当依照公开、公平、公正的原则，对罪犯改造表现实行量化考核。考核情况由管教民警填写。考核以罪犯认罪服法、遵守监规、接受教育、参加劳动等情况为主要内容。

考核结果作为对罪犯分级处遇、奖惩和提请减刑、假释的依据。

第六十八条　罪犯有下列情形之一的，看守所可以给予表扬、物质奖励或者记功：

（一）遵守管理规定，努力学习，积极劳动，有认罪服法表现的；

（二）阻止违法犯罪活动的；

（三）爱护公物或者在劳动中节约原材料，有成绩的；

（四）进行技术革新或者传授生产技术，有一定成效的；

（五）在防止或者消除灾害事故中作出一定贡献的；

（六）对国家和社会有其他贡献的。

对罪犯的物质奖励或者记功意见由管教民警提出，物质奖励由看守所领导批准，记功由看守所所务会研究决定。被判处有期徒刑的罪犯有前款所列情形之一，在服刑期间一贯表现好，离开看守所不致再危害社会的，看守所可以根据情况准其离所探亲。

第六十九条　罪犯申请离所探亲的，应当由其家属担保，经看守所所务会研究同意后，报所属公安机关领导批准。探亲时间不含路途时间，为三至七日。罪犯在探亲期间不得离开其亲属居住地，不得出境。

看守所所务会应当有书面记录，并由与会人员签名。

不得将罪犯离所探亲时间安排在罪犯刑期末期，变相提前释放罪犯。

第七十条　对离所探亲的罪犯，看守所应当发给离所探亲证明书。罪犯应当在抵家的当日携带离所探亲证明书到当地公安派出所报到。返回看守所时，由该公安派出所将其离所探亲期间的表现在离所探亲证明书上注明。

第七十一条　罪犯有下列破坏监管秩序情形之一，情节较轻的，予以警告；情节较重的，予以记过；情节严重的，予以禁闭；构成犯罪的，依法追究刑事责任：

（一）聚众哄闹，扰乱正常监管秩序的；

（二）辱骂或者殴打民警的；

（三）欺压其他罪犯的；

（四）偷窃、赌博、打架斗殴、寻衅滋事的；

（五）有劳动能力拒不参加劳动或者消极怠工，经教育不改的；

（六）以自伤、自残手段逃避劳动的；

（七）在生产劳动中故意违反操作规程，或者有意损坏生产工具的；

（八）有违反看守所管理规定的其他行为的。

对罪犯的记过、禁闭由管教民警提出意见，报看守所领导批准。禁闭时间为五至十日，禁闭期间暂停会见、通讯。

第七十二条　看守所对被禁闭的罪犯，应当指定专人进行教育帮助。对确已悔悟的，可以提前解除禁闭，由管教民警提出书面意见，报看守所领导批准；禁闭期满的，应当立即解除禁闭。

第四章　教育改造

第七十三条　看守所应当建立对罪犯的教育改造制度，对罪犯进行法制、道德、文化、技能等教育。

第七十四条　对罪犯的教育应当根据罪犯的犯罪类型、犯罪原因、恶性程度及其思想、行为、心理特征，坚持因人施教、以理服人、注重实效的原则，采取集体教育与个别教育相结合，所内教育与所外教育相结合的方法。

第七十五条　有条件的看守所应当设立教室、谈话室、文体活动室、图书室、阅览室、电化教育室、心理咨询室等教育改造场所，并配备必要的设施。

第七十六条　看守所应当结合时事、政治、重大事件等，适时对罪犯进行集体教育。

第七十七条　看守所应当根据每一名罪犯的具体情况，适时进行有针对性的教育。

第七十八条　看守所应当积极争取社会支持，配合看守所开展社会帮教活动。看守所可以组织罪犯到社会上参观学习，接受教育。

第七十九条　看守所应当根据不同情况，对罪犯进行文化教育，鼓励罪犯自学。

罪犯可以参加国家举办的高等教育自学考试，看守所应当为罪犯学习和考试提供方便。

第八十条　看守所应当加强监区文化建设，组织罪犯开展适当的文体活动，创造有益于罪犯身心健康和发展的改造环境。

第八十一条　看守所应当组织罪犯参加劳动，培养劳动技能，积极创造条件，组织罪犯参加各类职业技术教育培训。

第八十二条　看守所对罪犯的劳动时间，参照国家有关劳动工时的规定执行。

罪犯有在法定节日和休息日休息的权利。

第八十三条　看守所对于参加劳动的罪犯，可以酌情发给报酬并执行国家有关劳动保护的规定。

第八十四条　罪犯在劳动中致伤、致残或者死亡的，由看守所参照国家劳动保险的有关规定处理。

第五章　附　　则

第八十五条　罪犯在看守所内又犯新罪的，由看守所侦查；重大、复杂案件由所属公安机关侦查。

第八十六条　看守所发现罪犯有判决前尚未发现的犯罪行为的，应当书面报告所属公安机关。

第八十七条　地市级以上公安机关可以根据实际情况设置集中关押留所执行刑罚罪犯的看守所。

第八十八条　各省、自治区、直辖市公安厅、局和新疆生产建设兵团公安局可以依据本办法制定实施细则。

第八十九条　本办法自2008年7月1日起施行。

监狱提请减刑假释工作程序规定

（2003 年 1 月 7 日司法部部长办公会议通过 2003 年 4 月 2 日司法部令第77号发布 自2003年5月1日起施行）

第一章 总 则

第一条 为规范监狱提请减刑、假释工作程序，根据《中华人民共和国刑法》、《中华人民共和国刑事诉讼法》、《中华人民共和国监狱法》的有关规定，结合刑罚执行工作实际，制定本规定。

第二条 监狱提请减刑、假释，应当根据法律规定的条件和程序进行，遵循公开、公平、公正的原则，实行集体评议、首长负责的工作制度。

第三条 被判处有期徒刑的罪犯的减刑、假释，由监狱提出建议，提请罪犯服刑地的中级人民法院裁定。

第四条 被判处死刑缓期二年执行的罪犯的减刑，被判处无期徒刑的罪犯的减刑、假释，由监狱提出建议，经省、自治区、直辖市监狱管理局审核同意后，提请罪犯服刑地的高级人民法院裁定。

第五条 监狱成立提请减刑假释评审委员会，由主管副监狱长及刑罚执行、狱政管理、教育改造、生活卫生、狱内侦查、监察等有关部门负责人组成，主管副监狱长任主任。监狱提请减刑假释评审委员会不得少于 7 人。

第六条 监狱提请减刑、假释，应当由分监区集体评议，监区长办公会审核，监狱提请减刑假释评审委员会评审，监狱长办公会决定。

省、自治区、直辖市监狱管理局审核减刑、假释建议，应当由主管副局长召集刑罚执行等有关部门审核，报局长审定，必要时可以召开局长办公会决定。

第二章 监狱提请减刑、假释的程序

第七条 提请减刑、假释，应当由分监区召开全体警察会议，根据法律规定的条件，结合罪犯服刑表现，集体评议，提出建议，报经监区长办公会审核同意后，报送监狱刑罚执行（狱政管理）部门审查。

直属分监区或者未设分监区的监区，由全体警察集体评议，提出减刑、假释建议，报送监狱刑罚执行（狱政管理）部门审查。

分监区、直属分监区或者未设分监区的监区的集体评议以及监区长办公会议审核情况，应当有书面记录，并由与会人员签名。

第八条　监区或者直属分监区提请减刑、假释，应当报送下列材料：

（一）《罪犯减刑（假释）审核表》；

（二）监区长办公会或者直属分监区、监区集体评议的记录；

（三）终审法院的判决书、裁定书、历次减刑裁定书的复印件；

（四）罪犯计分考核明细表、奖惩审批表、罪犯评审鉴定表和其他有关证明材料。

第九条　监狱刑罚执行（狱政管理）部门收到对犯罪拟提请减刑、假释的材料后，应当就下列事项进行审查：

（一）需提交的材料是否齐全、完备、规范；

（二）认定罪犯是否确有悔改或者立功、重大立功表现；

（三）拟提请减刑、假释的建议是否适当；

（四）罪犯是否符合法定减刑、假释的条件。

刑罚执行（狱政管理）部门完成审查后，应当出具审查意见，连同监区或者直属分监区报送的材料一并提交监狱提请减刑假释评审委员会评审。

第十条　监狱提请减刑假释评审委员会应当召开会议，对刑罚执行（狱政管理）部门审查提交的减刑、假释建议进行评审。会议应当有书面记录，并由与会人员签名。

第十一条　监狱提请减刑假释评审委员会经评审后，应当将拟提请减刑、假释的罪犯名单以及减刑、假释意见在监狱内公示。公示期限为7个工作日。公示期内，如有警察或者罪犯对公示内容提出异议，监狱提请减刑假释评审委员会应当进行复核，并告知复核结果。

第十二条　监狱提请减刑假释评审委员会完成评审和公示程序后，应当将拟提请减刑、假释的建议和评审报告，报请监狱长办公会审议决定。

第十三条　经监狱长办公会决定提请减刑、假释的，由监狱长在《罪犯减刑（假释）审核表》上签署意见，加盖监狱公章，并由监狱刑罚执行（狱政管理）部门根据法律规定制作《提请减刑建议书》或者《提请假释建议书》，连同有关材料一并提请人民法院裁定。

对本规定第四条所列罪犯决定提请减刑、假释的，监狱应当将《罪犯减刑（假释）审核表》连同有关材料报送省、自治区、直辖市监狱管理局审核。

第十四条　监狱提请人民法院裁定减刑、假释，应当提交下列材料：

（一）《提请减刑建议书》或者《提请假释建议书》；

（二）终审法院判决书、裁定书、历次减刑裁定书的复印件；

（三）罪犯确有悔改或者立功、重大立功表现的具体事实的书面证据材料；

（四）罪犯评审鉴定表、奖惩审批表。

对本规定第四条所列罪犯提请减刑、假释的，应当同时提交省、自治区、直辖市监狱管理局签署意见的《罪犯减刑（假释）审核表》。

第十五条　监狱在向人民法院提请减刑、假释的同时，应当将提请减刑、假释的建议，书面通报派出人民检察院或者派驻检察室。

第三章　监狱管理局审核减刑、假释建议的程序

第十六条　省、自治区、直辖市监狱管理局收到监狱报送的提请减刑、假释建议的材料后，应当由主管副局长召集刑罚执行（狱政管理）等有关部门进行审核。审核中发现监狱报送的材料不齐全或者有疑义的，应当通知监狱补交有关材料或者作出说明。

第十七条　监狱管理局主管副局长主持完成审核后，应当将审核意见报请局长审定；对重大案件或者有其他特殊情况的罪犯的减刑、假释问题，可以建议召开局长办公会审议决定。

监狱管理局审核同意对罪犯提请减刑、假释的，由局长在《罪犯减刑（假释）审批表》上签署意见，加盖监狱管理局公章。

第四章　附　　则

第十八条　对违反法律规定和本规定提请减刑、假释的，视情节给予责任人相应的行政处分；构成犯罪的，依法追究刑事责任。

第十九条　司法部直属监狱提请减刑、假释的程序，按照本规定办理；对本规定第四条所列罪犯提请减刑、假释的，报送司法部监狱管理局审核。

第二十条　本规定由司法部解释。

第二十一条　本规定自 2003 年 5 月 1 日起施行。

监狱教育改造工作规定（节录）

（2003年6月3日司法部部长办公会议审议通过　2003年6月13日司法部令第79号发布　自2003年8月1日起施行）

第八章　激励措施

第五十条　监狱应当采取措施，激励罪犯接受改造，在教育改造工作中注重发挥改造积极分子的典型示范作用。

第五十一条　监狱和省、自治区、直辖市监狱管理局应当每年分别组织评选本监狱和本地区的改造积极分子。

改造积极分子的条件：认罪悔罪，积极改造；自觉遵守法律、法规、规章和监规纪律；讲究文明礼貌，乐于助人；认真学习文化知识和劳动技能，成绩突出；积极参加劳动，完成劳动任务；达到计分考核奖励条件。

第五十二条　监狱评选改造积极分子，应当在完成年终评审的基础上，由分监区召集罪犯集体评议推荐，全体警察集体研究，报监区长办公会审议，确定人选。直属分监区或者未设分监区的监区，其人选由分监区或者监区召集罪犯集体评议推荐，全体警察集体研究确定。

监区或者直属分监区确定人选后，填写《改造积极分子审批表》，报监狱教育改造部门审核，在本监狱内履行公示程序后，提交监狱长办公会审定。

第五十三条　监狱对改造积极分子人选实行公示的期限为7个工作日。公示期内，如有监狱人民警察或者罪犯对人选提出异议，由监狱教育改造部门进行复核，并告知复核结果。

第五十四条　省、自治区、直辖市监狱管理局评选本地区改造积极分子，由监狱根据下达的名额，从连续两年被评为监狱改造积极分子的罪犯中提出人选，报监狱管理局教育改造部门审核，由局长办公会审定。

社区矫正实施办法

（2012年1月10日最高人民法院、最高人民检察院、
公安部、司法部　司发通〔2012〕12号印发）

第一条　为依法规范实施社区矫正，将社区矫正人员改造成为守法公民，根据《中华人民共和国刑法》、《中华人民共和国刑事诉讼法》等有关法律规定，结合社区矫正工作实际，制定本办法。

第二条　司法行政机关负责指导管理、组织实施社区矫正工作。

人民法院对符合社区矫正适用条件的被告人、罪犯依法作出判决、裁定或者决定。

人民检察院对社区矫正各执法环节依法实行法律监督。

公安机关对违反治安管理规定和重新犯罪的社区矫正人员及时依法处理。

第三条　县级司法行政机关社区矫正机构对社区矫正人员进行监督管理和教育帮助。司法所承担社区矫正日常工作。

社会工作者和志愿者在社区矫正机构的组织指导下参与社区矫正工作。

有关部门、村（居）民委员会、社区矫正人员所在单位、就读学校、家庭成员或者监护人、保证人等协助社区矫正机构进行社区矫正。

第四条　人民法院、人民检察院、公安机关、监狱对拟适用社区矫正的被告人、罪犯，需要调查其对所居住社区影响的，可以委托县级司法行政机关进行调查评估。

受委托的司法行政机关应当根据委托机关的要求，对被告人或者罪犯的居所情况、家庭和社会关系、一贯表现、犯罪行为的后果和影响、居住地村（居）民委员会和被害人意见、拟禁止的事项等进行调查了解，形成评估意见，及时提交委托机关。

第五条　对于适用社区矫正的罪犯，人民法院、公安机关、监狱应当核实其居住地，在向其宣判时或者在其离开监所之前，书面告知其到居住地县级司法行政机关报到的时间期限以及逾期报到的后果，并通知居住地县级司法行政机关；在判决、裁定生效起三个工作日内，送达判决书、裁定书、决定书、执行通知书、假释证明书副本等法律文书，同时抄送其居住地县级人民检察院和公安机关。县级司法行政机关收到法律文书后，应当在三个工作日内送达回执。

第六条　社区矫正人员应当自人民法院判决、裁定生效之日或者离开监所之日起十日内到居住地县级司法行政机关报到。县级司法行政机关应当及时为其办

理登记接收手续，并告知其三日内到指定的司法所接受社区矫正。发现社区矫正人员未按规定时间报到的，县级司法行政机关应当及时组织查找，并通报决定机关。

暂予监外执行的社区矫正人员，由交付执行的监狱、看守所将其押送至居住地，与县级司法行政机关办理交接手续。罪犯服刑地与居住地不在同一省、自治区、直辖市，需要回居住地暂予监外执行的，服刑地的省级监狱管理机关、公安机关监所管理部门应当书面通知罪犯居住地的同级监狱管理机关、公安机关监所管理部门，指定一所监狱、看守所接收罪犯档案，负责办理罪犯收监、释放等手续。人民法院决定暂予监外执行的，应当通知其居住地县级司法行政机关派员到庭办理交接手续。

第七条　司法所接收社区矫正人员后，应当及时向社区矫正人员宣告判决书、裁定书、决定书、执行通知书等有关法律文书的主要内容；社区矫正期限；社区矫正人员应当遵守的规定、被禁止的事项以及违反规定的法律后果；社区矫正人员依法享有的权利和被限制行使的权利；矫正小组人员组成及职责等有关事项。

宣告由司法所工作人员主持，矫正小组成员及其他相关人员到场，按照规定程序进行。

第八条　司法所应当为社区矫正人员确定专门的矫正小组。矫正小组由司法所工作人员担任组长，由本办法第三条第二、第三款所列相关人员组成。社区矫正人员为女性的，矫正小组应当有女性成员。

司法所应当与矫正小组签订矫正责任书，根据小组成员所在单位和身份，明确各自的责任和义务，确保各项矫正措施落实。

第九条　司法所应当为社区矫正人员制定矫正方案，在对社区矫正人员被判处的刑罚种类、犯罪情况、悔罪表现、个性特征和生活环境等情况进行综合评估的基础上，制定有针对性的监管、教育和帮助措施。根据矫正方案的实施效果，适时予以调整。

第十条　县级司法行政机关应当为社区矫正人员建立社区矫正执行档案，包括适用社区矫正的法律文书，以及接收、监管审批、处罚、收监执行、解除矫正等有关社区矫正执行活动的法律文书。

司法所应当建立社区矫正工作档案，包括司法所和矫正小组进行社区矫正的工作记录，社区矫正人员接受社区矫正的相关材料等。同时留存社区矫正执行档案副本。

第十一条　社区矫正人员应当定期向司法所报告遵纪守法、接受监督管理、参加教育学习、社区服务和社会活动的情况。发生居所变化、工作变动、家庭重大变故以及接触对其矫正产生不利影响人员的，社区矫正人员应当及时报告。

保外就医的社区矫正人员还应当每个月向司法所报告本人身体情况，每三个月向司法所提交病情复查情况。

第十二条　对于人民法院禁止令确定需经批准才能进入的特定区域或者场所，社区矫正人员确需进入的，应当经县级司法行政机关批准，并告知人民检察院。

第十三条　社区矫正人员未经批准不得离开所居住的市、县（旗）。

社区矫正人员因就医、家庭重大变故等原因，确需离开所居住的市、县（旗），在七日以内的，应当报经司法所批准；超过七日的，应当由司法所签署意见后报经县级司法行政机关批准。返回居住地时，应当立即向司法所报告。社区矫正人员离开所居住市、县（旗）不得超过一个月。

第十四条　社区矫正人员未经批准不得变更居住的县（市、区、旗）。

社区矫正人员因居所变化确需变更居住地的，应当提前一个月提出书面申请，由司法所签署意见后报经县级司法行政机关审批。县级司法行政机关在征求社区矫正人员新居住地县级司法行政机关的意见后作出决定。

经批准变更居住地的，县级司法行政机关应当自作出决定之日起三个工作日内，将有关法律文书和矫正档案移交新居住地县级司法行政机关。有关法律文书应当抄送现居住地及新居住地县级人民检察院和公安机关。社区矫正人员应当自收到决定之日起七日内到新居住地县级司法行政机关报到。

第十五条　社区矫正人员应当参加公共道德、法律常识、时事政策等教育学习活动，增强法制观念、道德素质和悔罪自新意识。社区矫正人员每月参加教育学习时间不少于八小时。

第十六条　有劳动能力的社区矫正人员应当参加社区服务，修复社会关系，培养社会责任感、集体观念和纪律意识。社区矫正人员每月参加社区服务时间不少于八小时。

第十七条　根据社区矫正人员的心理状态、行为特点等具体情况，应当采取有针对性的措施进行个别教育和心理辅导，矫正其违法犯罪心理，提高其适应社会能力。

第十八条　司法行政机关应当根据社区矫正人员的需要，协调有关部门和单位开展职业培训和就业指导，帮助落实社会保障措施。

第十九条　司法所应当根据社区矫正人员个人生活、工作及所处社区的实际情况，有针对性地采取实地检查、通讯联络、信息化核查等措施及时掌握社区矫正人员的活动情况。重点时段、重大活动期间或者遇有特殊情况，司法所应当及时了解掌握社区矫正人员的有关情况，可以根据需要要求社区矫正人员到办公场所报告、说明情况。

社区矫正人员脱离监管的，司法所应当及时报告县级司法行政机关组织追查。

第二十条　司法所应当定期到社区矫正人员的家庭、所在单位、就读学校和居住的社区了解、核实社区矫正人员的思想动态和现实表现等情况。

对保外就医的社区矫正人员，司法所应当定期与其治疗医院沟通联系，及时掌握其身体状况及疾病治疗、复查结果等情况，并根据需要向批准、决定机关或者有关监狱、看守所反馈情况。

第二十一条　司法所应当及时记录社区矫正人员接受监督管理、参加教育学习和社区服务等情况，定期对其接受矫正的表现进行考核，并根据考核结果，对社区矫正人员实施分类管理。

第二十二条　发现社区矫正人员有违反监督管理规定或者人民法院禁止令情形的，司法行政机关应当及时派员调查核实情况，收集有关证明材料，提出处理意见。

第二十三条　社区矫正人员有下列情形之一的，县级司法行政机关应当给予警告，并出具书面决定：

（一）未按规定时间报到的；

（二）违反关于报告、会客、外出、居住地变更规定的；

（三）不按规定参加教育学习、社区服务等活动，经教育仍不改正的；

（四）保外就医的社区矫正人员无正当理由不按时提交病情复查情况，或者未经批准进行就医以外的社会活动且经教育仍不改正的；

（五）违反人民法院禁止令，情节轻微的；

（六）其他违反监督管理规定的。

第二十四条　社区矫正人员违反监督管理规定或者人民法院禁止令，依法应予治安管理处罚的，县级司法行政机关应当及时提请同级公安机关依法给予处罚。公安机关应当将处理结果通知县级司法行政机关。

第二十五条　缓刑、假释的社区矫正人员有下列情形之一的，由居住地同级司法行政机关向原裁判人民法院提出撤销缓刑、假释建议书并附相关证明材料，人民法院应当自收到之日起一个月内依法作出裁定：

（一）违反人民法院禁止令，情节严重的；

（二）未按规定时间报到或者接受社区矫正期间脱离监管，超过一个月的；

（三）因违反监督管理规定受到治安管理处罚，仍不改正的；

（四）受到司法行政机关三次警告仍不改正的；

（五）其他违反有关法律、行政法规和监督管理规定，情节严重的。

司法行政机关撤销缓刑、假释的建议书和人民法院的裁定书同时抄送社区矫正人员居住地同级人民检察院和公安机关。

第二十六条　暂予监外执行的社区矫正人员有下列情形之一的，由居住地县级司法行政机关向批准、决定机关提出收监执行的建议书并附相关证明材料，批准、决定机关应当自收到之日起十五日内依法作出决定：

（一）发现不符合暂予监外执行条件的；

（二）未经司法行政机关批准擅自离开居住的市、县（旗），经警告拒不改正，或者拒不报告行踪，脱离监管的；

（三）因违反监督管理规定受到治安管理处罚，仍不改正的；

（四）受到司法行政机关两次警告，仍不改正的；

（五）保外就医期间不按规定提交病情复查情况，经警告拒不改正的；

（六）暂予监外执行的情形消失后，刑期未满的；

（七）保证人丧失保证条件或者因不履行义务被取消保证人资格，又不能在规定期限内提出新的保证人的；

（八）其他违反有关法律、行政法规和监督管理规定，情节严重的。

司法行政机关的收监执行建议书和决定机关的决定书，应当同时抄送社区矫正人员居住地同级人民检察院和公安机关。

第二十七条 人民法院裁定撤销缓刑、假释或者对暂予监外执行罪犯决定收监执行的，居住地县级司法行政机关应当及时将罪犯送交监狱或者看守所，公安机关予以协助。

监狱管理机关对暂予监外执行罪犯决定收监执行的，监狱应当立即赴羁押地将罪犯收监执行。

公安机关对暂予监外执行罪犯决定收监执行的，由罪犯居住地看守所将罪犯收监执行。

第二十八条 社区矫正人员符合法定减刑条件的，由居住地县级司法行政机关提出减刑建议书并附相关证明材料，经地（市）级司法行政机关审核同意后提请社区矫正人员居住地的中级人民法院裁定。人民法院应当自收到之日起一个月内依法裁定；暂予监外执行罪犯的减刑，案情复杂或者情况特殊的，可以延长一个月。司法行政机关减刑建议书和人民法院减刑裁定书副本，应当同时抄送社区矫正人员居住地同级人民检察院和公安机关。

第二十九条 社区矫正期满前，社区矫正人员应当作出个人总结，司法所应当根据其在接受社区矫正期间的表现、考核结果、社区意见等情况作出书面鉴定，并对其安置帮教提出建议。

第三十条 社区矫正人员矫正期满，司法所应当组织解除社区矫正宣告。宣告由司法所工作人员主持，按照规定程序公开进行。

司法所应当针对社区矫正人员不同情况，通知有关部门、村（居）民委员会、群众代表、社区矫正人员所在单位、社区矫正人员的家庭成员或者监护人、保证人参加宣告。

宣告事项应当包括：宣读对社区矫正人员的鉴定意见；宣布社区矫正期限届满，依法解除社区矫正；对判处管制的，宣布执行期满，解除管制；对宣告缓刑的，宣布缓刑考验期满，原判刑罚不再执行；对裁定假释的，宣布考验期满，原判刑罚执行完毕。

县级司法行政机关应当向社区矫正人员发放解除社区矫正证明书，并书面通知决定机关，同时抄送县级人民检察院和公安机关。

暂予监外执行的社区矫正人员刑期届满的，由监狱、看守所依法为其办理刑满释放手续。

第三十一条　社区矫正人员死亡、被决定收监执行或者被判处监禁刑罚的，社区矫正终止。

社区矫正人员在社区矫正期间死亡的，县级司法行政机关应当及时书面通知批准、决定机关，并通报县级人民检察院。

第三十二条　对于被判处剥夺政治权利在社会上服刑的罪犯，司法行政机关配合公安机关，监督其遵守刑法第五十四条的规定，并及时掌握有关信息。被剥夺政治权利的罪犯可以自愿参加司法行政机关组织的心理辅导、职业培训和就业指导活动。

第三十三条　对未成年人实施社区矫正，应当遵循教育、感化、挽救的方针，按照下列规定执行：

（一）对未成年人的社区矫正应当与成年人分开进行；

（二）对未成年社区矫正人员给予身份保护，其矫正宣告不公开进行，其矫正档案应当保密；

（三）未成年社区矫正人员的矫正小组应当有熟悉青少年成长特点的人员参加；

（四）针对未成年人的年龄、心理特点和身心发育需要等特殊情况，采取有益于其身心健康发展的监督管理措施；

（五）采用易为未成年人接受的方式，开展思想、法制、道德教育和心理辅导；

（六）协调有关部门为未成年社区矫正人员就学、就业等提供帮助；

（七）督促未成年社区矫正人员的监护人履行监护职责，承担抚养、管教等义务；

（八）采取其他有利于未成年社区矫正人员改过自新、融入正常社会生活的必要措施。

犯罪的时候不满十八周岁被判处五年有期徒刑以下刑罚的社区矫正人员，适用前款规定。

第三十四条　社区矫正人员社区矫正期满的，司法所应当告知其安置帮教有关规定，与安置帮教工作部门妥善做好交接，并转交有关材料。

第三十五条　司法行政机关应当建立例会、通报、业务培训、信息报送、统计、档案管理以及执法考评、执法公开、监督检查等制度，保障社区矫正工作规范运行。

司法行政机关应当建立突发事件处置机制，发现社区矫正人员非正常死亡、实施犯罪、参与群体性事件的，应当立即与公安机关等有关部门协调联动、妥善处置，并将有关情况及时报告上级司法行政机关和有关部门。

司法行政机关和公安机关、人民检察院、人民法院建立社区矫正人员的信息交换平台，实现社区矫正工作动态数据共享。

第三十六条　社区矫正人员的人身安全、合法财产和辩护、申诉、控告、检举以及其他未被依法剥夺或者限制的权利不受侵犯。社区矫正人员在就学、就业和享受社会保障等方面，不受歧视。

司法工作人员应当认真听取和妥善处理社区矫正人员反映的问题，依法维护其合法权益。

第三十七条　人民检察院发现社区矫正执法活动违反法律和本办法规定的，可以区别情况提出口头纠正意见、制发纠正违法通知书或者检察建议书。交付执行机关和执行机关应当及时纠正、整改，并将有关情况告知人民检察院。

第三十八条　在实施社区矫正过程中，司法工作人员有玩忽职守、徇私舞弊、滥用职权等违法违纪行为的，依法给予相应处分；构成犯罪的，依法追究刑事责任。

第三十九条　各级人民法院、人民检察院、公安机关、司法行政机关应当切实加强对社区矫正工作的组织领导，健全工作机制，明确工作机构，配备工作人员，落实工作经费，保障社区矫正工作的顺利开展。

第四十条　本办法自 2012 年 3 月 1 日起施行。最高人民法院、最高人民检察院、公安部、司法部之前发布的有关社区矫正的规定与本办法不一致的，以本办法为准。

司法部关于在监狱系统推行狱务公开的实施意见

（2001 年 10 月 12 日　司发通〔2001〕105 号）

自 1999 年 7 月司法部下发《监狱系统在执行刑罚过程中实行“两公开、一监督”的规定（试行）》以来，全国监狱系统积极开展狱务公开工作，取得了一定的成效，进一步增强了监狱执法的透明度，提高了监狱人民警察的执法水平，调动了罪犯的改造积极性，维护了监所秩序的持续稳定。同时，狱务公开工作也存在认识不够统一、内容不够规范、发展不平衡等问题。为了进一步规范狱务公开工作，推动狱务公开健康发展，现提出如下意见。

一、指导思想和原则

实行狱务公开是贯彻落实党的十五大精神和江泽民同志“三个代表”重要思想的积极措施，是社会主义民主与法制建设对监狱工作的客观要求，有利于提高监狱人民警察执法水平，增强监狱与社会的联系，预防和遏制司法腐败，调动罪犯改造积极性，稳定狱内改造秩序，提高监狱的管理水平，努力创造公开、公平、公正的执法环境，实现我国监狱工作的宗旨。

实行狱务公开，必须坚持以邓小平理论和党的基本路线为指导，按照党的十五大精神和江泽民同志“三个代表”重要思想的要求，以现行法律法规为依据，以罪犯及其家属和社会公众关注的执法热点和敏感问题为重点，按照依法公开、归口管理、注重实效、有利于监督、注意保密的原则，向社会公众公开监狱执行刑罚和管理过程中的法律依据、程序、结果和实施监督的方法。

二、公开的主要内容和公开方式

全国各级监狱机关应根据狱务公开的原则，结合本地实际，采取有效形式，向罪犯和社会各界公开统一规定的内容。

（一）公开的主要内容。监狱的性质、任务和宗旨；罪犯法定的权利和义务；罪犯收监的规定；罪犯考核、分级处遇的条件和程序；罪犯通信、会见的规定；罪犯行政奖励的条件、程序和结果；罪犯行政处罚的条件、程序和结果；罪犯减刑、假释或又犯罪处理的条件、程序和结果；罪犯暂予监外执行的条件和程序；罪犯离监探亲的条件和程序；罪犯申诉、控告、检举的处理；罪犯生活卫生的管理；罪犯的教育改造；监狱人民警察的法定权利、义务和纪律。

（二）公开的主要方式。

1. 借助新闻媒体。监狱管理机关可以通过报刊、广播、电视等媒体公布狱务公开的要求和内容，宣传狱务公开的做法及其成效。对狱务公开过程中的重要活动，可以通过召开新闻发布会、组织新闻单位来监狱采访等形式进行重点宣传。

2. 运用狱内宣传手段。监狱可以通过设立狱务公开专栏，运用监狱报、狱内广播、闭路电视等媒体公布狱务公开的内容，在罪犯生活区、会见室等场所设置举报箱。

3. 开展狱务咨询。各级监狱机关要开设狱务公开咨询电话，建立健全监狱机关领导的接待日制度，及时接待有关咨询来访；完善信访制度，做到件件有记录，事事有回复。各地还可以根据狱务公开工作需要，主动开展街头咨询活动。

4. 印发《狱务公开手册》。各级监狱机关要把《狱务公开手册》，作为社会了解监狱的重要的书面宣传材料。《狱务公开手册》应作为罪犯入监教育教材，纳入罪犯入监教育内容。要使每名罪犯、来监探视的家属、来监考察的社会各界人士能够得到《狱务公开手册》。

三、监督途径和组织领导

（一）监督途径。建立健全严格的监督和评审机制，是狱务公开工作持续健康发展的重要保证。各级监狱机关要自觉依法接受人大、政协和人民检察院的监督，接受舆论和公众的监督，并搞好监狱机关的自我监督。要进一步畅通监督渠道，切实做好建议、投诉、举报的处理反馈工作。

1. 设立举报电话。各省、自治区、直辖市监狱管理局及各监狱均要设立并公布监督举报电话，设专人值班接听登记，并按规定及时处理。

2. 设置监狱长信箱。监狱要在监区和会见室设置监狱长信箱，接受罪犯及其亲属的投诉、举报，由专人负责开启处理。

3. 建立监狱长接待日。各监狱要建立监狱长接待日制度，定期接待来访者，及时处理投诉或反映的问题。

4. 聘请执法监督员。监狱管理机关和监狱可以在党政机关、社会团体、知名人士和监狱机关离退休人员中聘请执法监督员，请他们检查和监督监狱机关的执法情况，听取他们的意见和建议。

（二）组织领导。狱务公开涉及监狱执法、管理、教育改造、队伍建设各方面工作，必须统一领导，综合协调。各省、自治区、直辖市监狱管理局和监狱要分别成立狱务公开领导小组，确定一名领导负责狱务公开工作，领导小组成员由刑罚执行、狱政管理、教育改造、生活卫生、政治工作、纪检监察负责人组成，并设立办公室门。

领导小组要切实加大宣传教育、组织协调、检查指导的力度，要不断总结经验、分析情况、解决问题。各地要建立健全狱务公开工作的考评机制，把狱务公开落实情况纳入创建现代化文明监狱等考核指标体系，作为评价单位和领导班子工作实绩的重要标准。

四、工作要求

针对狱务公开工作中遇到的新情况、新问题，各级监狱机关应当进一步统一认识，转变观念，加强领导，强化措施，狠抓落实，使狱务公开工作持续健康发展。

（一）统一认识，夯实基础。各级监狱机关要采取积极有效措施，教育监狱人民警察充分认识开展狱务公开的重要意义。要从讲政治，促进监狱严格执法，全面提高监狱工作整体水平的高度，深刻认识开展狱务公开工作的重要性和必要性。同时要教育全体监狱人民警察，提高自身素质，尽快适应改革开放新形势对执法工作的要求。各地要按照司法部确定的狱务公开内容，有计划、分阶段的组织实施。为了保证狱务公开的各项内容得以落实，监狱在正式向社会公布狱务公开内容之前，应当针对公开内容所涉及的有关工作，逐条 进行对照检查，找出差距，改进工作，做好充分准备，确保公开内容和工作实践的一致，切实做到取信于民，取信于社会。各级监狱管理机关要把狱务公开作为监狱工作的一项基本制度，认真、扎实、全面地建立起来。

（二）明确责任，强化落实。要健全责任机制，将狱务公开工作纳入领导任期目标责任制，纳入到单位和部门工作责任制，要在全体监狱人民警察中签订公正文明执法责任书。对于罪犯及其亲属的投诉、举报，执法监督员、社会有关部门和人士的监督意见，应当认真记载，明确责任，妥善处理，及时反馈。各地应制订相应的制度和具体的检查、考核办法，确保狱务公开工作落实到位。

（三）统一规范，突出重点。为统一狱务公开内容，各地应当以《全国监狱系统狱务公开内容》为规范，结合各地实际具体制订细则。狱务公开的内容要以计分考核、减刑、假释、暂予监外执行、会见通信、离监探亲等执法环节为重点。对近期反映较突出的超时劳动，罪犯伙食、被服、医疗条 件尚未达到规定的标准等问题，各地监狱管理机关要按照有关规定和标准，采取有效措施予以解决。

（四）加强对罪犯的教育引导。在推行狱务公开工作过程中，要加强教育改造工作，针对罪犯思想上存在的各种模糊认识，教育和引导他们正确认识法定权利和义务的关系，更加自觉地认罪服法，接受改造。对少数以“维权”为理由抗拒改造的罪犯，要及时依法惩处。

（五）提高监狱人民警察队伍素质。监狱人民警察的执法水平，决定狱务公开的成效。当前，一些监狱人民警察在认识和工作方法上不适应狱务公开的新要求，少数民警出现不敢管、不会管的倾向。各级监狱机关一定要在进一步提高监狱人民警察认识的同时，进行“强化执法观念，依法严格管理”的专项教育。要认真分析狱务公开后出现的新情况、新问题，研究和探索管理教育罪犯的新措施和方法，着力提高执法水平，把握工作的主动权。

（六）注意掌握情况，及时反馈信息。要注意积累资料，总结经验，做好狱务公开信息反馈和宣传报道工作。各省（区、市）司法厅（局）每年应对狱务公开情况进行一次总结，并报司法部。

附件：《监狱狱务公开内容》

附件：

监狱狱务公开内容

监狱是国家的刑罚执行机关，依法关押被判处死刑缓期二年执行、无期徒刑、有期徒刑的罪犯。监狱对罪犯实行惩罚和改造相结合、教育和劳动相结合的原则，将罪犯改造成为守法公民。监狱人民警察依法管理监狱、执行刑罚、对罪犯进行教育改造等活动，受法律保护。罪犯在监狱必须接受惩罚和改造，严格遵守法律、法规和监规纪律，服从管理，接受教育，参加劳动。罪犯在监狱服刑期间，必须严格遵守《罪犯改造行为规范》。

一、罪犯的基本权利和义务

（一）罪犯的基本权利

1. 罪犯有人格不受侮辱、人身安全和合法财产不受侵犯的权利；

2. 罪犯有辩护、申诉、控告和检举的权利；

3. 未被剥夺政治权利的罪犯，有选举的权利；

4. 罪犯有维护身体健康，有病得到诊治的权利；

5. 罪犯有按规定通信、会见的权利；

6. 罪犯有依法获得行政和刑事奖励的权利；

7. 罪犯有刑满依法获得按期释放的权利；

8. 罪犯有法律未剥夺或限制的其他权利。

（二）罪犯的基本义务

1. 罪犯有遵守国家法律法规的义务；

2. 罪犯有遵守监规纪律的义务；

3. 罪犯有服从监狱人民警察依法管理的义务；

4. 有劳动能力的罪犯，有参加劳动的义务；

5. 罪犯有接受思想、文化和技术教育的义务；

6. 罪犯有爱护国家财产，保护公共设施的义务；

7. 罪犯有维护正常改造秩序，自觉接受改造的义务；

8. 罪犯有检举违法犯罪活动的义务；

9. 罪犯有法律法规规定的其他义务。

二、收监的规定

1. 监狱应当对交付执行刑罚的罪犯进行身体检查。经检查，被判处有期徒刑的罪犯有下列情形之一的，可以暂不收监：

（1）有严重疾病需要保外就医的；

（2）怀孕或者正在哺乳自己婴儿的妇女；

2. 监狱对交付执行的罪犯，应当严格检查其人身和所携带的物品。非生活必需品，由监狱代为保管或者征得罪犯同意退回其家属，违禁品予以没收。女犯由女性人民警察检查。

3. 罪犯收监后，监狱应当通知罪犯家属，通知书应当自收监之日起五日内发出。

三、考核、分级处遇的条件和程序

（一）考核

1. 正在监狱内服刑的罪犯都必须参加计分考核。

2. 监狱建立对罪犯的日常考核制度，以计分的办法对罪犯进行考核。计分考核的结果作为分级处遇、奖罚和呈报减刑、假释的依据。

3. 监狱人民警察按规定对罪犯计分考核，并及时公布结果。

4. 罪犯对考核结果有异议的，可以向监狱提出复议申请，监狱应在 7 个工作日内作出答复。

（二）分级处遇

1. 监狱对罪犯实行分级处遇的管理办法，分级处遇等级分为从严管理、普通管理、从宽管理。

2. 监狱根据罪犯服刑时间和改造表现，按规定确定、调整罪犯的处遇等级。

3. 罪犯对处遇等级有异议的，可以向监狱提出复议申请，监狱应在 7 个工作日内作出答复。

4. 不同处遇等级的罪犯，在通信、会见、文体活动、购物、离监探亲和与亲属共餐、同宿等方面，按规定享有不同待遇。

四、通信、会见的规定

1. 罪犯在服刑期间可以与他人通信，来往信件应当经过检查。监狱发现有碍罪犯改造内容的信件，应当予以扣留。罪犯写给监狱上级机关和司法机关的信件，不受检查。

2. 罪犯在服刑期间，按照规定，可以会见亲属、监护人，会见时收受的物品，应当接受检查。

3. 罪犯会见时，监狱按照不同的处遇级别，安排相应的会见方式。

五、行政奖励的条件和审批程序

（一）表扬、物质奖励或者记功的条件

罪犯有下列情形之一的，监狱可以给予表扬、物质奖励或者记功：

1. 遵守监规纪律，努力学习，积极劳动，有认罪服法表现的；

2. 阻止违法犯罪活动的；

3. 超额完成生产任务的；

4. 节约原材料或者爱护公物，有成绩的；

5. 进行技术革新或者传授生产技术，有一定成效的；

6. 在防止或者消除灾害事故中作出一定贡献的；

7. 对国家和社会有其他贡献的。

（二）审批程序

1. 对罪犯表扬、物质奖励、立功等行政奖励，由监区（分监区）集体研究，提出意见，呈报名单在罪犯中公示，经监狱主管部门审核后，由监狱长批准。

2. 行政奖励的决定应当在罪犯中公开。罪犯对行政奖励决定有异议的，可以申请复议，监狱应在 7 个工作日内作出答复。

六、行政处罚的条件和审批程序

（一）行政处罚的条件

罪犯有下列破坏监管秩序情形之一的，监狱可以给予警告、记过或者禁闭：

1. 聚众哄闹监狱，扰乱正常秩序的；

2. 辱骂或者殴打人民警察的；

3. 欺压其他罪犯的；

4. 偷窃、赌博、打架斗殴、寻衅滋事的；

5. 有劳动能力拒不参加劳动或者消极怠工，经教育不改的；

6. 以自伤、自残手段逃避劳动的；

7. 在生产劳动中故意违反操作规程，或者有意损坏生产工具的；

8. 有违反监规纪律的其他行为的。

依照前款规定，对罪犯实行禁闭的期限为 7 天至 15 天。罪犯禁闭期间停止会见亲属。

（二）审批程序

1. 对罪犯警告、记过或者禁闭行政处罚，由监区（分监区）集体研究，提出意见，经监狱主管部门审核，由监狱长批准。

2. 行政处罚的决定应当在罪犯中公开。罪犯对行政处罚决定有异议的，可以申请复议，监狱应在 7 个工作日内作出答复。

七、减刑、假释的条件和程序

（一）减刑的条件

被判处无期徒刑、有期徒刑的罪犯，在服刑期间，如果认真遵守监规，接受教育改造，确有悔改表现的，或者有立功表现的，可以减刑；有重大立功表现的，应当减刑。

1. “确有悔改表现”是指同时具备以下四个方面的情形：认罪服法；认真

遵守监规纪律，接受教育改造；积极参加政治、文化、技术学习；积极参加劳动，完成生产任务。

2. “立功表现”是指具有下列情形之一的：

（1）检举、揭发监狱内外犯罪活动，或者提供重要的破案线索，经查证属实的；

（2）阻止他人犯罪活动的；

（3）在生产、科研中进行技术革新，成绩突出的；

（4）在抢险救灾或者排除重大事故中表现积极的；

（5）有其他有利于国家和社会的突出事迹的。

3. “重大立功表现”是指具有下列情形之一的：

（1）阻止他人重大犯罪活动的；

（2）检举监狱内外重大犯罪活动，经查证属实的；

（3）有发明创造或者重大技术革新的；

（4）在日常生产、生活中舍己救人的；

（5）在抗御自然灾害或者排除重大事故中，有突出表现的；

（6）对国家和社会有其他重大贡献的。

（二）提请减刑的程序

1. 对有期徒刑罪犯（含判处死刑缓期二年执行、无期徒刑减为有期徒刑）的减刑，由罪犯所在监区（分监区）集体研究，提出意见，呈报名单在罪犯中公示，经监狱主管部门审核，监狱长批准后，由监狱提出书面建议，提请当地中级人民法院依法裁定。

2. 对判处死刑缓期二年执行、无期徒刑罪犯的减刑，由罪犯所在监狱提出书面建议，报请省（区、市）监狱管理局审核同意后，提请高级人民法院依法裁定。

3. 非经法定程序不得减刑。减刑的结果应当在罪犯中公开。

（三）假释的条件

对判处有期徒刑的罪犯，执行原判刑期二分之一以上，被判处无期徒刑的罪犯，实际执行十年以上，如果认真遵守监规，接受教育改造，确有悔改表现，假释后不致再危害社会的，可以假释。

对累犯以及因杀人、爆炸、抢劫、强奸、绑架等暴力性犯罪被判处十年以上有期徒刑、无期徒刑的罪犯，不得假释。

（四）提请假释的程序

1. 对有期徒刑和无期徒刑罪犯（含判处死刑缓期二年执行减为无期徒刑或者有期徒刑）的假释，由罪犯所在监区（分监区）集体研究，提出意见，呈报名单在罪犯中公示，经监狱主管部门审核，监狱长批准后，由监狱提出书面建议，提请当地中级人民法院依法裁定。

2. 对判处无期徒刑罪犯的假释，由罪犯所在监狱提出书面建议，报请省（区、市）监狱管理局审核后，提请高级人民法院依法裁定。

3. 有期徒刑的假释考验期限，为没有执行完毕的刑期；无期徒刑的假释考验期限为十年。

4. 非经法定程序不得假释。假释的结果应在罪犯中公开。

八、暂予监外执行的条件和程序

（一）暂予监外执行的条件

对于被判处有期徒刑的罪犯，有下列情形之一，可以暂予监外执行：

1. 患有严重疾病，需要保外就医的；

2. 怀孕或者正在哺乳自己婴儿的妇女；

3. 生活不能自理，适用暂予监外执行没有社会危险性的。

有下列情形之一的，不得保外就医：

1. 适用保外就医可能有社会危险性的；

2. 自伤自残的。

暂予监外执行的罪犯有下列情形之一的，依法予以收监：

1. 暂予监外执行情形消失，刑期未满的；

2. 无正当理由，在规定时间内不向公安机关报到的；

3. 采取非法手段骗取保外就医的；

4. 违法犯罪的；

5. 违反公安机关监督管理规定的；

6. 以自伤、自残等手段故意拖延保外就医时间的。

（二）审批程序

1. 对需要暂予监外执行的罪犯，由所在监区（分监区）集体研究，提出意见，经监狱审查后，在省级人民政府指定医院进行病残鉴定。

2. 监狱根据病残鉴定结论，提出审核意见，报监狱长审批。

3. 监狱将罪犯暂予监外执行审批材料，报送省（自治区、直辖市）监狱管理局审批。批准机关应当将准予暂予监外执行的决定文书抄送监狱所在地人民检察院，并通知暂予监外执行地公安机关和原判人民法院。

4. 准予暂予监外执行的罪犯，应当由保证人领回，或者由监狱人民警察送回，并及时到当地公安机关报到。保证人应当认真履行保证义务。

九、罪犯离监探亲的条件和程序

（一）离监探亲的条件

1. 奖励性离监探亲

对具有《监狱法》第五十七条第一款规定的情形之一，同时具备下列条件的罪犯，可以批准离监探亲：

（1）有期徒刑（含死刑缓期二年执行、无期徒刑减为有期徒刑），执行刑期二分之一以上的；

（2）宽管级处遇的；

（3）服刑期间一贯表现好，离开监狱后不致再危害社会的；

（4）探亲对象的常住地在监狱所在的省（自治区、直辖市）行政区域内。

离监探亲的对象限于罪犯的配偶、子女、父母。

2. 特许离监探亲

对于同时具备下列情形的罪犯，可以特许离监探亲：

（1）剩余刑期 10 年以下，改造表现较好的；

（2）直系亲属或者监护人病危、死亡，或者家中发生重大变故，确需本人回去处理的；

（3）有县级以上医院出具的病危或死亡证明，及当地村民（居民）委员会和派出所签署的意见：

家中发生重大变故的，有当地居民（村民）委员会、派出所出具的证明和签署意见。

（4）特许离监去处在监狱所在的省（自治区、直辖市）行政区域内。

（二）审批程序

1. 奖励性离监探亲

（1）监区根据离监探亲的条件，对提出申请的罪犯情况进行审查，填写《罪犯离监探亲审批表》，经监狱主管部门审核，报监狱长批准。

（2）离监探亲的罪犯在家期限为三至七天。

2. 特许离监探亲

（1）罪犯及其亲属或监护人提出申请。

（2）监狱按照离监探亲的程序审查批准。

（3）罪犯特许离监的期限为一天。

十、对罪犯申诉、检举、控告的处理

1. 罪犯对判决不服的，可以提出申诉。对罪犯的申诉材料，监狱应当及时转递人民法院或者人民检察院。

2. 对罪犯写给监狱的检举、控告材料，监狱应当及时调查处理，或者转递有关机关处理。

3. 对罪犯写给监狱上级机关或其他机关的检举、控告材料，监狱应当及时转递，不得扣压。

4. 监狱应当在狱内设立专门信箱，接受罪犯的申诉、检举、控告材料，并指定专人开启，负责处理。

十一、罪犯的生活卫生管理

（一）罪犯的生活管理

1. 监狱按照国家规定的实物量标准供给罪犯伙食，保证饮食卫生。每周公布食谱，每月公布伙食开支账目。

2. 监狱对有特殊饮食习惯的少数民族罪犯，单独设灶。罪犯患病住院期间，适当提高伙食标准。

3. 罪犯居住的监舍做到坚固、透光、清洁、通风、保暖。

4. 监狱按国家规定统一配发被服。

（二）罪犯的医疗管理

1. 监狱设立医疗机构，负责罪犯的医疗保健，确保罪犯有病及时得到治疗。

2. 监狱建立健全卫生防疫网络，定期对伙房、监舍的卫生状况进行检查。

十二、对罪犯的教育改造

对罪犯的教育，实行因人施教、分类教育，以理服人的原则，采取集体教育和个别教育相结合、狱内教育和社会教育相结合的方法。

1. 监狱对罪犯进行法制、道德、形势、政策、前途等内容的思想教育及文化、职业技术教育。

2. 参加文化、职业技术教育的罪犯，经考试、考核合格的，由教育、劳动行政部门发给毕业、结业或技术等级证书。

监狱鼓励罪犯参加社会自学考试。

3. 监狱配备必要的师资力量、教学场所、教学设备，并安排必要的教育时间。

4. 监狱欢迎社会各界以及罪犯的亲属参与社会帮教活动，协助监狱做好对罪犯的改造工作。

十三、监狱人民警察的工作纪律和有关法律规定

1. 监狱人民警察应当严格遵守宪法和法律，忠于职守，秉公执法，清正廉洁。

2. 监狱人民警察不得有下列行为：

（1）索要、收受、侵占罪犯及其亲属的财物；

（2）私放罪犯或者玩忽职守造成罪犯脱逃；

（3）刑讯逼供或者体罚、虐待罪犯；

（4）侮辱罪犯的人格；

（5）殴打或者纵容他人殴打罪犯；

（6）为谋取私利，利用罪犯提供劳务；

（7）违反规定，私自为罪犯传递信件或者物品；

（8）非法将监管罪犯的职权交予他人行使；

（9）其他违法行为。

监狱的人民警察有前款所列行为，构成犯罪的，依法追究刑事责任；尚未构成犯罪的，应当予以行政处分。

3.《刑法》第四百零一条规定：司法工作人员徇私舞弊，对不符合减刑、假释、暂予监外执行条件的罪犯，予以减刑、假释或者暂予监外执行的，处三年以下有期徒刑或者拘役；情节严重的，处三年以上七年以下有期徒刑。

司法部关于计分考核奖罚罪犯的规定

（1990年8月31日印发）

第一章 总 则

第一条 为了改革和完善对罪犯的考核奖罚制度，准确运用计分的办法考核罪犯的改造表现，以有效地调动罪犯的改造积极性，提高改造质量，根据中华人民共和国《刑法》、《刑事诉讼法》和《劳动改造条例》等有关法律、法规，结合监管改造工作实际，制定本规定。

第二条 制定和实施对罪犯的计分考核奖罚办法，要做到指标合理，考核准确，手续简便，奖罚合法。

第三条 计分考核奖罚罪犯，必须坚持合法的原则，注重思想改造的原则，计分考核与管理教育相结合的原则，调动罪犯改造积极性的原则，干部直接考核的原则，严肃认真、实事求是的原则。

第四条 对罪犯按月实行考核，在达到百分的基础上，对积极改造的给予奖分，对有违纪行为者给予扣分；并以奖分、扣分的累计分数作为行政奖罚的依据，实行不同的待遇。

第五条 干部在计分考核过程中应当秉公执法，严禁利用计分考核索贿受贿，徇私舞弊。

第二章 考核内容和标准

第六条 考核分为思想改造和劳动改造两部分，思想改造满分为55分，劳动改造满分为45分。

第七条 罪犯在服刑改造期间达到以下各项要求的，可以得到思想改造基础分满分，劳改机关还可视情节给予奖分。

（一）承认犯罪事实，认识犯罪危害，认罪悔罪，服从判决；

（二）认真学法，自觉改造世界观，如实向干部汇报思想，检举揭发坏人坏事；

（三）服从管教，严禁遵守监规纪律，积极维护劳动、学习、生活秩序，爱护公共财物，讲究卫生，讲究文明礼貌；

（四）积极参加政治、文化、技术学习，学习态度端正，考核成绩合格。

第八条　罪犯在服刑改造期间达到以下各项要求的，可以得到劳动改造基础分满分，劳改机关还可视情节给予奖分：

（一）积极劳动，服从调配，按时完成规定的生产指标和劳动定额；

（二）重视劳动质量，严格遵守操作规程，产品符合标准要求，次品、废品率不超过规定指标；

（三）物质消耗不超过规定指标，注意修旧利废和增产节约；

（四）遵守劳动纪律和安全生产规定，未发生生产事故，爱护劳动工具，保持劳动环境整洁卫生。

第三章　考核的组织和方法

第九条　监狱、劳改队、少管所成立考核领导小组，负责领导、掌握和处理考核、奖罚中的重大问题，具体业务由狱政部门办理。

大队、中队成立由干部组成的考核评审组，负责考核的具体实施。

第十条　干部应当直接考核罪犯，做好数据汇总和台账管理工作。

第十一条　考核计分要严格依据考核内容和标准，做到的计满分，做不到的扣分，完成好的加分。犯人对加分、扣分不服时，可以提出申辩，考核评审组或考核领导小组应当认真复查，并及时给予明确答复。

第十二条　加、扣分必须以事实为依据。对罪犯需给予加、扣分时，由分管干部按规定填写《加、扣分审批单》，报考核评审组集体审核后，由主管干部依据该核定的事实和审批权限实行专人审批。

第十三条　加、扣分的审批权，根据分数多少，分别由中队、大队、支队（监狱）行使，任何人都不得越权加分或扣分。

第十四条　百分考核实行“日记载、周评议、月公布”制度。对罪犯给予加、扣分的，应当及时公布，随时听取意见，并及时进行有针对性的教育。

第十五条　思想改造与劳动改造两者分数不得相互替补。凡月度思想改造、劳动改造均满基础分的，其超分可计入累计积分；思想改造不满基础分，劳动改造超过基础分并得奖分的，只享受物质、经济奖励。

第十六条　凡恶习不改，有重犯原犯罪性质的违规违纪行为的，在同样条件下从重扣分；对原犯罪有突出悔改表现的，给予高分奖励。

第十七条　凡有工时定额的劳动，一律按工时定额进行考核；无工时定额的劳动，可参照考核内容，以人定岗、以岗定责、以责定分进行考核。

第十八条　罪犯在保外就医、入监教育和出监教育以及住院治疗期间，不纳入百分考核范围。老、病、残犯人基本丧失劳动能力的，主要考核思想改造表现。

第十九条　罪犯在禁闭或严管期间，不参加计分考核，同时要根据其违纪行为从重扣分，但所余积分仍然有效。解除禁闭或严管，经1个月考察后，继续计分考核。

第二十条　罪犯在服刑期间又犯罪的，除依法惩处外，以前所得积分一律取消，处理后经3个月考察重新计分。

第二十一条　罪犯依法提出正当申诉和控告的，不影响其考核计分。但利用申诉无理取闹，申诉被驳回后又无理缠诉的，应给予扣分或其他处罚。

第四章　奖　　罚

第二十二条　奖励分为表扬、记功、授予劳改积极分子称号、依法呈报减刑或假释。

处罚分为警告、记过、记大过；又犯罪的，依法惩处。

第二十三条　计分考核应与行政奖罚挂钩，依据罪犯悔改表现的事实给予加分，并依据加分的多少，分别给予表扬、记功、授予劳改积极分子称号；依据罪犯抗拒改造、违规违纪的行为给予扣分，并依据扣分的多少，分别给予警告、记过、记大过。

第二十四条　劳改机关根据计分考核结果，除给予罪犯相应的奖罚外，还应在活动范围、通信接见、接受物品、生活待遇、文体活动等方面，给予罪犯不同的待遇。

第二十五条　对罪犯的减刑或假释，由劳改机关的大、中队干部集体研究呈报，支队（监狱）有关部门讨论，并邀请驻劳改机关的检察院（组）人员列席参加，按照罪犯综合改造表现，择优依法提请减刑或假释。

综合改造表现包括：（1）罪犯改造的一贯表现；（2）揭发检举违法犯罪的情况；（3）罪犯的原犯罪性质、刑种和刑期，对原犯罪的悔改程度，同时，适当考虑原判有无偏轻、偏重的情况；（4）所获行政奖励次数和奖励总分，在总分相同的情况下，取思想改造分高的。

第二十六条　具有《全国法院减刑、假释工作座谈会纪要》规定的六种立功表现的罪犯，不受计分考核的限制，劳改机关应当予以记功并及时依法提请减刑或假释。

第二十七条　对累犯、惯犯的考核、奖励应当从严掌握，一般入监后经半年至1年的考察，方可参加计分考核。

第二十八条　在提请法院对罪犯减刑、假释时，应当严格按照《刑法》和《全国法院减刑、假释工作座谈会纪要》及其他有关规定执行。

第二十九条　对判处死缓和无期徒刑的罪犯，考核所得积分，供法院审理减刑时参考。待裁定减刑后的下个月起，考核积分重新起算。

第三十条　劳改机关提请减刑、假释，应做到事实清楚，材料齐全，手续完备，程序合法。报送材料包括：（1）提请减刑、假释意见书；（2）罪犯评审鉴定表；（3）奖惩审批表；（4）终审法院判决书、裁决书；（5）历次减刑、改判裁定书的复制件；（6）罪犯悔改或立功表现的具体事实证明材料；（7）计分考核的分数等数据资料。

第五章　附　则

第三十一条　本规定实施前，受过奖励或处罚的，区别情况折分入档，与本规定实施后所得积分合并兑现。

第三十二条　有关生产劳动的考核和分数划定，监狱、劳改队、少管所可根据本单位的生产实际情况，制定具体考核内容和分数划定标准，生产分数应与思想改造分数相适应。

第三十三条　各省、自治区、直辖市司法厅（局），可根据本规定并结合本地区情况，制定实施细则。

参考文献

1. 翟中东著：《国际视域下的重新犯罪防治政策》，北京大学出版社 2010 年版。

2. 袁登明：《减刑权归属之探讨》，载但未丽编著：《刑罚执行制度专题整理》，中国人民公安大学出版社 2007 年版。

3. 王作富主编：《刑法分则实务研究》（下），中国方正出版社 2007 年版。

4. 但未丽编著：《刑罚执行制度专题整理》，中国人民公安大学出版社 2007 年版。

5. 翟中东主编：《自由刑变革：行刑社会化框架下的分析》，群众出版社 2005 年版。

6. 柳忠卫：《假释制度比较研究》，山东大学出版社 2005 年版。

7. 侯国云主编：《刑罚执行问题研究》，中国人民公安大学出版社 2005 年版。

8. 高憬宏主编：《减刑、假释的法律适用与司法实践——中国·欧盟法律和司法合作项目成果》，人民法院出版社 2005 年版。

9. 黄兴瑞著：《人身危险性的评估与控制》，群众出版社 2004 年版。

10. 王利荣著：《行刑法律机能研究》，法律出版社 2001 年版。

11. 陈敏著：《减刑比较研究》，中国方正出版社 2001 年版。

12. 鲍圣庆编著：《减刑、假释的理论与实践》，吉林人民出版社 1992 年版。

13. 尚爱国：《我国普通减刑制度存在的弊端及其改革》，载《人民检察》2011 年第 16 期。

14. 吴志梅、罗开卷：《假释法律性质论》，载《上海政法学院学报（法治论丛）》2011 年第 5 期。

15. 王志祥、敦宁：《论我国减刑、假释程序的完善》，载《山东警察学院学报》2010 年第 3 期。

16. 徐盈雁：《监所检察：向同步监督大步迈进》，载《检察日报》2010 年 2 月 15 日。

17. 王志祥:《我国减刑、假释制度改革路径前瞻》，载《法商研究》2009年第6期。

18. 祁云顺:《论我国减刑、假释程序的重构》，载《河北法学》2008年第6期。

19. 陈永生:《论减刑、假释裁决权之归属》，载《中国刑事法杂志》2007年第4期。

20. 陈永生:《中国减刑、假释程序之检讨》，载《法商研究》2007年第2期。

21. 李云峰:《限制减刑，扩大假释——对我国减刑、假释制度改革的立法思考》，载《中国监狱学刊》2006年第6期。

22. 柳忠卫:《假释本质研究——兼论假释权的性质与归属》，载《中国法学》2004年第5期。

23. 王伟:《对减刑性质和程序的理论思考及对策建议》，载《新疆社会科学》2004年第2期。

24. 杜菊:《我国假释制度运作态势的反思与探讨》，载《河南司法警官职业学院学报》2003年第2期。

25. 马进保:《预告减刑制:矫正理论的最佳实践方式》，载《中国监狱学刊》2003年第2期。

26. 王利荣:《关于假释适用的若干认识》，载《广西政法管理干部学院学报》2003年第1期。

27. 李豫黔:《改革和完善我国假释制度的理性思考》，载《中国监狱学刊》2001年第2期。

28. 员晨:《减刑合同制——完善我国减刑制度的思考》，载《犯罪与改造研究》2000年第3期。

29. 左登豪:《罪犯改造后其心理社会辅导刍议》，载《劳改理论与实践》1991年第1期。

30. Andrews, D. A., Bonta, J. &Wormith, J. S. (2006) The Recent Past and Near Future of Risk and /or Need Assessment. Crime and Delinquency, 52.

31. Howard, P. (2006) The Offender Assessment System: an evaluation of the second pilot. Findings, 278.

32. Howard, P., Clark, D. &Garnham, N. (2006) An Evaluation of the Offender Assessment System (OASys): In Three Pilots 1999 - 2001. London: National Offender Management Service.

33. Champion, D. J. (1994) Measuring Offender Risk——A Criminal Justice Sourcebook. Connecticut: Greenwood Press.

34. McCarthy, B. R. , McCarthy, B. J. Community - based Corrections, Pacific Grove: Brooks/Cole Publishing Company, 1991.

35. Hoffman, P. B. (1983)" Screening for Risk: A Revised Salient Factor Score (SFS81) ." Journal of Criminal Justice, 11, pp.

36. Cullen, F. T. & Gilbert, K. E. (1982) Reaffirming Rehabilitation. Cincinati: Anderson Publishing Co.

37. Alfred J. Barron, A (1962) An Experiment with Ohlin ′s Prediction Report. Crime & Delinquency, (8) 3.

38. Hakeem, M. (1948), The Validity of the Burgess Method of Parole Prediction, American Journal of Sociology , 53 (5) .

后　记

毋庸置疑，减刑、假释是我国刑事司法制度中的重要一环，其在我国罪犯改造工作中对激励罪犯改造、维护监管秩序、降低重新犯罪率发挥着重要作用。然而，近十年来，减刑、假释工作也遇到了很多问题，诸如案件审理程序透明度不够高、监督机制不够健全，减刑、假释不公正，减刑、假释不符合宽严相济刑事政策等。如何使减刑、假释更公正，同时充分发挥减刑、假释的激励功能，是近些年减刑、假释工作改革的重要目标。近年来有关机关不仅在1997年《刑法》所确立的减刑、假释框架下不断地完善减刑、假释制度，如2003年司法部制定了《监狱提请减刑假释工作程序规定》，而且对1997年《刑法》所确立的减刑、假释框架也进行了修改，如2011年2月25日全国人大通过了《刑法修正案(八)》，2012年3月14日全国人大通过了《关于修改〈中华人民共和国刑事诉讼法〉的决定》，2012年1月17日最高人民法院又公布了《关于办理减刑、假释案件具体应用法律若干问题的规定》。这些新规定的出台，为解决减刑、假释工作中出现的诸如滥用权力问题，奠定了重要的法制基础。同时，由于有关减刑、假释制度的大量修改，减刑、假释工作掀开了新的篇章，进入了一个新的阶段。

为反映减刑、假释法制上的新变化，同时展现近些年减刑、假释适用方面的理论研究新成果，为了广大司法工作者学习新的规定，我们编撰了本书。

本书编撰中力求满足司法行政、审判与监所检察不同部门的工作需要，突出适用性。本书将减刑与假释的提请、减刑与假释的审理分别进行叙述。本书还专设章节，介绍我国有关减刑、假释理论中与适用密切的前沿成果。为方便读者查阅有关法律、法规，本书在最后附有相关法律及相关规定。

本书编撰中得到最高人民检察院检察官王文利博士、北京师范大学王志祥博士、中央司法警官学院赵亮博士、河北省保定市中级人民法院钱娜法官的大力支持，在此一并致谢！

作　者

2012年3月22日